G.W.F. Hegel

Dados Internacionais de Catalogação na Publicação (CIP)
(Câmara Brasileira do Livro, SP, Brasil)

Baur, Michael
G.W.F. Hegel : conceitos fundamentais / Michael Baur ; tradução José Maria Gomes de Souza Neto. – 1. ed. – Petrópolis, RJ : Vozes, 2021.

Título original: G.W.F. Hegel
ISBN 978-65-5713-167-1

1. Epistemologia 2. Filosofia 3. Hegel, Georg Wilhelm Friedrich, 1770-1831 4. Pensamento I. Título.

21-59218 CDD-193

Índices para catálogo sistemático:
1. Hegel : Filosofia alemã 193

Maria Alice Ferreira – Bibliotecária – CRB-8/7964

Editado por
Michael Baur

G.W.F. Hegel
Conceitos fundamentais

Tradução de José Maria Gomes de Souza Neto

EDITORA
VOZES

Petrópolis

Tradução autorizada a partir da edição em língua inglesa intitulada *G. W. F. Hegel - Key Concepts*, publicada pela Routledge, membro do Grupo Taylor & Francis.

Direitos de publicação em língua portuguesa – Brasil:
2021, Editora Vozes Ltda.
Rua Frei Luís, 100
25689-900 Petrópolis, RJ
www.vozes.com.br
Brasil

Editoração: Leonardo A.R.T. dos Santos
Diagramação: Raquel Nascimento
Revisão gráfica: Alessandra Karl
Capa: WM design
Ilustração de capa: Retrato de Georg Friedrich Wilhelm Hegel, por Jakob Schlesinger, 1831.

ISBN 978-65-5713-167-1 (Brasil)
ISBN 978-1-84465-795-7 (Reino Unido)

Editado conforme o novo acordo ortográfico.

Este livro foi composto e impresso pela Editora Vozes Ltda.

Sumário

Lista de colaboradores

Brent Adkins é professor-associado de Filosofia e presidente do Departamento de Religião e Filosofia do Roanoke College, na Virgínia. Seus principais interesses são as filosofias europeias dos séculos XIX e XX, filosofia moderna e política. Tem livros publicados sobre Hegel, Heidegger, Deleuze e Espinosa.

Michael Baur é professor-associado de Filosofia da Fordham University, e editor da série *Cambridge Hegel Translations*. Suas principais áreas de pesquisa incluem o idealismo alemão, a filosofia do direito, o pragmatismo norte-americano e o pensamento continental contemporâneo.

Thom Brooks é professor de Direito e Governança e professor-associado de Filosofia da Durham University, no Reino Unido. Seus livros incluem *Hegel's Philosophy of Right* (2012), *Punishment* (2012) e *Hegel's Political Philosophy: A Systematic Reading of the Philosophy of Right* (2. ed., 2013).

Andrew Buchwalter é *presidential professor* da University of North Florida. Seus livros incluem *Dialectics, Politics, and the Contemporary Value of Hegel's Practical Philosophy* (2011) e *Hegel and Global Justice* (2012). Sua pesquisa atual versa sobre a teoria democrática, direitos humanos, direito internacional e justiça global.

David Ciavatta é professor-associado de Filosofia da Ryerson University, em Toronto. É autor de *Spirit, the Family, and the Unconscious in Hegel's Philosophy* (2009) e de vários artigos sobre Hegel e a fenomenologia do século XX.

Andrew Cutrofello é professor de Filosofia da Loyola University Chicago. Publicou diversos livros, dentre os quais *All for Nothing: Hamlet's Negativity* (2014) e *Continental Philosophy: A Contemporary Introduction* (2005).

Martin De Nys é professor de Filosofia na George Mason University. Suas áreas de pesquisa são filosofia continental dos séculos XIX e XX, filosofia da religião e filosofia política. É autor de *Considering Transcendence: Elements of a Philosophical Theology* (2008) e *Hegel and Theology* (2009).

Jeffery Kinlaw é professor de Filosofia na McMurry University. Coeditou dois livros e possui vasta publicação sobre Fichte, Hegel, Schleiermacher, Schelling, Schlegel e Heidegger. Sua pesquisa versa, primariamente, sobre os problemas relacionados à epistemologia, livre-arbítrio, filosofia política, autoconhecimento e filosofia da religião.

Lydia L. Moland é professora-associada de Filosofia na Colby College, Waterville, Maine. É autora de *Hegel on Political Identity: Patriotism, Nationality, Cosmopolitanism* (2011) e diversos artigos sobre a moral e o pensamento político hegelianos, bem como sobre a filosofia da arte de Hegel.

Russell Newstadt é doutorando no Departamento de Filosofia da Loyola University Chicago, onde está completando sua tese sobre negação e estrutura conceitual intitulada *Saying the Things That Are Not: The Platonic Ground of Hegel's Conception of Negation.*

Brian O'Connor é professor-associado de filosofia na University College Dublin. É autor de *Adorno's Negative Dialectic* (2004) e *Adorno* (2013), e editor (com Georg Mohr) de *German Idealism: An Anthology and Guide* (2007).

Paul Redding é professor-pesquisador ARC de Filosofia na University of Sydney. Tem publicado livros e artigos sobre Hegel e o idealismo alemão durante mais de duas décadas, dentre os quais *Analytic Philosophy and the Return of Hegelian Thought* (2007).

Jeffrey Reid é professor de Filosofia na Universidade de Ottawa. Com graduação e pós-graduação na Université de Paris IV-Sorbonne, seu hegelianismo é formado tanto pela tradição francesa quanto pela anglo-saxã. Sua principal pesquisa sobre Hegel aborda as questões da sistematicidade, linguagem, ironia, romantismo e ética.

Nathan Ross é professor-associado de Filosofia na Oklahoma City University. Seu primeiro livro, *On Mechanism in Hegel's Social and Political Philosophy* (2008), explora as relações entre a lógica hegeliana e sua interpretação do capitalismo e da política. Também publicou sobre questões da estética, do método filosófico e crítica social na filosofia pós-kantiana e teoria crítica.

John Russon é professor de Filosofia na University of Guelph. Escreveu três livros sobre Hegel: *Infinite Phenomenology: The Lessons of Hegel's*

Science of Experience (no prelo), *Reading Hegel's Phenomenology* (2004) e *The Self and Its Body in Hegel's Phenomenology of Spirit* (1997).

Allen Speight é professor-associado de Filosofia e presidente do Departamento de Filosofia na Boston University. É autor de *Hegel, Literature, and the Problem of Agency* (2001), *The Philosophy of Hegel* (2008) e numerosos artigos sobre estética e ética no idealismo alemão.

Alison Stone é professora de Filosofia Europeia na Lancaster University, Reino Unido. Seus livros são: *Petrified Intelligence: Nature in Hegel's Philosophy* (2004), *Luce Irigaray and the Philosophy of Sexual Difference* (2006), *An Introduction to Feminist Philosophy* (2007) e *Feminism, Psychoanalysis and Maternal Subjectivity* (2011).

Abreviaturas

Obras de Hegel

EnLogic	*The Encyclopaedia Logic: Part I of the Encyclopaedia of Philosophical Sciences with Zusätze* [*Enciclopédia das Ciências Filosóficas*], vol. I (HEGEL, 1991b).
EnMind	*Hegel's Philosophy of Mind: Being Part Three of the Encyclopaedia of the Philosophical Sciences*, 1830 (*Enciclopédia das Ciências Filosóficas*, vol. III, HEGEL, 1971).
EnNature	*Hegel's Philosophy of Nature: Being Part Two of the Encyclopaedia of the Philosophical Sciences* [*Enciclopédia das Ciências Filosóficas*], vol. II (HEGEL, [1830] 1970a).
FPS	*First Philosophy of Spirit* (in: HEGEL, 1979).
LFA	*Aesthetics: Lectures on Fine Art* (*Cursos de estética*, HEGEL, 1975a).
LHP	*Lectures on the History of Philosophy* (HEGEL, 1983).
LPR	*Lectures on the Philosophy of Religion* (HEGEL, 1984-1987).
LPWH	*Lectures on the Philosophy of World History – Introduction: Reason in History* (*Lições sobre a filosofia da história: A razão na história*, HEGEL, 1975b).
PCR	"The Positivity of the Christian Religion" (in: HEGEL, 1970b).
PH	*The Philosophy of History* [*Filosofia da história*] (HEGEL, 1991c).
PR	*Elements of the Philosophy of Right* [*Princípios da filosofia do direito*] (HEGEL, 1991a).
PS	*Phenomenology of Spirit* [*Fenomenologia do espírito*] (HEGEL, 1977).
SCF	"*The Spirit of Christianity and its Fate*" (in: HEGEL, 1970b).

SEL	*System of Ethical Life* (in: HEGEL, 1979).
SL	*Science of Logic* (*Ciência da Lógica*, HEGEL, 1969).
TE	*"The Tübingen Essay"* (in: HEGEL, 1984b).
W	*Werke in zwanzig Bänden* (HEGEL, 1970-1971).

Obras de outros autores

CPR	*Critique of Pure Reason* [*Crítica da razão pura*] (KANT, 1998); as referências intertextuais estão na numeração de páginas desta edição, bem como na numeração de páginas das edições 1781 (A) e 1787 (B).
MER	*The Marx-Engels Reader*, editado por Robert C. Tucker (MARX & ENGELS, 1978).

Introdução

Michael Baur

O pensamento de G.W.F. Hegel (1770-1831) é, em geral, reconhecido pela profunda e duradoura influência que exerceu e exerce em uma vasta gama de movimentos filosóficos, políticos, religiosos, estéticos, culturais e científicos, movimentos estes que incluem, mas não se limitam a marxismo, romantismo, existencialismo, estruturalismo e pós-estruturalismo, hermenêutica, e até mesmo tendências relacionadas à biologia evolutiva (graças à ênfase de Hegel nos processos e conflitos dos processos naturais) e à física da relatividade (por causa da percepção de que o tempo e o espaço não são externamente relacionados).

Em que pese a amplamente reconhecida importância do pensamento hegeliano, há ainda muita confusão a respeito daquilo que o filósofo teria, efetivamente, dito ou afirmado. É de conhecimento geral que sua filosofia é de difícil compreensão; seus escritos, de fato, podem mesmo parecer impenetráveis àqueles não familiarizados com as linhas gerais do seu pensamento, e existem ao menos três razões para tal dificuldade. Primeira, Hegel foi um pensador extraordinariamente inovador e original, e para evitar o que considerava deficiências dos filósofos que o haviam precedido, achou ser necessário desafiar as suposições que não reconhecia, desenvolvendo assim uma terminologia singular, capaz de conferir expressão adequada ao seu igualmente singular modo de pensar. Segunda, Hegel foi um pensador bastante abrangente e sistemático, e, para compreender o inteiro teor de qualquer parte do seu sistema, necessário se faz apreciar o contexto como um todo; e, ainda assim, por ser o conjunto do seu pensamento de tal maneira complexo e abrangente, é amiúde difícil entender o significado completo de qualquer dos seus segmentos. Finalmente, Hegel desenvolveu sua inovadora e sistemática filosofia em um diálogo contínuo com seus contemporâneos, os quais elaboraram, igualmente, seus próprios vocabulários e formas de filosofar, de modo que, para entender Hegel, há que se compreender o contexto histórico no qual, e em resposta ao qual, ele estava desenvolvendo suas próprias percepções filosóficas.

Muito já foi escrito a respeito de sua vida, filosofia, seus predecessores intelectuais, sua influência sobre outros pensadores e a relevância do seu pensamento para uma ampla variedade de questões contemporâneas. O presente livro não se dispõe a *re*fazer o vasto território já explorado pelos estudiosos de Hegel; tampouco *re*tornar aos muitos casos que foram apresentados, em defesa ou condenação do seu trabalho como filósofo. Antes, seu objetivo é oferecer uma introdução geralmente acessível – historicamente sensível e filosoficamente rigorosa – ao pensamento e legado hegelianos. O que o distingue é introduzir a filosofia de Hegel a partir de um conjunto específico de "conceitos-chave" trabalhados tanto no pensamento hegeliano quanto no pós-hegeliano.

De acordo com esse foco nos "conceitos-chave", este livro está dividido em duas partes principais: a primeira (sobre o "pensamento de Hegel") cobre os mais relevantes tópicos filosóficos presentes em seu sistema. Nenhum conjunto limitado de tópicos, admite-se, é capaz de exaurir a riqueza da filosofia hegeliana, e nenhum par de tópicos dentro desse conjunto está inteiramente desconectado ou separado um do outro. Não obstante, os tópicos principais abordados na filosofia de Hegel podem ser entendidos como correspondendo a um grupo de questões discutido na filosofia contemporânea (e refletidos em dez capítulos deste livro): epistemologia, metafísica, filosofia da mente, teoria ética, filosofia política, filosofia da natureza, filosofia da arte, filosofia da religião, filosofia da história e teoria da história da filosofia. A segunda parte (sobre "o legado de Hegel") cobre as tendências-chave da filosofia pós-hegeliana dos últimos dois séculos. Mais uma vez, nenhuma lista limitada de tendências de desdobramentos pós-hegelianos pode fazer justiça à complexa e extensa influência que o pensamento de Hegel tem exercido durante esse período; mas, ainda assim, uma apreciação genuína de parte da extensão e da profundidade desse legado pode ser lograda se se considerar tão somente os mais relevantes desdobramentos filosóficos pós-hegelianos na América do Norte e na Europa continental, os quais (correspondendo a seis capítulos individuais neste livro) incluem: marxismo, existencialismo, pragmatismo, filosofia analítica, hermenêutica e o pós-estruturalismo francês.

Contexto e panorama geral da vida de Hegel

Hegel nasceu em 27 de agosto de 1770, na cidade de Stuttgart, ducado de Württemberg, sudoeste da atual Alemanha, primeiro de sete filhos do casal Maria Magdalena Louisa (nascida Fromm) Hegel e Georg Ludwig Hegel, que trabalhava como secretário no escritório da receita da corte de Karl Eugen, duque de Württemberg de 1737 a 1793. Quatro dos seus irmãos e irmãs mais novos morreram pequenos, e apenas sua irmã Christiane (1773) e seu irmão Georg Ludwig (1776) sobreviveram à infância; aquela cometeu suicídio em 1832, e este pereceu em 1812 servindo como oficial do exército napoleônico durante a Campanha da Rússia. Sua mãe faleceu em 1783, pouco depois de Hegel completar 13 anos, e em 1799 seria a vez do seu pai. A casa em que nasceu (Eberhardstrasse 53, Stuttgart) ainda está de pé e abriga o Museum Hegelhaus, dedicado a comemorar e celebrar a vida e a obra de um dos cidadãos mais renomados da cidade[1].

Aos três anos, o pequeno Hegel deu entrada na escola de alemão, e em casa sua mãe ministrava as lições básicas de latim, de modo que aos cinco anos, quando entrou na escola de latim, ele já conhecia a primeira declinação. Entre 1776 e 1777, com seis ou sete anos (as referências são conflitantes quanto à data precisa), ingressou no Gymnasium de Stuttgart, onde permaneceria até 1788. Seu primeiro biógrafo, Karl Rosenkranz, observou que a educação no Gymnasium "consistiu inteiramente no Iluminismo no que tange ao princípio, e à Antiguidade clássica com respeito ao currículo" (1963: 10). É preciso ter cuidado para não tirar conclusões apressadas dessa hoje famosa afirmação de Rosenkranz; é, contudo, jus-

1 Para saber mais a respeito da vida e dos tempos de Hegel, cf. a extensiva biografia feita por Terry Pinkard (2000).

to afirmar, alinhado a ela, que mesmo durante os estágios iniciais de sua formação, Hegel teve oportunidade de especular sobre uma questão que, mais tarde, tornar-se-ia uma de suas preocupações centrais: como seria possível reconciliar os ideais da Antiguidade clássica (que enfatizavam a prioridade e a importância da unidade, completude e harmonia) com as tendências aparentemente contrárias trabalhadas pelo pensamento iluminista (que tendia a destacar grupos de separações: entre mente e natureza, razão e sentimento, companheirismo e o interesse próprio)?

Após completar os estudos no Gymnasium, em 1788, aos dezoito anos Hegel mudou-se para Tübingen com o intuito de ingressar no Tübinger Stift, seminário cujo primordial objetivo era educar e formar o clero do ducado de Württemberg, e pouco depois de sua chegada (outono de 1788), tornou-se amigo de Friedrich Hölderlin (1770-1843), que viria, mais tarde, a ser conhecido como poeta. Dois anos depois, em 1790, fez amizade com Friedrich Wilhelm Joseph Schelling (1775-1854) o qual, como ele mesmo, granjearia reconhecimento como filósofo profissional. Durante certo tempo, os três, como outros estudantes, foram companheiros de quarto, compartilhando acomodações no Tübinger Stift e, embora a instituição fosse um seminário com o propósito de preparar jovens para o clero, Hegel, bem como seus dois amigos, não tinha a menor intenção de seguir essa carreira – provavelmente, haviam ingressado sem qualquer aspiração do gênero, apenas com a intenção de obter uma boa educação à custa do Estado[2]. No verão de 1789, no curso do seu segundo ano no Stift, ocorreram dois eventos que, em retrospecto, podem ser considerados como relativamente importantes para o jovem Hegel. Primeiramente, ele cursou a disciplina Psicologia Empírica e a Crítica Kantiana com J.F. Flatt, que muito provavelmente deu-lhe a primeira oportunidade de realizar um estudo sério da filosofia crítica de Kant (ROSENKRANZ, 1963: 83). Em segundo lugar, em Paris, no dia 14 de julho, multidões tomaram a Bastilha (um

2 Para saber mais a respeito do desenvolvimento intelectual de Hegel, cf. o relato em dois volumes, extremamente bem pesquisado, de H.S. Harris, *Hegel's Development* (1972; 1983).

forte utilizado como prisão para prisioneiros políticos e inimigos do Estado), dando início à Revolução Francesa. Ainda que, *a posteriori*, a sanguinolência do terror transtornasse Hegel, como estudante ele falou favoravelmente à Revolução, e permaneceu apoiando seus ideais pelo resto da vida.

Completados seus estudos no Stift, em 1793, Hegel mudou-se de Tübingen para Berna, na Suíça, para assumir o trabalho de *Hofmeister* (tutor doméstico) da família do Capitão Karl Friedrich von Steiger. Nessa cidade, embora tenha tido tempo livre para estudar algumas das grandes obras da historiografia (como *A história do declínio e queda do Império Romano*[3], de Edward Gibbon) e da filosofia (como as *Críticas* de Kant), sentiu-se também muito isolado, e ansiava mudar-se para mais perto dos amigos, como Hölderlin e Schelling, para cidades como Weimar e Jena, onde ocorria, então, bastante agitação cultural e filosófica estimulada por contemporâneos como Goethe, Schiller e Fichte. Em 1797, em larga medida graças aos esforços e conexões de Hölderlin, ele conseguiu ir morar em Frankfurt am Main, trabalhando como *Hofmeister* da família de Johann Noë Gogel, um rico comerciante de vinhos. Nesta cidade, Hegel leu os trabalhos de Platão, Sexto Empírico, do seu próprio amigo Schelling, e imergiu no estudo sério da *Metafísica da moral*[4], de Kant, e, talvez tão importante quanto, foi capaz de restabelecer contato regular com seu amigo Hölderlin, cuja novela epistolar *Hyperion ou o eremita na Grécia*[5] foi publicada em 1797.

Ao morrer, o pai de Hegel deixou-lhe uma herança que, embora pequena, finalmente o libertou da dependência constante de ganhar o próprio sustento com o salário de tutor doméstico. No começo de 1801 ele se mudou para Jena, onde se juntou a seu amigo Schelling (que já era professor de Filosofia) na universidade; seu cargo inicial foi de *Privatdozent*, ou docente não remunerado, significando que o nível de sua renda dependia do interesse que podia despertar nos alunos, que tinham a opção de frequentar (e pagar) por suas aulas.

---

3 *The History of the Decline and Fall of the Roman Empire*, 1776-1788 [N.T.].

4 *Die Metaphysik der Sitten*, 1797 [N.T.].

5 *Hyperion; oder, Der Eremit in Griechenland* [N.T.].

Também em Jena, naquele mesmo ano, defendeu com sucesso sua *Habilitationsschrift* (dissertação) sob o título *De orbitis planetarum* (*A órbita dos planetas*). No ano seguinte, Hegel e Schelling tornaram-se cofundadores e coeditores do *Critical Journal of Philosophy*, o qual, embora tenha tido uma vida curta (sua publicação foi encerrada em 1803, quando Schelling se mudou para a Universidade de Würzburg), tornou-se um importante veículo para publicação de alguns dos trabalhos iniciais de Hegel, como *Fé e saber*, *A relação do ceticismo com a filosofia* e *Sobre as maneiras científicas de tratar a lei natural*. Foi durante esse período que Hegel escreveu e publicou aquilo que, de acordo com diversos estudiosos, haveria de tornar-se sua obra mais famosa e influente, a *Fenomenologia do espírito*[6].

Dada a importância filosófica e histórica desse trabalho (Hegel a descreveu como uma "escada" pensada para conduzir consciências ordinárias, natural e não violentamente, desde o próprio ponto de vista até o ponto de vista da ciência filosófica; cf. *PS* 14-15), as circunstâncias que levaram a e se seguiram à publicação da *Fenomenologia do espírito* podem parecer surpreendentes. Primeiro de tudo, Hegel escreveu bastante do livro sob grande pressão, com pressa para finalizar o mais rápido possível o manuscrito porque o acordo de publicação fora celebrado com base em garantias pessoais do seu amigo, Friedrich Immanuel Niethammer, que prometera ao editor (Goebhardt, da cidade de Bamberg) custear a publicação (comprando toda primeira edição) se Hegel não conseguisse submeter o manuscrito na data limite acertada, 18 de outubro de 1806. Além disso, ele escrevia enquanto as tropas francesas de Napoleão e os exércitos de defesa prussianos lutavam em áreas circunvizinhas – eventualmente, Hegel foi obrigado a enviar trechos do manuscrito do livro através das linhas francesas por um mensageiro, e numa famosa carta endereçada a Schelling (de primeiro de maio de 1807) afirmou que havia finalizado a escrita do texto principal da *Fenomenologia do espírito*: "no meio da noite, antes da batalha de Jena", que começou na manhã de 14 de outubro de 1806 (cf. HEGEL, 1984a: 80). O

6 *Phänomenologie des Geistes*, 1807 [N.T.].

manuscrito do prefácio do livro não foi completado e enviado ao editor antes de janeiro de 1807, e em abril do mesmo ano o trabalho foi finalmente publicado em sua inteireza.

Apesar da publicação bem-sucedida da obra pela qual, posteriormente, seria amplamente reconhecido, a situação financeira e as perspectivas profissionais de Hegel não eram promissoras. Suas aulas na universidade não lhe garantiam grande segurança econômica; além disso, soubera que seria pai de um filho ilegítimo: no final da primavera de 1806, descobriu que havia engravidado Christiana Charlotte Johanna Burkhardt (nascida Fischer), sua senhoria e empregada doméstica em Jena, e em 5 de fevereiro de 1807, apenas duas semanas depois de Hegel haver finalizado a escrita do prefácio, ela deu à luz ao seu filho, Ludwig Fischer. Em meio às preocupações com suas finanças e sua carreira e suas obrigações para com Johanna e Ludwig (recém-abandonada pelo marido, dependente de apoio financeiro), Hegel mudou-se para Bamberg em março de 1807, tornando-se editor de um jornal local, o *Bamberger Zeitung*.

O trabalho como editor de jornal lhe conferiu algum grau de estabilidade financeira e influência social, mas jamais abandonara o desejo de obter uma posição regular e bem-paga em uma instituição acadêmica, e após cerca de um ano e meio, essa posição surgiu: Niethammer, seu amigo, era comissário de educação na Baviera, e enviou-lhe uma carta em outubro de 1808 oferecendo o cargo de reitor no Ägidiengymnasium, em Nuremberg. O reitorado não era exatamente aquilo que Hegel ansiava, mas era, não obstante, melhor que o emprego de editor que então ocupava. Passado um mês, em novembro, assumiu seu novo posto como reitor de Gymnasium em Nuremberg, onde permaneceria por oito anos, até 1806, e embora se ocupasse com os deveres administrativos da instituição, permaneceu social e intelectualmente ativo na cidade, e em setembro de 1811 casou-se com Marie von Tucher, filha de um próspero aristocrata de Nuremberg. Ele deu seguimento às suas reflexões sobre lógica e metafísica, ministrando aulas sobre essas duas disciplinas (com resultados duvidosos, conforme suas próprias estimativas) para seus alunos do Gymnasium, e terminou a redação de *Wissenschaft der Logik* (*Ciência da Lógica*), um grande projeto de que se ocupava desde seus dias em Jena. O primeiro tomo dessa obra (*A Doutrina do Ser*) foi publicado em 1812, ao qual se seguiram o segundo (*A Doutrina da Essência*, 1813) e o terceiro tomos (*A Doutrina do Conceito*, 1816). Nesse ínterim, Hegel e sua esposa começaram uma família: sua primeira filha, Susanna Maria Louisa Wilhelmine, nasceu em 27 de junho de 1812, mas faleceu apenas seis semanas depois, em 8 de agosto. Logo vieram mais dois filhos, Karl Friedrich Wilhelm, nascido em 7 de junho de 1813 (viveu até 1901), e Immanuel Thomas Christian, em 24 de setembro de 1814 (viveu até 1891) que mais tarde publicaria a segunda (1840) edição das lições de Hegel sobre filosofia da história.

Depois de oito anos em Nuremberg, Hegel finalmente alcançou aquilo que fora, durante muito tempo, seu sonho: um cargo acadêmico regular, pago e de nível universitário. Ele assumiu a função de professor na Universidade de Heidelberg em outubro de 1816, onde lecionou Lógica e Metafísica, História da Filosofia, Filosofia Política e Estética. Um ano depois, publicou a primeira edição de sua *Enciclopédia das Ciências Filosóficas*, uma apresentação abrangente de seu sistema filosófico como um todo, composta de três partes: lógica, filosofia da natureza e filosofia da mente (ou do espírito). Nesse mesmo ano, Hegel e esposa receberam em casa o primeiro filho dele, Ludwig Fischer, que aos 10 anos estava vivendo em um orfanato em Jena.

A estada de Hegel em Heidelberg foi relativamente curta, posto que sua crescente reputação filosófica criava novas e melhores oportunidades profissionais, e em 1818 aceitou um cargo na Universidade de Berlim, ocupando a cátedra de Filosofia, que já pertencera a Johann Gottlieb Fichte. Nessa cidade, atingiu o ápice de sua fama e influência como filósofo, atraindo grande quantidade de estudantes e seguidores que, posteriormente, seriam identificados (positivamente aos próprios olhos, e pejorativamente pelos outros) como "hegelianos". Enquanto professor em Berlim, publicou seus *Princípios da filosofia do direito*[7], fundou os *Anuários de Crí-*

7 *Grundlinien der Philosophie des Rechts*, 1820 [N.T.].

tica Científica[8] (1826), jornal em que publicou numerosos estudos, publicou duas edições atualizadas de sua *Enciclopédia das Ciências Filosóficas* (1827, 1830) e foi eleito para o cargo de reitor da Universidade de Berlim (1830). Hegel estava com 61 anos quando veio a falecer, repentina e inesperadamente, na noite de 14 de novembro de 1831, em meio a uma epidemia de cólera na região, e como a enfermidade ceifara a vida de outros intelectuais conhecidos (como o teórico militar Carl von Clausewitz, morto dois dias depois), os médicos consideraram que o filósofo padecera da mesma doença. Hegel, contudo, não apresentou os sintomas externos da cólera, sendo então provável que sua morte tenha sido provocada por uma crise particularmente severa de uma doença do aparelho gastrointestinal superior (algo de que ele já podia estar sofrendo desde 1827, quando caiu doente durante uma visita a Paris). Conforme seus desejos, foi enterrado no Cemitério Dorotheenstadt, em Berlim, perto das sepulturas de Johann Gottlieb Fichte (1762-1814) e de Karl Wilhelm Ferdinand Solger (1780-1819).

Contexto e panorama geral do pensamento de Hegel

Conforme os relatos-padrão da história da filosofia, a filosofia de Hegel (junto às de Fichte e Schelling) pertence à escola e período do pensamento geralmente identificados sob o rótulo de "idealismo alemão". Ainda segundo esses mesmos relatos, o objetivo fulcral que os idealistas estabeleceram para si foi chegar a uma bem-sucedida conclusão do revolucionário projeto filosófico e cultural iniciado por Immanuel Kant em suas três *Críticas* (*Crítica da razão pura*, *Crítica da razão prática* e a *Crítica do juízo*). Para eles, concluir tal projeto requereria, no mínimo, o desenvolvimento de uma teoria do saber que reconhecesse (em linha com Kant) o papel ativo que o sujeito do conhecimento desempenha ao trazer à tona, logo de início, a existência dos objetos da experiência. Kant insistiu nesse papel ativo quando de sua célebre afirmação na *Crítica da razão pura*: "condições *a priori* de uma experiência possível em geral são,

8 *Jahrbücher für wissenschaftliche Kritik* [N.T.].

ao mesmo tempo, condições de possibilidade dos objetos da experiência" (KANT, 2001: 178). De modo mais específico, argumentou que há uma "sintética unidade de aparências" dentro da experiência, tornada possível pela nossa própria atividade conceitual. Se tal coisa não existisse, então "desapareceria também toda a relação do conhecimento dos objetos, porque lhe faltaria o encadeamento segundo leis necessárias e universais" (KANT, 2001: 178), e nesse caso tais aparências não poderiam ser experimentadas, seriam "tanto como nada" para nós (*CPR* 234 = A110-111). Dito de outra forma, se nossa própria atividade conceitual não trouxesse uma "sintética unidade de aparências", tais aparências, então, sequer contariam como tal para nós, e coisas como objetos de experiência inexistiriam. Infelizmente, a insistência de Kant no papel ativo desempenhado pelo sujeito do conhecimento deu margem a uma série de dificuldades filosóficas, afinal de contas, se a própria atividade conceitual deste sujeito possuir, desde logo, um papel crucial em trazer à tona para nós a existência dos objetos de experiência, então sobre qual base (se é que existe alguma) é possível afirmar que o sujeito do conhecimento – a despeito de sua atividade – é, não obstante, igualmente passivo ou receptivo em relação àquilo que é sabido?

Conforme o relato padrão, a tentativa kantiana em explicar como o saber humano é, de alguma forma, passivo e receptivo, e não completamente ativo ou criativo sobre aquilo que é sabido, levou-o a algumas conclusões insustentáveis, isto porque Kant foi levado a concluir que a atividade cognitiva do sujeito do conhecimento, se for receptiva e não completamente criativa, há que depender de algo que permanece sendo o que é, independente e à parte de sua atividade cognitiva, pois se esse "algo" independente não fizer diferença alguma nem contribuir de algum modo para aquilo que é sabido, então não se pode dizer que a atividade cognitiva do sujeito do conhecimento depende dele (e, logo, não pode ser receptiva em relação a ele). Ao insistir que esse "algo" independente faz diferença e, portanto, contribui com alguma coisa para o saber do sujeito do conhecimento, Kant, contudo, findou por violar as mesmas estruturas impostas por sua própria filosofia. Ele afirmara não ser possível obtermos conhecimento daquilo que existe independente e separadamente de nossa própria atividade cognitiva, ou seja, para além dos limites da nossa própria experiência. Ao buscar explicar a passividade ou receptividade do saber humano em referência a "algo" separado e fora do conhecimento do próprio sujeito, Kant alegou (implicitamente) saber mais do que lhe era epistemologicamente possível reivindicar, dadas as conclusões oriundas de sua própria filosofia crítica.

O retrato-padrão referente ao caráter problemático da filosofia crítica kantiana é prestativamente delineado pelos escritos de Friedrich Heinrich Jacobi, que antecipou pelo menos alguns dos aspectos do pensamento dos idealistas a respeito de Kant. No apêndice ao seu livro de 1787 *David Hume sobre a crença, ou idealismo e realismo*[9], o autor reclamou que o recurso de Kant ao algo independente (ou, o que dá no mesmo para Jacobi, seu apelo a um "objeto transcendental" ou à "coisa-em-si-mesma") era algo necessário para o sistema que criara, mas também, em última análise, incompatível com esse mesmo sistema. Para Jacobi, era necessário que Kant recorresse a alguma noção de objeto transcendental ou da coisa-em-si-mesma pois ele havia iniciado seu filosofar assumindo que o conhecimento humano é finito, passivo e receptivo em relação àquilo que é sabido. E como correlato imprescindível dessa suposição, teve de postular a existência do objeto transcendental ou da coisa-em-si-mesma, o qual, de alguma forma, age sobre o sujeito do conhecimento e faz do ato de saber algo finito e receptivo. Como parte desse sistema, contudo, Kant afirmou igualmente que a nós, sujeitos humanos finitos, é impossível obter o conhecimento de qualquer coisa que esteja para além das nossas representações ou dos limites da nossa experiência. Para Kant, portanto, somos de fato incapazes de saber a respeito da existência ou atividade de um objeto transcendental ou de uma coisa-em-si-mesma que, alegadamente, faz do nosso saber finito e receptivo. Dessa maneira, a ideia do objeto transcendental ou da coisa-em-si-mesma é, a um só tempo, uma exigência e uma

9 *David Hume über den Glauben oder Idealismus und Realismus* – Ein Gespräch [N.T.].

impossibilidade dentro do sistema kantiano. Ou segundo a célebre reclamação de Jacobi, "sem essa pressuposição, não pude entrar no sistema [kantiano], mas com essa pressuposição, não pude permanecer nele" (JACOBI, 1994: 336).

Esse retrato-padrão referente às tensões internas em ação no sistema kantiano – ao menos da maneira como esse sistema era compreendido por Jacobi e pelos idealistas alemães – não carece de rigor, mas pode, contudo, facilmente levar alguém a pensar que as preocupações dos idealistas alemães a respeito de Kant centravam-se, primordialmente, em doutrinas epistemológicas ou metafísicas insustentáveis que haviam encontrado em sua obra (inclusive, p. ex., a doutrina do objeto transcendental ou de uma coisa-em-si-mesma). A bem das coisas certas, os idealistas alemães (Hegel incluído) acreditavam que a filosofia de Kant era, ao fim e ao cabo, inadequada tanto como filosofia do conhecimento (ou epistemologia) quanto como filosofia do ser (ou metafísica), e essa inadequação ocorrera, segundo viam, por algumas das razões apontadas por Jacobi. Daí não decorre, porém, que suas preocupações a respeito da epistemologia e da metafísica kantianas fossem de natureza estritamente epistemológicas ou metafísicas; seria justo dizer que Hegel e os idealistas alemães preocupavam-se com os problemas epistemológicos e metafísicos insolúveis no pensamento de Kant, posto que tais problemas (supostamente teoréticos ou doutrinários) conectavam-se diretamente a questões práticas no cerne da cultura moderna e da vida como um todo. Para melhor entender essa situação, será útil considerarmos algumas das observações feitas por Johann Gottlieb Fichte.

Fichte era particularmente crítico à ideia de que o caráter passivo ou receptivo do conhecimento humano pudesse ser adequadamente explicado pelo recurso à noção do "algo" independente, que de alguma forma fundamenta nosso conhecimento ou o provoca a ter a determinação que tem. Em uma carta que escreveu em 1793 para Friedrich Immanuel Niethammer, Fichte provê uma articulação especialmente clara e pungente do problema:

> Kant demonstra que o princípio causal é aplicável apenas às aparências e, ainda assim, supõe existir um substrato subja-

> cente a todas as aparições – suposição essa indubitavelmente baseada na lei da causalidade (ao menos esta é a maneira como os seguidores de Kant colocam). Quem quer que nos mostre como Kant chegou a tal substrato sem estender a lei causal para além dos próprios limites terá compreendido Kant (FICHTE, 1988: 369).

Para Fichte, o trabalho do filósofo é oferecer uma narrativa do caráter limitado ou ilimitado do conhecimento humano – ou seja, seu caráter como passivo ou receptivo – sem, contudo, apelar a noções pré-críticas ou dogmáticas de um "algo" independente, ou substrato, que, supostamente, fundamenta este conhecimento ou o faz ser do jeito que é. Um filósofo que seja capaz de fornecer uma narrativa dessa ordem terá, em verdade, compreendido Kant, dado que este estava, ao fim e ao cabo, produzindo tal narrativa, ainda que não tenha sido, de todo, bem-sucedido.

Fichte acreditava que quem quer que tivesse verdadeiramente compreendido Kant (e ele afirmava tê-lo feito) entenderia igualmente o caráter realmente libertador e revolucionário do pensamento dele – não apenas no campo teórico, mas também no prático. Isso se dava porque, para Fichte, a crença dogmática, pré-crítica, em um "objeto transcendental", "coisa-em-si-mesma" ou "substrato subjacente" (ou seja, a crença em "algo" independente que supostamente existe para além do nosso conhecimento, e que também o torna possível) estava intimamente conectada a um pensamento regressivo, pré-crítico, no que tange à moral e à política. Fichte prestativamente explica tal conexão no esboço de uma carta inacabada, destinada ao amigo Jens Baggesen:

> Meu sistema é o primeiro sistema de liberdade. Da mesma forma como a França libertou o homem dos seus grilhões, meu sistema o liberta das cadeias das coisas em si mesmas, ou por outra, daquelas influências externas que em todos os sistemas anteriores – o kantiano incluído – aprisionaram, uns mais, outros menos, o homem. De fato, o princípio primeiro do meu sistema apresenta o homem como um ser independente (FICHTE, 1988: 385).

A questão fulcral de Fichte (que ele reforçava consistentemente, ainda que não tão diretamente, em seus escritos filosóficos) é clara o bastante: deveria ser possível apresentar um relato do caráter receptivo e finito do saber humano sem, contudo, recorrer à ideia (dogmática, pré-crítica) de um "algo" independente fora do nosso conhecimento para que fosse possível, outrossim, apresentar um relato daquilo que é moral e politicamente certo, sem, contudo, fiar-se na ideia (dogmática, pré-crítica) de uma ordem das coisas independente e previamente dada.

Como Fichte, Hegel estava bem consciente das dificuldades epistemológicas e metafísicas existentes na noção de que um "algo" independente, "objeto transcendental" ou "coisa-em-si-mesma", supostamente fundamentasse ou tornasse possível nosso conhecimento finito. E também como Fichte, Hegel estava convencido de que a verdadeira compreensão do pensamento kantiano – que fosse além da própria limitada reflexão de Kant a respeito da "coisa-em-si-mesma" – seria capaz de destravar o potencial verdadeiramente revolucionário do pensamento kantiano, na prática bem como na teoria. Ao escrever para seu amigo Niethammer em outubro de 1808, Hegel observou: "uma vez que o reino da representação [*Vorstellung*] esteja revolucionado, a realidade [*Wirklichkeit*] não resistirá" (HEGEL, 1984a: 179).

Para Hegel, uma compreensão revolucionada de como conhecemos o mundo e o representamos para nós mesmos permitiria, ao mesmo tempo, uma forma revolucionada de ser no mundo, algo que é, *per se*, uma implicação direta da visão hegeliana sobre o saber. Conforme tal visão, que nosso conhecimento dependa de conteúdo ou informação proveniente de algum "objeto transcendental" ou "coisa-em-si-mesma" inteiramente independente, que supostamente é o que é inteiramente à parte da nossa atividade de saber, não é a questão. Muito pelo contrário, qualquer coisa determinada, conhecível, é o que é para nós por causa da nossa atividade em conhecê-la. Todavia, precisamente porque nenhuma coisa determinada, conhecível, simplesmente é o que é, em si mesma (separada de nossa atividade em conhecê-la), tem-se que nosso verdadeiro ser no mundo jamais será algo que seremos capazes de compreender como se houvesse um conjunto de fatos preexistentes a, ou independentes da nossa atividade de conhecer; antes, nosso verdadeiro ser no mundo é sempre *aquilo que é como informado* pela nossa própria atividade de conhecer.

Por sua vez, porque nosso próprio conhecimento não é uma "coisa-em-si-mesma", mas sim *aquilo que é como informado* pela nossa própria atividade de conhecer, uma transformação em nosso conhecimento do conhecimento (da nossa compreensão do que é saber) permite uma transformação *na maneira mesma como realizamos* o saber. E uma transformação no modo como sabemos permite uma transformação em qualquer coisa que é conhecida por meio desse conhecimento, dado que (como vimos no relato de Hegel), aquilo que sabemos nunca é um "objeto transcendental" ou "coisa-em-si-mesma" que supostamente é o que é inteiramente à parte da nossa atividade de saber. Em suma, uma transformação em nosso conhecimento do conhecimento permite uma transformação na ação do nosso conhecimento, o que, por seu turno, permite uma transformação no ser de qualquer coisa conhecida por meio de tal conhecimento transformado (ser esse que inclui nosso ser no mundo)[10].

O parágrafo anterior afirma, em essência, que, para Hegel, o problema kantiano da "coisa-em-si-mesma" não é um mero problema surgido em meio às disciplinas acadêmicas da Epistemologia e da Metafísica, e sim um problema que vai direto ao coração do nosso verdadeiro, e concreto, ser no mundo. Para Hegel, enquanto nossas atividades concretas forem informadas pela visão epistemológica (inadequada) de que nosso conhecimento é finito porque é passivo ou receptivo em relação a um "algo" independente para além dele, continuaremos a acreditar que o mundo não é verdadeiramente nosso, e sim, inversamente, determinado por um "algo" independente e além de nós mesmos. Hegel acreditava que uma genuína e radical transformação do mundo não seria alcançada pela prática intensificada se essa prática permanecesse informada por um relato

10 Este parágrafo pode ser entendido como um comentário estendido sobre a afirmação hegeliana (na introdução à *Fenomenologia do espírito*) de que "a consciência fornece seu próprio critério em si mesma" (*PS* 53); "na alteração do conhecimento, o próprio objeto se altera", pois, "como o conhecimento se transforma, assim também ocorre com o objeto..." (*PS* 54).

inadequado da finitude humana. É imperativo que o assunto do conhecimento humano, tanto teórica como praticamente, seja levado em consideração, sem, contudo, confiar-se no conceito insustentável de uma "coisa-em-si-mesma", independente, "algo" além.

De fato, a inteireza da filosofia hegeliana pode ser compreendida como um conjunto sistematicamente ordenado de reflexões sobre o que tal consideração sobre a finitude humana significaria nas diversas áreas do conhecimento e dos esforços humanos. Para Hegel, a noção insustentável da "coisa-em-si-mesma", do "algo independente", faz sua aparição – amiúde sob disfarce – em todos os ramos da filosofia e do conhecimento. Já vimos, brevemente, como essa noção desempenha um papel em termos de epistemologia e metafísica, mas a doutrina também se manifesta na filosofia da mente (na forma dos dualismos corpo-alma), na filosofia ética e política (nos dualismos liberdade-natureza), na filosofia natural (na separação entre teleologia e mecanismo), na filosofia da arte (na separação entre razão e sentimento), e na filosofia da história (na separação entre o que está vivo e o que está ultrapassado e encerrado).

Parte I

O pensamento de Hegel

1 Epistemologia

Jeffery Kinlaw

Indubitavelmente, em sua *Fenomenologia do espírito*, Hegel é defensor de uma substantiva teoria do conhecimento. Identificar a integridade e os contornos precisos dessa teoria, contudo, pode vir a ser frustrante, mesmo para o filósofo mais aplicado. Boa parte dessa dificuldade reside no fato de Hegel se apropriar de elementos de teorias conflitantes: sua epistemologia é internalista, mas não deixa de conter um significativo componente fiabilista. Ele defende uma forma de idealismo – a experiência é conceitualizada "até o fim" – mas em importantes aspectos, é um realista epistemológico, visão defendida amplamente por Kenneth R. Westphal (1988; 1989; 2003). E, conquanto a natureza da verdade seja a correspondência, ele defende um critério coerentista para a verdade.

Afirmo que a leitura mais proveitosa da epistemologia hegeliana ocorre quando se a interpreta como uma teoria *normativa*, e uso esse termo no intuito de abarcar o sentido de que o critério para o conhecimento e os meios para testá-lo são internos às práticas compartilhadas daquilo que Hegel chamou de comunidade *geistlich* (compreendida, aproximadamente, como uma comunidade animada por um conjunto de compromissos éticos e intelectuais comuns). Ele investigou a possibilidade do conhecimento ao analisar a verdadeira prática de adquiri-lo[11]. O teste para o conhecimento seria a coerência funcional do tipo específico de prática epistêmica. A justificação das afirmações de conhecimento é uma prática social[12], cuja

11 A esse respeito, Hegel se afasta significativamente da moderna tradição epistemológica, de Descartes a Carnap, para a qual a possibilidade do conhecimento é medida independentemente da tentativa de obtê-lo.

12 Este ponto tem sido defendido vigorosamente por Pinkard (1996). Minha dívida para com seu trabalho será patente.

base repousa no bojo das normas epistêmicas mutuamente compartilhadas e reconhecidas, e segundo as quais as razões para crenças e ações são criticamente avaliadas. A autoridade normativa emerge da participação dos indivíduos em uma comunidade definida como uma rede compartilhada de relações cognoscíveis que governam as práticas cotidianas, as quais os indivíduos podem não somente identificar-se com, mas também desafiar criticamente. As normas epistêmicas que os sujeitos modernos consideram como racionalmente impositivas, ou a base para a justificação, são normas que eles mesmos compreendem como "sendo vindas para tomar" (pegando emprestada a frase de Pinkard) como justificatórias – ou, mais precisamente, normas que eles mesmos entendem como vindas para se estabelecerem como racionalmente impositivas. Em suma, afirmo que a teoria de Hegel é não metafísica e normativa "até o fim": a justificação não é assegurada por ter as afirmações de conhecimento de alguém conformadas ao mundo, mas antes resulta da confirmação dessas afirmações pelos outros, em termos de normas mutuamente conhecidas para justificação – de onde, a questão que amonta é: quais são os requisitos necessários para um relato da prática da justificação que seja eficiente e resistente ao ceticismo?

Dentre esses requisitos está certa autoconcepção compartilhada pelos agentes epistêmicos. Hegel debate que qualquer modo de saber pressupõe certa autoconcepção do sujeito do conhecimento, com o que aquela forma de saber se relaciona. Coerentemente, o *saber absoluto* é o ponto de partida epistêmico dos sujeitos modernos, que se entendem como agentes autônomos cuja agência é, não obstante, mediada pelas relações cognitivas que compartilham com os demais. Uma epistemologia compreensiva e normativa precisa oferecer um relato da comunidade engajada nas práticas epistêmicas.

A epistemologia normativa hegeliana foi desenvolvida, em larga medida, como resposta ao problema do critério; sua estratégia é diagnosticar e resolver inconsistências no bojo dos relatos alternativos do saber e mostrar como a resolução culmina na prática autocrítica do saber absoluto. Dessa forma, parte significativa deste meu capítulo é devotada à confrontação de Hegel com o ceticismo e a incorporação deste ao seu método. Discuto que o saber absoluto deve ser interpretado como uma resposta não metafísica e proto-pragmática ao ceticismo.

Minha discussão ocorrerá como se segue: primeiro, discuto brevemente o ataque de Hegel ao imediatismo; como esse tópico foi amplamente abordado pela literatura, minha preocupação é mostrar como a crítica ao imediatismo faz avançar sua epistemologia normativa. Em seguida, explico a natureza do saber imbuída nas formas de consciência e indico o caminho no qual a análise do saber de Hegel é informada pela sua confrontação com o imediatismo. Depois, ofereço uma visão geral da "sociabilidade" do conhecimento, especificamente a relação entre a justificação e a autoconcepção. Concluo com breve discussão sobre o saber absoluto, e aponto alguns dos seus elementos falibilistas.

A crítica hegeliana ao imediatismo

O ataque de Hegel ao imediatismo abarca a justificação epistêmica das afirmações teóricas e práticas[13], e envolve conhecimento empírico e autoconhecimento. O imediatismo há que ser interpretado como uma consciência direta, não inferencial e receptiva daquilo que se apresenta diretamente e pronto para a consciência, seja um sentido particular, seja a intenção expressa de um agente. Como inicialmente apresentado na certeza-sentida, a consciência imediata é conhecimento por experiência, no qual se apreende o objeto sem afirmar qualquer coisa a seu respeito. Com força e compreensão, embora a compreensão utilize suas habilidades inferenciais para chegar ao cerne metafísico do objeto coberto pelo véu da percepção, permanece entendendo-se como apreendendo aquela essência interior como algo intrínseco ao próprio objeto. A lição familiar

13 A epistemologia, para Hegel, diz respeito à justificação de afirmações de conhecimento empírico e às razões para ação. Estas últimas abordam a intenção do agente (explicação sob a qual insiste recair sua ação) e suas razões para executar tal intenção. Embora a teoria da ação de Hegel possua, decididamente, uma dimensão epistêmica e se desenvolva, em parte, como uma crítica ao imediatismo, sua avaliação encontra-se além dos limites deste ensaio.

desses capítulos na *Fenomenologia do espírito* é que o conhecimento é conceitualmente mediado: sabe-se que o objeto é mediado por aquilo que se supõe ser o objeto. Além disso, aquilo que se supõe ser o objeto exercita autoridade putativa na forma como o objeto é conhecido ostensivamente.

O movimento decisivo no argumento de Hegel ocorre no capítulo da "Consciência-de-si", com a introdução àquilo que chamo de *requisito de reflexão* (RR): S é epistemologicamente relacionado a um dado objeto apenas se S assim se considerar. Esta é a tese kantiana da apercepção transcendental, a qual implica, segundo Hegel, que os conceitos informam todo o conteúdo da experiência, e que introduz um componente internalista à epistemologia hegeliana. Quando aplicado às normas, RR diz: uma dada norma N é racionalmente autoritativa para S apenas se S considerar N como racionalmente autoritativa. Considerar N racionalmente autoritativa, porém, não é suficiente para autoridade normativa, da mesma forma que um objeto não é tão somente aquilo que se considera ser – afinal de contas, é possível empregar-se conceitos erroneamente. A aplicação correta implica ser capaz de reconhecer que seu emprego está correto e que, em retorno, implica ser capaz de provar-se errado. Provado errado, não o terá sido por fracassar em mapear os conceitos para o mundo, mas sim por meio de uma outra pessoa autoconsciente. RR e a aplicação correta dos conceitos são mediados pelo consenso corrente da comunidade epistêmica, muito embora esta seja uma conclusão que emerge *in toto* apenas no saber absoluto[14].

A crítica de Hegel ao imediatismo estendeu-se ao longo de toda *Fenomenologia do espírito*. Cada transição de uma nova forma de consciência contém elementos residuais do imediatismo herdados

14 Uma versão desse debate analisando o emprego do conceito como seguir regras foi defendida por Landry (2008). Eis aqui o problema: se, do ponto de partida do Desejo, um objeto for somente aquilo que S considera ser, então a determinação de S estará sempre correta. Aplicada a seguir regras, isso significa que não há distinção entre S seguir as regras e apenas aparentemente segui-las (uma aplicação do debate da linguagem privada, de Wittgenstein), de onde não haveria distinção entre seguir as regras correta ou incorretamente. Se é impossível para S ver a si mesmo como equivocado, então S não pode subordinar um objeto às regras. Um padrão externo de adjudicação é necessário, e o movimento inicial naquela direção é o reconhecimento alheio.

de prévias formas de saber. Um ponto frequentemente esquecido, contudo, é que o imediatismo também diz respeito ao autoconhecimento e à justificação dos atos – novamente, o imediatismo trata de qualquer coisa, inclusive das normas, dado que ambos são diretamente acessíveis e prontos à parte da mediação das práticas comunais. Consideremos a discussão sobre as *Confissões* de Rousseau, no capítulo "Razão" da *Fenomenologia do espírito*. A "lei do coração" é o cerne do eu de cada indivíduo, que se opõe a instituições sociais opressivas e é tomada, a partir desse ponto de vista, como autoridade justificatória para as ações. Vicky, por exemplo, possui uma razão justificativa para agir se sua ação sinceramente expressar seu eu essencial como *ela o entende diretamente*. O problema vem à tona uma vez que sua ação adentra o domínio público e se torna suscetível a construtos alternativos alheios; seu *inner self* é expresso em *sua* ação, enquanto as interpretações de outras pessoas irão expressar *seus* eus essenciais. Aqui Hegel apresenta uma versão mais sofisticada do problema da adjudicação, que emergiu inicialmente na dialética entre senhor e escravo: aquilo que é tomado como racionalmente autoritativo é uma norma que repousa além das relações cognitivas compartilhadas subscritas nas práticas comunais. A expressão sincera do cerne do eu de cada indivíduo é justificativa para a ação, posto ser um princípio justificativo universalmente reconhecido, mas a autoafirmação de uma norma supostamente universal não pode ser reconhecida pelos outros na forma essencialmente subjetiva na qual se expressa, e logo não pode ser validada por eles[15].

O mesmo problema se apresenta para a "bela alma" na seção final do capítulo "Espírito" da *Fenomenologia do espírito*, ainda que, nesse caso, no contexto de uma forma atenuada de reconheci-

---

15 "Todo coração deve reconhecer-se a si mesmo no que é lei. Mas o coração deste indivíduo apenas pôs sua efetividade no seu ato, que exprime seu ser-para-si ou seu prazer. O ato deve valer imediatamente como universal, quer dizer, é na verdade algo particular: da universalidade tem apenas a forma; seu conteúdo particular deve, como tal, valer por universal. Por isso os outros não encontram realizada nesse conteúdo a lei de seu coração, e sim a de um outro. Ora, de acordo com a lei universal, justamente – de que 'cada um deve encontrar seu coração no que é lei' –, voltam-se contra a efetividade que este indivíduo propunha, assim como ele se voltava contra a dos outros" (HEGEL, 1992: 233-234).

mento mútuo. A "bela alma" repete a confusão normativa da consciência infeliz (no capítulo da "Consciência-de-si"), só que dessa vez os oscilantes pontos de partida existem dentro dos limites de sua perspectiva: ela há de agir obedientemente, conforme a convicção de sua consciência; contudo, nesta forma abstrata, o padrão universal de consciência é aquilo que ela disser ser, de modo que temos o ponto de vista corrupto do ironista romântico, que tenta justificar seus atos apelando para a *faux* sinceridade de sua convicção. O problema, mais uma vez, é que o imediatismo bloqueia a adjudicação: age-se a partir da imediata autocerteza da consciência, e essas ações oriundas da convicção são reconhecidas pelos outros como justificatórias. Jones afirma agir obedientemente segundo sua convicção sincera, enquanto Smith toma essas ações como egoístas. Ambas as perspectivas afirmam cumprir uma norma universal no contexto do respeito mútuo pela convicção, e o conflito não resolvido prossegue porque o reconhecimento é incompleto. Tal comunidade carece de um subscritor normativo *crítico* para tais práticas. Os primeiros passos em direção à resolução são o perdão e a reconciliação. Quando os agentes racionais tiverem visto que a perspectiva da convicção é contingente, e que o reconhecimento mútuo demanda um padrão de normatividade independente e comunalmente verificado, capaz de mediar as alegações a partir de todas as perspectivas individuais, teremos então a transição para a forma de comunidade que subscreve o saber absoluto. Essa crítica é fundamental à causa de Hegel em prol do saber absoluto, e o imediatismo, um sintoma confiável de práticas epistêmicas fracassadas.

O ceticismo e a estrutura da justificação

A epistemologia madura de Hegel emerge na *Fenomenologia do espírito* após um sério entrevero com o ceticismo, uma relação complicada, todavia, pois embora o tenha criticado agudamente (em especial os céticos modernos), ele se referiu a seu próprio método como "ceticismo autoconsumável" (*sich vollbringender Skeptizismus*; *PS* 50 =

W 3: 72)[16]. Hegel confrontou o ceticismo com uma estratégia em dois atos: primeiro, mostrando que algumas das suas suposições-chave do ceticismo (em particular do moderno) possuem erros – notavelmente a teoria representacional da atividade mental – os quais são evitados pela própria epistemologia hegeliana; segundo, e mais importante, ele encara diretamente o desafio do problema do critério e demonstra como seu método próprio o consegue solucionar.

Hegel jamais questiona a suposição corrente – aquilo a que Flay chamou de "atitude natural" – de que adquirimos conhecimento. A questão não reside em se uma forma qualquer de consciência sabe o que quer que seja, mas *se sabe o que afirma* saber ao invés de outra coisa. Ele nunca questiona a confiabilidade geral das nossas habilidades cognitivas[17], mas aborda seriamente o ceticismo. O alvo da sua crítica ao ceticismo moderno é um conjunto de suposições que, juntas, constituem a teoria da representação mental: (a) os pontos de vista objetivo e subjetivo são distintos e separados, sem qualquer ponte natural daquele para este; (b) o ponto de vista subjetivo é transparente e imediatamente acessível. Hegel rejeita (a) porque absolutiza a perspectiva da compreensão (ou seja, de que o saber é separado daquilo que é sabido) e leva à conclusão de que o conhecimento é algo além da experiência. O trabalho de saber não se trata de mapear as representações subjetivas de alguém no mundo objetivo; este alguém já está situado no mundo, e é membro de uma comunidade histórica. É digno de nota que aquilo que parcialmente motiva a rejeição de Hegel à restrição do saber kantiano aos fenômenos é o preceito realista de que o conhecimento captura a *real* natureza do ser[18]. O caso contra (b) coincide com o ataque ao imediatismo, ou

16 Para uma análise meticulosa da relação de Hegel com o ceticismo, cf. Di Giovanni e Harris (1985) e Forster (1989). Claesges (1996: 134) afirma que o próprio método hegeliano é cético. Pinkard (1996: 16) declara algo semelhante. Neste capítulo, permaneço neutro sobre se o método hegeliano é ou não cético.

17 Flay (1984: 39) percebe o confiabilismo de Hegel e sua aceitação da atitude natural como indicativas de que Hegel se distanciava do ceticismo. Isto é geralmente verdadeiro no que tange ao moderno ceticismo, mas não em relação ao problema do critério.

18 Como consequência, rejeito a afirmação de Rockmore (2005) de que a volta interna de Hegel para a análise das formas de consciência aponta para sua renúncia ao

seja, o ataque à moderna suposição cética de que os conteúdos mentais são entidades psicológicas às quais temos imediato, e talvez incorrigível, acesso. Conteúdos mentais são tidos como *dados*, e é esta a razão por que a análise cética do mental presume não acrescentar nada a esse conteúdo. Os primeiros três capítulos da *Fenomenologia do espírito* são uma crítica dos relatos representacionalistas sobre a mente e o saber, e sua suposição de que a mente é autoiluminada – muito embora os últimos vestígios do representacionalismo só venham a ser removidos no capítulo "Religião" (cf. DI GIOVANNI & HARRIS, 1985: 317-318, 339).

Uma característica do imediatismo é representar uma perspectiva unilateral e abstrata. O mesmo é válido para o ceticismo em geral, que apenas expõe as contradições internas ao que quer que lhe seja dado – sendo, portanto, "contingente" e potencialmente arbitrário[19]. O dialético, por sua vez, expõe uma *determinada* negação dentro de uma forma particular de consciência, e a negação determinada (derrotador do conhecimento) emerge de instâncias concretas de incoerência na experiência do saber (*LHP* 2: 330-338; *PS* 50). A dialética não é apenas um método cético imposto sobre asserções positivas; ela expõe inconsistências naturalmente surgidas quando uma forma de saber é incapaz de saber aquilo que afirma saber. Expor contradições entre a real experiência de saber e qual a forma de saber pretensamente sabida é precisamente aquilo que o ceticismo tenta alcançar – de onde a afirmação de Hegel, que a dialética incorpora o ceticismo.

Isso nos traz ao problema do critério, e de como motivou a crítica hegeliana aos modos de saber. Hegel afirma, de forma sucinta, ser esta a questão: um exame filosófico sobre se uma forma de saber verdadeiramente produz conhecimento pressupõe um critério segundo o qual suas afirmações de saber possam ser testadas. Como não existe critério pronto e justificado à disposição, de onde

entendimento do mundo "em-si-mesmo". Trata-se de um truísmo se Hegel for lido (e eu não o faço) como um tipo de construcionista e o "em-si-mesmo" como algo metafísico (nem eu nem Hegel o fazemos).

19 Note-se a frequentemente citada passagem de Hegel (*PS* 125-126) na qual ele compara a equipolência ao comportamento de crianças birrentas.

nenhum critério putativo pode afirmar ser justificado, o exame é impossível (*PS* 52). O problema é uma forma de Dilema de Agripa: (a) qualquer critério putativo requer justificação, o que pressuporia um critério adicional e uma regressão; (b) um critério legítimo é arbitrariamente apontado; (c) não há critério. Como (a), (b) e (c) são inaceitáveis, não há inquérito; contudo, tal fato pressupõe falsamente, diz Hegel, que o critério é um padrão externo aplicado a uma forma de saber para testar se sabe aquilo que afirma saber. Toda forma de consciência possui uma autoridade interna justificatória, ou critério (o que reconhece como racionalmente autoritativo para justificar crenças e ações), à qual suas afirmações de saber precisam atender no intuito de serem justificadas. Este critério é validado ou invalidado se puder ou não *funcionar* como padrão para aquela forma de saber. Testar se aquilo que se considera racionalmente autoritativo de fato o é não envolve ir além de qualquer autoridade racional putativa para averiguar o que é autoritativo no geral e fora de todos os contextos (ou seja, autoritativo *überhaupt*). A comparação se situa nas consciências entre dois elementos distintos: o que se considera como racionalmente autoritativo e o que pode funcionar como autoritativo para aquela forma de saber. Se a experiência de saber revela que ambos não coincidem, temos então um derrotador do conhecimento, e como decorrência, a autoridade racional e a forma de conhecimento que este supostamente subscreve precisam transformar-se para remover a inconsistência.

O movimento-chave na estratégia de Hegel é a controvérsia que o conhecimento não pode ser estimado *überhaupt*, pois tudo o que é sabido ou resulta de ou fracassa por causa da prática epistêmica de uma forma *concreta* de saber segundo a qual um tipo de sujeito do conhecimento se pretende aquisitor de um dado tipo de conhecimento sobre um dado tipo de objeto, formando juntos o que Flay (1984) chama de "conjunto de pressuposição", que estrutura toda forma de consciência. O ponto saliente é que todo conhecimento é conceitualmente informado, e *guiado*, por aquilo que o sujeito do conhecimento considera ser seu objeto de conhecimento – a descrição sob a qual recai esse objeto; por exemplo, uma coisa com propriedades, ou uma certa espécie conforme uma classificação biológica. Se disso resulta o conhecimento ou o derrotador do conhecimento, o determinante será se as expectativas do sujeito do conhecimento são confirmadas ou rejeitadas na efetiva experiência do conhecimento. Por exemplo, é a experiência em Certeza Sensível a experiência sentida de um particular?

Uma forma de consciência é ostensivamente autocontida, ou seja, nenhuma outra pressuposição é necessária para aquela forma de conhecimento daquilo que professa saber. A estrutura de qualquer forma de conhecimento é composta por dois grupos de elementos, um relativo ao objeto do conhecimento, o outro ao sujeito[20]. O primeiro é composto pelas seguintes distinções: (I) o conceito que o sujeito tem do objeto; (II) o modo de acesso ao objeto adotado (p. ex., sensação ou inferência racional); (III) a real experiência do objeto; e (IV) o objeto real. Alguém que experimenta um objeto (III) é supostamente determinado por sua concepção do objeto (I) na tentativa de conhecer o objeto (II). Como observado anteriormente, qualquer forma de saber pressupõe certa autoconcepção, empregada pelo sujeito do conhecimento em seu ato de saber, e que possui a seguinte estrutura (que reflete o segundo grupo de elementos): (a) sua autoconcepção cognitiva como um agente epistêmico; (b) a verdadeira autoexperiência cognitiva que possui ao empregar conceitos (I) ao tentar conhecer um objeto (IV); e (c) seus próprios engajamento epistêmico e constituição cognitiva verdadeira, enquanto dirigidos aos objetos (IV). A autoconcepção como um agente epistêmico (a) – por exemplo, como um cientista baconiano classificando espécies – supostamente determina a autoexperiência cognitiva (b) de uma verdadeira constituição como um agente epistêmico (c). Uma outra relação completa o modelo hegeliano: lembre-se que o conceito de um tal objeto (I) e o suposto modo de acesso até ele (II) estão correlacionados com a autoconcepção que se tem como um agente epistêmico (a). Afirmações de saber são justificadas ou

---

20 Minha análise é devedora, embora com alguma suplementação e modificação, da tabela de distinções presente em K.R. Westphal (1989: 92-93) e, esp., em K.R. Westphal (2003: 41-44).

derrotadas *por* uma específica forma de consciência: a justificação consiste na *coerência* funcional dentre o conjunto de relações que compreende a forma de saber. Inconsistências indicam derrotadores e, portanto, uma razão concreta para duvidar que aquela específica forma de conhecimento verdadeiramente conhece o que afirma conhecer. No caso do fracasso, a conclusão não é que o conhecimento é impossível, mas sim que aquela forma específica de consciência em questão não consegue justificar saber o que afirma saber *com a maneira de saber que emprega*.

Derrotadores de conhecimento são detectados quando a experiência (III) revela a inconsistência entre o conceito que se tem do objeto (I) e o objeto em si (IV). A experiência diverge daquilo que se espera descobrir com base em seu conceito do objeto. Considere-se o sujeito epistêmico em "Força e entendimento": nesse contexto, ele tenta usar suas capacidades inferentes para apreender o substrato metafísico subjacente às aparências, precisamente por ser essa a concepção que possui do objeto do conhecimento. Sua experiência no esforço de apreender tal substrato, contudo, revela que aquilo que considerava ser a unidade metafísica de aparências é, em verdade, produto de suas próprias habilidades inferenciais; há uma falta de ajuste entre seu conceito do objeto e o que o objeto apreendido mostrou ser, o produto da sua determinação conceitual do objeto. No intuito de remover tal inconsistência, o objeto do conhecimento, o suposto modo de acesso até ele e a autoconcepção do sujeito epistêmico precisam se transformar em conformidade àquilo que a experiência do objeto revela. Como resultado, o agente epistêmico não mais se vê como tentando apreender o objeto, mas antes como um implantador de conceitos – nesse caso, o conceito apriorístico de um objeto físico – para compreender o objeto. Daí em diante, o saber será uma experiência conceitualizada[21].

21 O novo objeto do saber emerso do capítulo da "Força e entendimento" não aparece, na verdade, até o começo do capítulo da "Razão". Pelo contrário, o que emerge daquele capítulo é a natureza da consciência-de-si, como expressa em RR, a qual, em seu imediatismo, é considerada como exclusiva e não mediada. Hegel expõe a incoerência daquela perspectiva unilateral, na seção da "Consciência-de-si", em termos de pontos de vista universal e particular. Quando uma forma de consciência emerge (razão) na

Derrotadores de conhecimento aparecem porque o conceito que se tem do objeto não está devidamente diferenciado – por exemplo, uma coisa com propriedades que precisa transitar para um substrato metafísico como um puro objeto de compreensão. É precisamente isso que a experiência que se tem do objeto (IV) revela, o conceito de que o objeto é a fonte da falta de ajuste. A "experiência", no jargão técnico hegeliano, é o reconhecimento da falta de ajuste entre o conceito que se tem do objeto e o objeto em si. Hegel, a bem da verdade, não oferece um relato de diferenciação conceitual na *Fenomenologia do espírito*, tarefa essa que pertencerá à *Lógica*. O papel que a determinação conceitual representa nesse relato de justificação é, porém, central à sua teoria. O conceito que se tem de um objeto informa toda experiência, inclusive a revisão de conceitos inapropriadamente determinados – esta é, claro, a tese hegeliana do idealismo. Embora os conceitos "sigam até o fim" e as formas do saber sejam autocontidas, a aplicação dos conceitos em uma tal forma de consciência responde *indiretamente* à experiência, significando que as formas de saber não são autossuficientes. Hegel supõe que, por exemplo, quando a experiência dos objetos empíricos diverge daquilo que a forma de saber considera ser tais objetos, a natureza do objeto em si mesmo (IV) impactou a experiência que se tem do objeto. Caso contrário, como a experiência divergiria do esperado, dado o conceito do objeto? Como observou K.R. Westphal, isso indica um significativo elemento externalista na epistemologia hegeliana (2003: 41). Não existe experiência não conceitualizada, é o mundo que informa os conceitos, cuja revisão é motivada pela experiência, a qual, por sua vez, é guiada pela aplicação conceitual.

Vista de outro ângulo, a aplicação conceitual é limitada porque a RR é mediada: um conceito nem é aquilo que eu determino ser nem uma vista que lugar nenhum poderia interpretar. O significado de um conceito é determinado por aquilo que *nós* somos capazes

---

qual é possível reconciliar o conflito entre os pontos de vista, ao menos de maneira preliminar, ou seja, de um modo em que o particular pode erguer-se ao universal (uma forma preliminar segundo a qual conceitos podem, de fato, e até certo ponto, determinar objetos), o objeto do saber se torna lei universal.

de inferir justificadamente quando aplicamos os conceitos – este "nós" se refere a uma *geistlich*, uma comunidade epistêmica. Isso se torna claro quando nos lembramos de que o relato hegeliano da justificação também diz respeito à reconciliação das perspectivas do particular e do universal, especialmente quando notamos que não existe uma perspectiva desarraigada, universal, à qual as afirmações de conhecimento podem se justificar. Toda perspectiva universal é historicamente situada e socialmente mediada.

A principal resposta de Hegel ao ceticismo é incorporar suas práticas críticas ao seu método para avaliar as formas de saber. Em suma, as formas de consciência debilitam a si mesmas e às suas transições de autocorreção para uma forma de saber transformada. A dialética continua até atingirmos o ponto de vista do saber absoluto, cujas práticas autocríticas serão resistentes ao ceticismo.

A sociabilidade do conhecimento

A sociabilidade do conhecimento está ligada àquilo que subscreve o saber absoluto, ou seja, a autoridade racional mutuamente compartilhada e reconhecida das relações cognitivas que governam as práticas sociais e epistêmicas de uma comunidade *geistlich*. Ela é exaustivamente analisada por Pinkard (1996), e minha discussão se ocupa da justificação de alguém que afirma *saber* possuir uma razão justificativa para agir.

Para Hegel, uma teoria normativa do conhecimento precisa dar conta da justificação das afirmações de saber e das razões para agir – ele, de fato, devotou muito de sua *Fenomenologia do espírito* a essas últimas. Como já indicado, como se justificam as afirmações do saber e as razões para agir pressupõe certa autoconcepção empregada quando se afirma ou se diz que o que foi feito é justificável. Isso nos traz à linha de frente da autoridade racional do agente epistêmico: até que ponto é possível afirmar que seu particular ponto de vista informa a autoridade justificativa de uma norma universal? A RR exige que seja aceite como racionalmente autoritativo apenas aquilo considerado como tal. Como sua autoridade se afirma – e é apoiada pela RR – embora permaneça sendo mediada, é a questão radical da sociabilidade do saber. O importante, dentro dos nossos objetivos, é como alguém pode afirmar saber que sua razão para agir é justificada – ele o faz, claro, ao conectar sua razão (seu particular ponto de vista) a uma norma universal amplamente aceita. A questão é como ele sabe que essa norma é justificativa.

A sociabilidade do saber é mais um ataque ao imediatismo e à visão abstrata dos agentes epistêmicos que a complementa. Consideremos a convicção de consciência mutuamente respeitada (CCMR) como um meio falho para a justificação. Ela está instanciada na estrutura previamente explicada das formas da consciência: S, percebendo-se a si mesmo como um ator em ação a partir da imediata convicção de consciência para a qual possui (II) acesso direto e intuitivo, oferece uma razão para que sua ação ao apelar para (I) o reconhecimento mútuo e o respeito dentro da comunidade graças à convicção sincera. Ele supõe que a convicção da consciência (I) é a verdadeira norma (IV) segundo a qual é possível justificar sua ação conforme os limites dessa prática epistêmica. A experiência da prática justificatória, obviamente, revela um derrotador: (I) é incapaz de corresponder (IV) nos casos de desacordo a respeito do *status* da razão de S não se aceita que a sincera convicção de sua consciência justifique claramente sua ação, enquanto outros afirmam, a partir da sincera convicção de suas consciências, que sua ação não se justifica. Ele insiste que sua convicção seja respeitada, e eles exigem que a deles também seja. Nenhum deles pode afirmar *saber* que suas afirmações são justificadas porque não podem ser comprovadas como errôneas. A norma reinante (I) carece do aparato crítico para adjudicar a disputa e prover a reconciliação entre S e os demais.

Embora a CCMR seja uma forma avançada do espírito incipiente, sua falha reside principalmente em sua visão abstrata do agente racional: S apela para uma norma justificadora comunalmente constituída, mas ao fazê-lo age como se fosse independente de qualquer comunidade, e supõe possuir acesso social não mediado à CCMR. O mesmo vale para os outros que afirmam saber que a razão de S é falha ao justificar sua ação. Novamente, nem a afirmação de conhecimento é justificável, dado que não existe meio para sua comunidade epistêmica validar uma das afirmações de modo que não seja puramente contingente (um acordo acidental, p. ex.). Alternativas teóricas incapazes de justificação, chamadas por Hegel de "vias do desespero" (*PS* 49), apelam, em diversas medidas, às normas justificadoras via tergiversação de como estas normas são estabelecidas e mantidas no bojo da rede de relações cognitivas – inclusive sua corporificação institucional reconhecida – que subscreve as práticas epistêmicas de uma comunidade. Em suma, não existe acesso social não mediado a um universal, e, portanto, justificatório, ponto de vista. É necessário justificar as afirmações de conhecimento como agentes autônomos racionais cuja autonomia é mediada pela sua inteira participação nas práticas da comunidade.

O saber absoluto

O saber absoluto apresenta dificuldades interpretativas porque o relato de Hegel, como se reconhece comumente, é incompleto e formulaico. Seu foco principal parece recair sobre a consciência-de-si que se tem de ser um participante naquilo que chamei de *geistlich*, uma comunidade epistêmica. No saber absoluto, a "substância" tornou-se, por fim, objeto, ou seja, entende-se completamente *como* a RR é mediada *e* afirmada, vê-se como sua autoridade racional é afirmada nos limites da teia de relações reconhecíveis que subscreve as práticas comunais, e cuja autoridade foi tomada, estabelecida, em verdade, por si e pelos demais, como a apropriada autoridade normativa em exercício para práticas justificatórias. O que ocorre no saber absoluto é a síntese de todos os componentes no cenário geral da teia de normatividade para o pensamento e a ação ("substância") no bojo da consciência deliberada do agente epistêmico. Hegel demonstra como esses componentes advieram de formas historicamente situáveis e presentemente suplantadas de consciência. A forma de consciência que é o saber absoluto refere-se à atividade compreensiva e interna destes elementos, de que um dos componentes-chave é ver-se a si mesmo como parte de uma comunidade que se percebe como tendo estabelecido esta forma de normatividade como autoritativa para crença e ação (*PS* 487). Aquilo que fora delineado ao final da "Consciência infeliz" – a universalidade na particularidade (Eu que é Nós) e a particularidade na universalidade (o Nós que é Eu) – alcançou a fruição na comunidade moderna. A autoridade é vista a partir do próprio ponto de vista como mediada pelo consenso da comunidade, enquanto a visão de que o acordo comunitário a respeito do que é autoritativo para suas práticas é receptiva ao seu próprio ponto de vista. Essa descrição da autoconcepção no contexto do saber absoluto é constituinte do relato da justificação implícita, ainda que lamentavelmente atenuada, do capítulo final da *Fenomenologia do espírito.*

Em poucas palavras, o espírito em si é a autoridade normativa do saber absoluto; corporifica claramente um tema central da epistemologia normativa hegeliana: a autoridade normativa que subscreve as práticas epistêmicas comunais é inerente àquelas práticas. Como pode o espírito subscrever o saber absoluto como uma prática epistêmica bem-sucedida e resistente ao ceticismo? Pippin (1989: 247) afirma que o saber absoluto é um movimento, ou processo, que envolve reflexão autoconsciente sobre o processo – ou seja, digo eu, a função das práticas justificatórias dentro da comunidade – mais do que um ponto de chegada. O espírito é aquela teia de relações reconhecíveis, inclusive sua corporificação institucional, que subscreve as práticas epistêmicas e *a partir da qual* os agentes epistêmicos engajam-se em contínua reflexão crítica sobre aquelas práticas. O consenso advindo dessas práticas autocríticas é a norma autoritativa à qual a comunidade apela para justificar suas afirmações de conhecimento, e nesse sentido, a epistemologia hegeliana é protopragmática. O consenso comunal é indicativo de verdade[22], é a convergência estável, ainda que falível e revogável, da reflexão autocrítica de uma comunidade a respeito de suas práticas epistêmicas.

22 Como enfatizou K.R. Westphal (2003: 45-46), a justificação, como Hegel indica fortemente, embora sem implicar, a verdade. Afirmo apenas que Hegel possui um relato do consenso comunal da justificação, mas não que sua teoria da verdade é um consenso comunal.

Assim sendo, o espírito é inteiramente automediador, e é nesse sentido que o saber absoluto deve ser compreendido como "completo".

O saber absoluto é, pois, uma prática epistêmica resistente ao ceticismo, resistência essa promovida por sua falibilidade. Se o consenso comunal de uma *geistlich* é aquilo que a comunidade aceita como autoritativo (I) para suas práticas justificatórias, será sempre coincidente com o que verdadeiramente justifica suas afirmações de verdade (IV) justamente porque o consenso comunal possui a flexibilidade para permanecer responsável à experiência das práticas epistêmicas daquela comunidade, garantindo-se, assim, a coerência estrutural do saber absoluto, como modo de saber. Em seu ensaio sobre o ceticismo em Jena, Hegel sugeriu que a razão era imune a alguns dos tropos de Sexto Empírico por não tentar fundamentar o conhecimento em algo externo à estrutura do saber (DI GIOVANNI & HARRIS, 1985: 40-42). E esse é, precisamente, o caso do saber absoluto.

Hegel estava convencido de que o saber absoluto era a mais estável e eficiente forma de conhecimento que a análise filosófica seria capaz de defender. É a teoria, segundo Hegel, para qual a resolução dos relatos derrotados e inutilizados apontaram inexoravelmente, e cuja justificação é assegurada tão somente pela eliminação das teorias alternativas e por sua flexibilidade na resposta eficiente a possíveis derrotadores[23].

23 Reconheço a tensão existente entre o relato hegeliano do consenso comunal da justificação e o ponto de vista da *Lógica*, de que as estruturas conceituais não respondem a possíveis evidências empíricas contrárias. A matéria dessa tensão, contudo, não há como ser trabalhada no contexto do presente capítulo.

2
Metafísica

Nathan Ross

A metafísica é a forma da filosofia que busca nos trazer o conhecimento da natureza fundamental da realidade por meio, pura e simplesmente, dos argumentos conceituais; mais do que um simples ramo da filosofia, tem sido, de fato, reconhecida como seu cerne, *prima philosophia*, porque estabelece os conceitos fundamentais, básicos, determinantes de nossa compreensão paradigmática do mundo. A metafísica lida com aqueles objetos os quais não se pode esperar conhecer por meio da experiência, tais como a natureza e a existência de Deus, a unidade e duração da alma, as origens do mundo e seus limites no espaço e no tempo, para citar apenas algumas poucas das linhas clássicas da sua busca. Ao mesmo tempo, não somente lida com estes grandes objetos, transcendentes à toda experiência possível, mas também com conceitos e estruturas que definem a nossa experiência e nossos argumentos filosóficos; por exemplo, dizer que todas as coisas possuem uma causa, ou que a matéria é infinitamente divisível, envolve realizar determinações gerais, lançar mão de argumentações conceituais, de um modo que possui impactos de longo alcance sobre como experienciamos o mundo, como fazemos ciência e como entendemos nosso lugar no mundo.

Como é possível o conhecimento metafísico?

Se a filosofia sempre possuiu questões e compromissos metafísicos em seu cerne, uma das características distintivas da Era Moderna, iniciada no século XVIII, é ter uma atitude altamente cética e crítica a respeito da possibilidade mesma de, um dia, chegar a ter algum conhecimento metafísico afirmativo e definitivo. Com a ascensão das ciências empíricas e dos métodos melhorados para responder questões sobre a natureza por meio da experimentação, os filósofos atacaram a oportunidade da conquista do conhecimento onde nenhuma experiência concreta era possível. David Hume (1711-1776) apresentou, talvez, o desafio mais radicalmente cético à tradição metafísica ao mostrar que somos incapazes de contemplar os "poderes interiores" das coisas, e que baseados em nossas experiências, podemos alcançar um conhecimento meramente relativo, provável, das causas e dos efeitos. Immanuel Kant (1724-1804) desenvolveu uma abordagem profundamente crítica da tradição metafísica, e demonstrou que embora possamos utilizar nossos conceitos para realizar afirmações definitivas sobre aquilo que experienciamos, nos metemos em palpos de aranha quando usamos estes mesmos conceitos de uma forma que transcende à toda experiência possível. Ainda que possamos alcançar um saber relativamente preciso sobre o que fez uma bola cair de uma mesa, nos enredamos em insolúveis dificuldades quando buscamos entender o que fez o mundo vir a existir. Segundo Kant, caímos na armadilha do pensamento metafísico graças a um tipo de "ilusão" presente no coração da razão humana: possuímos uma habilidade inata para estruturar nossas experiências em termos de causa e efeito, substância e acidente, dentre outras operações conceituais, mas também nos perguntamos, inevitavelmente, como esses conceitos se aplicam ao mundo como um todo, algo que nos leva àquilo que Kant chamou de antinomias, disputas sobre questões metafísicas, para as quais existem soluções conflitantes, mas igualmente peremptórias, que não podem ser provadas.

Hegel, de fato, vê tal diminuição do conhecimento metafísico como uma das tendências mais fortes, e uma das maiores limitações da recente Era Moderna: "naquilo que tanto a ciência quanto o senso comum operam juntos para realizar a dissolução da metafísica, parecem ter conduzido ao notável espetáculo de uma civilização educada sem metafísica, muito semelhante, em todo caso, a um templo ricamente decorado ao qual falta um altar" (*W* 5: 14). Ele leva em consideração o trabalho de Kant para limitar as pretensões especulativas da razão metafísica e do terreno perdido para a metafísica graças ao poder crescente dos métodos científicos de investigação, mas acredita ser possível refinar e reconstruir nossa capacidade para o conhecimento metafísico. Não é apenas porque o alcance e o rigor metodológico de nossas ciências empíricas cresceram que, a rigor, devemos nos afastar desses pensamentos, problemas e ideais representativos do terreno metafísico; ele tampouco acredita que deveríamos, meramente, abandonarmo-nos à crença no que toca a todos os assuntos não cobertos pela ciência[24]. A depender de como se interpreta o seu sucesso, a *Ciência da Lógica* de Hegel pode tanto ser a derradeira, e fracassada, grande tentativa de construir um sistema metafísico na história da filosofia, ou o primeiro método verdadeiramente moderno metafísico que leva seriamente em consideração as modernas demandas do pensamento crítico – não projetar, pura e simplesmente, nossos pensamentos informes sobre a natureza da realidade. Ele acredita que uma investigação profunda dos conceitos que usamos para pensar resultará não apenas em um sentido de suas limitações, como também nos fornecerá conhecimento de como esses mesmos conceitos estruturam a natureza da realidade.

A lógica dialética como metafísica

A *Ciência da Lógica* é uma tentativa ousada de redefinir a lógica, para que esta não venha mais a envolver o mero exame das formas dos argumentos, isoladas de seu verdadeiro conteúdo, mas a real natureza dos conceitos e, logo, a natureza última da realidade. Antes de Hegel, Kant apresentou a ideia da lógica transcendental em sua

24 Hegel, de fato, frequentemente considerou que os avanços nas ciências físicas poderiam levar a refinamentos lógicos que seriam úteis no questionamento metafísico. Ele observa como a doutrina científica da polaridade, descoberta em seu tempo, envolveu uma nova forma de pensar a respeito das contradições como causadoras de ação, de modo a invalidar o antigo viés filosófico de que as contradições não possuíam qualquer realidade. Conquanto acreditasse que as questões metafísicas não pudessem ser solucionadas por meio de experimentos empíricos, afirmou que as ciências poderiam exigir de nós que modificássemos a maneira como utilizamos os conceitos para compreender a realidade. Em sua reflexão metafísica, portanto, ele frequentemente criou analogias com as novas descobertas das ciências naturais.

Crítica da razão pura, um catálogo da soma total das funções de pensamentos *a priori* que usamos para perceber o mundo. Nesse caminho, a lógica transcendental kantiana nos ensina o que significa fazer afirmações a respeito de causalidade, substância e negação, bem como quando estamos justificados para fazer tais afirmações (ou seja, vai além do simples exame da forma das inferências válidas). Hegel, contudo, leva a empreitada lógica mais adiante, até aquilo que subjaz à investigação não somente da natureza das inatas categorias humanas de pensamento, mas do próprio *pensamento objetivo*. Enquanto Kant acreditava que nossos pensamentos possuem uma certa forma universal aplicável a todo conhecimento humano, mas não necessariamente às coisas em si, Hegel deseja demonstrar que se nossos pensamentos são verdadeiros é porque tomam parte na estrutura conceitual da realidade. E afirma que "essa ciência lógica compõe a verdadeira metafísica, ou a verdadeira ciência especulativa" (*W* 5: 16), pois ela ultrapassará as limitações do pensamento humano específico, e descobrirá a natureza objetiva das determinações de pensamento. O pensamento racional, para Hegel, não é uma simples propriedade da mente humana; antes, baseia-se em um conjunto de estruturas objetivas que moldam a realidade. Ele fornece uma poderosa, e audaciosa, metáfora para sua lógica ao afirmar que "ela retrata a Deus como Ele é em sua eterna natureza, anterior à criação da natureza e da mente humana finita" (*W* 5: 44). Embora possa parecer notável que identificasse seu próprio experimento mental com os mecanismos internos do intelecto divino, a metáfora hegeliana se destina a provocar-nos a refletir a respeito do fato de que os pensamentos não são meras criações humanas, posto que existem certas funções conceituais que transcendem diferentes idiomas e que, em último caso, parecem estar engastadas na estrutura objetiva da realidade[25]. Quando diante de uma necessidade verdadeiramente *a priori*, como no caso de certas relações

25 Hegel, em verdade, considerava a *Ciência da Lógica* como uma tentativa falível de formular puras categorias metafísicas de pensamento, como testemunhado pela revisão que realizou no texto ao longo da vida. A falibilidade de seu próprio trabalho nesse livro, contudo, não invalida, necessariamente, a tese ontológica de que existem alguns argumentos que possuem o tipo de objetividade que Hegel advoga, da mesma

matemáticas e lógicas, sentimos que nossos pensamentos possuem uma objetividade que transcende mesmo aquela dos fatos físicos. A metafísica hegeliana, portanto, opera para determinar quais desses pensamentos têm uma necessidade pura, racional, bem como para mostrar como se desenvolveram de modo a gerar outras figuras de pensamento. Engajar-se na lógica metafísica significa "apresentar filosoficamente o reino do pensamento, em sua própria atividade imanente ou, o que é a mesma coisa, em seu necessário desenvolvimento" (*W* 5: 19).

Hegel propõe um método rigoroso e consistente para examinar a natureza objetiva do pensamento: nada pode ser considerado a partir do mundo exterior, ou como um simples fato da mente humana[26]; a lógica há que deduzir, ou seja, provar rigorosamente, a necessidade para cada um de seus pensamentos, e no processo de deduzir cada um destes, afirma Hegel, descobrir uma contradição inerente que conduz a ulteriores categorias de pensamento. Isso representa a mais básica e rigorosa articulação do *método dialético* hegeliano, utilizada em todos os seus trabalhos (assim sendo, ele considera sua *Ciência da Lógica* como a justificação argumentativa do método filosófico de que lança mão em seus outros trabalhos ao fazer afirmações a respeito de áreas aplicadas específicas da filosofia, tais como a ética, a política, a ciência natural ou a história). O método é dialético, ou seja, examina os pensamentos de modo a revelar-lhes seu significado interno e, ao fazê-lo, revela igualmente sua própria contradição, semelhante a Sócrates quando busca, a partir dos pensamentos dos seus interlocutores, encontrar contra-

forma que a falibilidade do conhecimento científico não invalida a possibilidade de utilização do método científico.

26 Hegel afirma que a *Ciência da Lógica* começa onde a *Fenomenologia do espírito* termina: esta trabalha por meio das formas da consciência finita, mostrando as várias formas pelas quais experimentamos o objeto do conhecimento como algo externo. Cada forma de consciência envolve uma separação entre o sujeito e o objeto do conhecimento. Hegel, porém, acredita que o resultado da *Fenomenologia do espírito* é demonstrar que cada uma destas formas abre, em último caso, caminho para outra e, finalmente, para um modo de "saber absoluto" no qual não há distinção entre sujeito e objeto do conhecimento. Essa fenomenologia representa uma forma de preparação para a lógica ao eliminar os preconceitos que podem interferir com o método do pensamento puro.

dições para avançar-lhes a reflexão. O método dialético hegeliano, contudo, funciona não apenas para destruir ou negar um pensamento, ao reduzi-lo à contradição; em verdade, ele acredita que quando provamos que um dado pensamento contém contradição, não o demonstramos, somente, não ser inteiramente verdadeiro, mas também o que a seu respeito precisa ser transformado, e que em um debate filosófico, cada negação precisa ser uma *negação determinada*, mostrar aquilo que *é* e que *não é* a respeito de um dado pensamento, conduzindo assim a um novo conteúdo pensado. O método dialético não é, pois, meramente utilizado de maneira cética para afastar do caminho os falsos pensamentos. No pensamento metafísico hegeliano, a contradição não é, simplesmente, característica de alguma reflexão humana errônea, e sim de uma problemática, ainda que prolífica, característica da realidade, o "princípio vivo" da realidade finita (*W* 6: 76). Para seguir a metáfora de Hegel da lógica como a mente de Deus, devemos assumir que mesmo Ele pensa por meio de contradições, algo evidenciado pelo fato de o mundo real consistir em certas necessárias e universais contradições; dessa forma, o método lógico hegeliano se constitui de três aspectos interligados: (a) começa com alguma forma de imediação (um ser ou pensamento ainda não mediado pelo pensamento); (b) opera, então, *dialeticamente* (exibe uma contradição específica ao pensamento inicial); finalmente, tem um resultado (c) que é *especulativo* (um novo pensamento construído levando-se em consideração aquela contradição). Hegel acredita que seu método dialético difere daquele dos antigos céticos, e é particularmente adequado à geração de uma doutrina do saber metafísico, por enfatizar a conexão entre a negatividade do momento dialético e o potencial criativo do momento especulativo. Claro, tão logo este último seja examinado *per se*, conduzirá também a uma nova forma de imediação que precisará, uma vez mais, ser submetida ao escrutínio lógico (de onde a afirmação de alguns de que a maior inconsistência dos escritos dialéticos hegelianos é que eles terminam em algum momento como o saber absoluto, no qual não há mais crítica dialética possível).

Em certo sentido, o método dialético de Hegel de construção de um sistema metafísico representa uma reinterpretação radical das antinomias kantianas da razão pura. Kant busca demonstrar que nosso conhecimento metafísico está fadado ao fracasso porque nos leva até posições contraditórias que não podem ser resolvidas pela evidência[27]. Na metafísica, realizamos afirmações não sobre coisas determinadas, e sim sobre o absoluto, em outras palavras, sobre a soma de todas as coisas. Ao pensar a respeito do absoluto, contudo, chegamos às noções contraditórias de como deve ser. Dessa forma, por exemplo, Kant afirma existirem razões igualmente convincentes para crer tanto que o universo precisa ter início em algum ponto específico no tempo quanto que ele sempre existiu. Hegel, porém, acredita ser constrangedor que Kant trate cada uma dessas antinomias como meros desacordos que eventualmente surgem na filosofia, e não como características necessárias da razão humana: a depender da maneira como refletimos sobre causalidade e tempo, podemos encontrar razões válidas para ambos os lados da antinomia. Em um elogio a Kant, Hegel escreveu: "este pensamento, de que a contradição situada pelas determinações da compreensão é essencial e necessária, precisa ser considerado como um dos avanços mais profundos e importantes da filosofia dos tempos modernos" (*EnLogic* 92-93). Hegel não considera tal natureza indispensável e irascível das antinomias um acidente; ela demonstra que as antinomias possuem a verdade em si, algo que precisa ser aprestado para produzir um método de especulação metafísica. Ele radicaliza a posição kantiana ao afirmar que as contradições presentes em nossas tentativas de definir a natureza da realidade absoluta não são simples resultados do erro humano, e sim de aspectos mesmos da realidade absoluta. "Mas

27 Em *A crítica da razão pura*, as antinomias não são as únicas formas de ilusão metafísica. Kant apresenta, igualmente, o paralogismo da razão pura e do ideal da razão pura. As antinomias são a forma da ilusão metafísica que emerge da tentativa de pensar a natureza da realidade como algo infinito ou absoluto. Para Hegel, as antinomias kantianas desempenham um papel especial na formação do seu próprio método filosófico pela maneira como antecipam a estrutura contraditória de seu próprio pensamento dialético, e porque sua metafísica é particularmente preocupada com a tentativa de pensar o "absoluto" como um pensamento específico.

[Kant] não deu seguimento ao seu *insight* a respeito das antinomias até concluir-lhe graças à incompreensão de que se tratava de mera razão caída em contradição; ele não entende que o momento da contradição se trata da razão erguendo-se acima das limitações da compreensão, e a dissolução delas" (*W* 5: 39). De fato, para Hegel não existem somente quatro antinomias, ou contradições; elas existem em cada um dos conceitos utilizados para descrever a natureza absoluta da realidade. Enquanto Kant as percebia como uma crítica às nossas pretensões metafísicas, Hegel acredita que o pensamento antinômico pode levar ao conhecimento metafísico, desde que aprendamos a reconhecer a *ordem progressiva* interna às antinomias, a maneira pela qual nossas concepções contraditórias sobre o ser absoluto conduzem para além de si mesmas e definem esse absoluto de modo progressivamente proveitoso.

Deve estar evidente que as posições metafísicas hegelianas, conforme desenvolvidas na *Ciência da Lógica*, possuem uma qualidade provisional, pois cada forma de pensamento representa uma definição do absoluto, e na medida em que é tomado como tal, envolverá contradições que levarão a uma outra nova definição. Mesmo essas definições provisionais, contudo, possuem verdade quando vistas em contexto, a despeito de suas características contraditórias, porque partilham da qualidade objetiva do pensamento, e revelam contradições que, efetivamente, moldam o mundo. O verdadeiro absoluto seria, pois, o somatório de todas as definições do absoluto, junto à sua crítica dialética.

Exemplos, posições

Não é possível apresentar, neste texto, um sumário completo da *Ciência da Lógica*, como também o é destacar um conjunto de resultados da empreitada metafísica a que Hegel se dedicou, posto ter ele afirmado que os resultados de qualquer debate dialético somente são verdadeiros via consciência do trabalho executado para chegar até eles. Nas páginas seguintes, contudo, buscarei fornecer uma amostra das contribuições hegelianas para a disciplina da Metafísica, ilustrando como ele aplica seu método ao refinamento de algumas categorias-chave.

O ser, o nada e o devir

Se a lógica hegeliana representar o pensamento objetivo, e não somente uma simples descrição dos conteúdos da consciência, há que ter início, então, com um pensamento que possui a qualidade da imediação, ou seja, um conteúdo reflexivo completamente simples, que não pressupõe qualquer coisa nem resulta de qualquer experiência ou reflexão. Ele propõe a noção do *puro ser* como semelhante a tal pensamento – algo que meramente é destituído de qualquer qualidade, relação ou determinação. Ele observa, contudo, que pensar o ser de tal maneira, como algo puramente imediato, é o mesmo que pensar o *nada*, e esta é a primeira contradição que ele descobre em sua lógica – que a noção de puro ser é a mesma de nada. Não obstante, Hegel argumenta que aquilo verdadeiramente presente no cerne dessa contradição é um movimento do próprio pensamento. Ao refletir o absoluto como um puro ser, o ser desaparece e torna-se nada, um movimento a que chama de *devir*. "Sua verdade está nesse *movimento* de desaparição imediata do um dentro do outro, devir, movimento no qual cada um é diferente, mas no qual suas diferenças desaparecem imediatamente" (*W* 5: 83). Dessa forma, o resultado especulativo dessa primeira contradição é a ideia de devir. Hegel tenta demonstrar aqui um tema básico de sua filosofia: se começarmos com qualquer objeto que seja puramente imediato, que não possua qualquer reflexão ou relação, descobriremos que este objeto não é realmente tão simples quanto sua definição original. Ele argumenta, em uma maneira que busca inspiração em Heráclito, que o ser que consideramos como fixo, dado, é, na verdade, repleto de dinamismo, capturado num estado de devir resultante, precisamente, da tentativa de explicá-lo. Ele se dispõe a mostrar como que uma contradição conceitual bem básica, como essa entre o puro ser e o nada, resulta, de fato, de um movimento do pensamento, uma inquietação que compõe a qualidade básica de todo ser. Obviamente, Hegel afirma que uma vez que tentamos pensar não num puro ser, mas sim em um ser específico, precisamos pensar tanto naquilo que ele é como no que não é, trazendo juntos o ser e o nada de uma forma que resulta em *algo*, uma coisa finita com qualidades determinadas.

O finito e o infinito

Um dos objetivos básicos da metafísica hegeliana é desafiar a maneira pela qual utilizamos dicotomias conceituais familiares para organizar nossa compreensão do mundo. Qualquer dicotomia consiste em dois termos opostos que definem um ao outro, dependem um do outro, mesmo se estiverem em completa oposição. Se não tomarmos a dicotomia como um ato do pensamento, arriscamo-nos, então, a situar uma distinção real, ontológica, onde só existe, na verdade, um complexo movimento relacional. Uma dicotomia particularmente fatal que Hegel percebe no pensamento metafísico é a distinção espúria entre ser finito e infinito.

Podemos começar com duas proposições metafísicas aparentemente inocentes: *todo ser é finito*; e *o finito é diferente do infinito.* Há que se perceber, incidentalmente, que tais proposições são recorrentes ao longo de todo pensamento filosófico, e em uma variedade de contextos, da teologia ao existencialismo: poderia dizer que tudo no mundo é finito para que este seja distinguido de Deus; ou que todas as mentes são finitas para que possam compreender as limitações da mente; ou afirmar que a finitude é uma característica irredutível da condição humana.

Agora, ao dizer que algo é finito, digo que possui um limite, um ponto no qual cessa de ser o que é, seja no espaço ou no tempo. Quando a coisa chega ao seu limite, deixa de ser o que é, e se torna algo diferente – logo, um ser finito é um ser que possui um limite, ou uma negação, em seu âmago, e Hegel não duvida de sua existência – na verdade, ele considera que a habilidade de reconhecer os limites dos objetos materiais e da vida humana como uma das condições básicas para a compreensão filosófica. Ele encontra, todavia, uma contradição básica na afirmação de que tudo é finito, pois dizer tal coisa é inserir a noção do finito no infinito. Da maneira como

Hegel a vê, a natureza mesma do ser finito é cessar de existir, ou seja, tornar-se algo diverso. E ainda assim, tentar considerar a finitude como o horizonte total do ser, uma condição irredutível e inevitável, é dizer que existe um único ser finito, é totalizar um conceito que só faz sentido num contexto relativo. Ao mesmo tempo, Hegel rejeita a noção de que o finito está separado do infinito, que ambos os seres são dois reinos separados que não convergem em momento algum, e chama esta maneira de definir o infinito de "mau infinito". Ao contrário, ele argumenta que o infinito só faz sentido como um conceito limítrofe para o finito, a verdade última de todo ser finito. O verdadeiro infinito é aquilo no que o ser finito se transforma ao atingir sua própria dissolução. De fato, ele aponta para uma outra contradição espúria no bojo de qualquer oposição contradição espúria entre finito e infinito: afirmar a total separação entre ambos é, desde já, dar um limite ao infinito e torná-lo mais uma dentre as muitas coisas limitadas que existem.

Os intérpretes de Hegel, tanto os simpáticos como os hostis, frequentemente chegaram à conclusão de que sua concepção da relação dinâmica, integral, entre finito e infinito indica que ele deve ter sido um panteísta, acreditando que Deus e o mundo eram um só. De fato, o peso de ser um espinosista já seria capaz de afundar uma carreira acadêmica no tempo de Hegel, e seus adversários profissionais amiúde buscaram vinculá-lo a tal posicionamento "herético". Contudo, devemos observar que o argumento supracitado do "mau infinito" nos diz apenas o que o absoluto não é: Deus não pode ser visto como um ser fixo, finito, em completa separação do mundo. Seja como for, Hegel buscou demonstrar que sua posição não o colocava, necessariamente, em rota de colisão com a teologia cristã, segundo a qual Deus é espírito em relação dinâmica com o mundo do espírito humano finito.

A realidade da contradição

Como já observado, Hegel considera a contradição como um instrumento metodológico central à sua lógica. Diferentemente dos antigos céticos, ele não procura contradições com o simples intuito de provar falso um pensamento e reduzir-nos a um estado de aporia. Pelo contrário, ele acredita que as contradições que descobrimos ao refletirmos a respeito das categorias básicas de pensamento revelam verdades metafísicas. A contradição entre o ser e o nada (que o puro ser é, na verdade, puro não ser) leva à noção de que o devir subjaz toda existência estática. A contradição entre o finito e o infinito (que o primeiro não existe quando tomado em sentido absoluto) conduz ao *insight* de que a verdadeira infinitude herda a finitude.

Pode parecer que contradições como essas são apenas o resultado do método hegeliano, que as busca. Ele afirma, porém, que as contradições possuem, em verdade, uma realidade metafísica, e acredita, inclusive, que para compreender qualquer todo racional é necessário buscar suas características contraditórias, mostrando como certas distinções essenciais são verdadeiramente opostas em estrutura. Por exemplo, afirmar que o pai é diferente do filho não é, ainda, uma contradição, e sim uma simples diferença, mas dizer que um pai somente é pai por causa do filho eleva a diferença definidora a um ponto no qual percebemos ser constituída pela oposição. A posição de Hegel representa um desafio agudo em relação à compreensão lógica tradicional das contradições: o princípio da contradição estabelece que não podemos atribuir atributos contraditórios a um objeto, dado que a contradição não pode ser verdadeira. Logo, como questão procedural, a maior parte dos filósofos afirmaria que quando encontramos uma contradição, deve haver algum erro envolvido, pois contradições apenas são encontradas nos pensamentos, não na realidade.

Hegel ilustra a realidade metafísica da contradição por meio da discussão do paradoxo de Zenão de Eleia: os antigos dialéticos afirmavam que se mover de um ponto a outro deve ser impossível, dado que a análise do movimento implica que (em último caso) uma mesma coisa precisa ser considerada ao mesmo tempo como dois pontos diversos, envolvendo, assim, contradição. Hegel, por sua vez, aponta que o efeito real desse argumento não é convencer-nos de que o deslocamento é impossível, mas sim que o princípio da contradição não pode descrever a realidade do movimento: "precisamos reconhecer aos dialéticos antigos as contradições que mostraram estar envolvidas no movimento, mas disso não se conclui que o movimento não existe, e sim que o movimento é a contradição efetiva" (*W* 6: 76). Hegel prossegue dizendo que a contradição compõe o "princípio vivo" ou o "impulso" na realidade. Naquilo que algo é e não é ao mesmo tempo, ele possui uma negatividade, e esta significa que se desenvolver ou mudar é preciso. Assim sendo, conquanto Hegel insista na realidade metafísica das contradições, insiste igualmente em sua resolução: onde houver uma contradição há mudança, desenvolvimento, o perecimento de uma forma engendrando uma outra. Sua posição sobre a realidade das contradições e sua dissolução não é somente uma bússola cognitiva para sua lógica, mas também para sua filosofia natural, assim como para sua filosofia política. De fato, a noção de que a sociedade deve ser compreendida como uma estrutura real, envolvente e contraditória, tornou-se um dos paradigmas da teoria social de Karl Marx.

Os limites da substância

Na *Ciência da Lógica*, Hegel busca construir um sistema metafísico por meio da abordagem de noções progressivamente mais desenvolvidas do absoluto. Uma rica tradição na qual Hegel se insere é o conceito moderno de substância, que encontrou mais bem desenvolvida na filosofia de Espinosa. Ele reconheceu que a noção de substância oferece uma interpretação mais adequada e poderosa do absoluto que a dialética do ser finito e infinito; ao invés de um absoluto, rigidamente distinto do ser finito, Espinosa o interpreta como uma substância, e a todos os seres finitos, todos os fenômenos em geral, como acidentes ou modificações que ocorrem nela. A substância absoluta e as coisas finitas não são duas realidades separadas – há que se considerar o absoluto, na verdade, mais como um tipo de permanência subjacente a toda mudança, uma ordem que subscreve toda contingência, a necessidade fundamental a todos os eventos. Conquanto coisas individuais possam parecer separadas, essa separação nada mais é do que temporária, contingente; possuir verdadeiro conhecimento delas é vê-las como parte de uma matriz comum de alterações lícitas. Na filosofia de Espinosa, a substância que forma a soma total de todas as coisas é, em última análise, sinônimo de Deus, posto que o divino não está fora do mundo, mas sim um mero absoluto, ou verdadeiro, completo, entendimento do mundo natural.

Embora essa noção de substância como a verdade dos acidentes pareça compatível com a questão hegeliana sobre a unidade do ser finito e do infinito, ele discorda dela, e escreveu, na mesma época da *Fenomenologia do espírito*, que "a verdade" há que ser considerada tanto como sujeito quanto como substância (*PS* 10), uma afirmação oblíqua que ele baseia mais profundamente em sua crítica à noção de substância presente na *Ciência da Lógica*. Em último caso, Hegel afirma que Espinosa leva a lógica da substância a uma espécie de extremo fatal ao interpretar Deus como como um tipo de necessidade imanente, impessoal, subscrevente à mudança e à dissolução de todas as coisas finitas. Esse Deus não apenas se apresenta em contraste à divindade pessoal e espiritual da teologia cristã como, conforme a visão hegeliana, essa noção da substância absoluta priva o pensamento metafísico de um dos seus mais relevantes aspectos, sua estrutura conceitual de pensamento. "A verdade da substância é sua relação de *necessidade*; nessa via, contudo, trata-se apenas de *necessidade interna*. Naquilo que a necessidade se manifesta a si, torna-se *manifesta, identidade postulada*, ou seja: liberdade, que é a identidade do conceito" (*W* 6: 251). Para Hegel, a verdade deve ser tomada não como uma simples substância, mas sim como sujeito, um pensamento conceitual que fornece uma interpretação mais rica do absoluto que a substância de Espinosa. Nessa lógica, o absoluto é uma força oculta nas coisas, uma necessidade que jamais poderá ser identificada. Na medida em que eu tiver a habilidade de pensar, posso entender o que acontece comigo e, nesse ato de compreensão, as minhas limitações e conquisto uma liberdade mais ampla. A estrutura do pensamento conceitual é, em último caso, a liberdade, no sentido da autodeterminação. Claro, Hegel não se refere à liberdade como a vontade particular. Em concordância com a descrição de Espinosa, ele aceita que pessoas de verdade venham a encontrar-se determinadas por suas emoções ou causas físicas. A discordância se dá no fato de o ser absoluto, Deus, ser compreendido em sua forma última como uma substância, e considera que a estrutura do pensamento conceitual dá azo a uma compreensão mais ampla de como a razão é corporificada na realidade. Esse engajamento crítico com Espinosa aparece num ponto crucial de *Ciência da Lógica*, na iminência da entrada para a parte final, a Doutrina do Conceito. Ao fim, o objetivo da metafísica de Hegel é compreender o absoluto não como um ser, tampouco como uma substância, e sim como pensamento. E para ele, a mais elevada forma de pensamento é a ideia.

O idealismo absoluto de Hegel

O argumento hegeliano a respeito da falsa dicotomia entre finito e infinito se destina a preparar sua especulação metafísica ulterior, pois qualquer debate sobre a natureza do absoluto precisa abordar os limites, ou a negação, de qualquer pensamento de maneira tal a não estabelecer uma dicotomia entre o absoluto e o finito. Seu engajamento crítico com a noção de Espinosa do absoluto como uma substância todo-abrangente conduz ao *insight* de que é preciso tomar o absoluto como um pensamento livre e autoproponente. Hegel afirma que toda filosofia verdadeira se preocupa, de um modo ou de outro, em indicar de alguma forma as limitações do ser finito. O infinito, ou absoluto, só é real como uma espécie de padrão, ou *logos*, dentro do finito, uma verdade por trás do devir, e uma mudança inerente ao mundo. E de fato, ele chama à própria filosofia idealismo absoluto nesse preciso sentido:

> Toda filosofia é, essencialmente, idealismo, ou este é, ao menos, o seu princípio. O mesmo pode ser dito da religião, pois tampouco a religião compreende a finitude como um verdadeiro ser, como algo final, absoluto, como algo não postulado, não criado, eterno. A antítese da filosofia idealista e realista é, pois, sem sentido. Uma filosofia que atribua verdade, ser absoluto final, à existência finita, não é digna desse nome (*W* 5: 172).

A posição de Hegel não é de que a finitude, ou as coisas materiais, não existam; ele tampouco acredita no tipo de idealismo subjetivo que afirma serem todos os nossos pensamentos ou percepções reais de um modo que os objetos físicos não são. Pelo contrário, sua tese sobre o pensamento objetivo se propõe a discutir que aquilo que é mais real do que qualquer coisa finita é a negatividade do pensamento, ou seja, que existe uma abordagem objetiva, ou verdadeira, do mundo, que tem em si a mais ampla realidade. Ele acredita que filósofos como Platão, Aristóteles, Leibniz, Espinosa e Kant estiveram, todos, engajados em compreender tanto o limite da realidade finita quanto a natureza do absoluto.

A *Ciência da Lógica* culmina na noção de que o absoluto é um sujeito, puro pensamento que ganha *insight* internamente a todas as suas contradições. Sua noção de que a realidade absoluta será encontrada na ideia, ou no intelecto divino, pode trazer à memória a tradição neoplatônica; todavia, sua concepção do pensamento como liberdade é profundamente informada pelo seu engajamento com Kant. Hegel dá crédito ao debate kantiano sobre a unidade da percepção, da *Crítica da razão pura*, com o *insight* de que o pensar não é uma substância, mas sim uma atividade autofundante, e a respeito disso, escreve: "[...] pertence aos mais profundos *insights* da crítica da razão que a unidade componente da essência do conceito é reconhecida como a unidade do 'eu penso'" (*W* 5: 254). Ele também reconhece a filosofia ética kantiana, na maneira como interpreta esse *insight* sobre a natureza da subjetividade, não somente como uma fronteira contra a possibilidade do conhecimento metafísico, mas como um *insight* sobre porque o absoluto precisa ser interpretado não como ser ou substância, mas como pura subjetividade.

3
Filosofia da mente

John Russon

Embora diversos estudos específicos componham a disciplina acadêmica contemporânea chamada "filosofia da mente", esta é uma área fundamentalmente compreendida como um ramo da metafísica, ou seja, do estudo sobre a natureza da existência. Em termos sucintos, a filosofia da mente reconhece que *experimentamos* a vida mental, ou, de modo mais amplo, a "consciência", mas se debate sobre como tal fato se relaciona ao mundo corpóreo, considerado por nós pragmaticamente como "real". Basicamente, a questão posta por este debate levou a três respostas alternativas, todas fundamentalmente insatisfatórias: ou a existência da mente é assimilada à realidade corpórea ("materialismo redutivo"); ou a existência dos corpos é assimilada pela experiência consciente ("idealismo subjetivo"); ou a mente e o corpo são tidos como duas formas fundamentalmente diversas de realidade ("dualismo"). Essas respostas são insuficientes, seja porque negam dimensões essenciais da nossa realidade, deturpando a autonomia da nossa vida mental via um materialismo redutivista; seja distorcendo a inescapável externalidade e materialidade da nossa existência num idealismo subjetivista; ou ainda oferecendo uma posição logicamente inatingível em um dualismo que, na prática, não dá conta da *relação* entre corpo e mente porque, em seu nível conceitual mais básico, não tem como articular-se coerentemente[28]. O desafio

28 Sobre esses temas, cf. esp. *EnMind* § 389. O conteúdo desse parágrafo é também abundantemente desenvolvido nas *Lectures on the Philosophy of Spirit* de Hegel. Ao discutir o *Fédon* de Platão e Kant, ele escreve: "a alma é, em si mesma, simples, enquanto a matéria é o oposto, [qual seja] múltipla. A alma possui relação com a matéria, e uma relação pressupõe algo em comum, uma comunidade ou unidade. Mas como pode o simples estar em unidade com o complexo e múltiplo?" (HEGEL, 2007: 64). E

à filosofia da mente contemporânea é correlacionar um relato satisfatório do real com um relato satisfatório de como o experimentamos. É, precisamente, essa dupla tarefa que é levada a cabo nas duas maiores obras de Hegel, a *Ciência da Lógica* e a *Fenomenologia do espírito*. Considerando ambas, veremos como a filosofia hegeliana pode ser uma voz significante na conversação com os trabalhos contemporâneos da filosofia da mente que destacam os temas do fisicalismo não reducionista e da emergência.

Fisicalismo

Não há dúvida de que a visão prevalente na filosofia da mente contemporânea é o fisicalismo. Basicamente, trata-se da visão de que "tudo é físico" ou, algo frequentemente visto como equivalente, "tudo é material". A interpretação dessas noções, contudo, é variada, de modo que existem diversos "fisicalismos".

A forma mais básica do fisicalismo, aquela contra a qual, muito provavelmente, os filósofos amadores se digladiam desde os primeiros encontros com a filosofia, é a ideia de que tudo é "realmente" matéria – uma ideia que se expressa como se nós (obviamente) soubéssemos o que significa ao proferi-la. A intuição básica é que tudo participa na realidade e, como tal, é "feito" do mesmo (tipo de) "material". De fato, ser feito desse material é, em última análise, precisamente o que significa "ser real", "exis-

segue: "o espírito e a matéria são diferentes, um dualismo, uma diferença que conta como algo absolutamente independente, mas a unidade do espírito se opõe a tal dualismo. A contradição entre a demanda racional por unidade pode ser dissolvida de duas formas: (1) Quando se diz que a matéria é essencial, enquanto o espírito é meramente uma aparência, forma ou modificação [da matéria]. Esse é o ponto de partida do materialismo, que responde à necessidade especulativa por suspender o dualismo da compreensão. [...] Essa unidade é de tal maneira concebida que a matéria é verdadeira, enquanto o espírito é seu produto. Se, então, a matéria une as coisas, então o espírito surgiria como fugaz, transitório. (2) O espírito é autossuficiente, genuíno, enquanto a natureza é, tão somente, a aparência do espírito, e não algo em e para si mesmo, nada verdadeiramente real. O materialismo é preferível a esse idealismo espiritualista, dada sua visão de que a matéria é independente, e o espírito, dependente. O idealismo tem muito contra si porque basta tocar a matéria para sentir sua resistência. É loucura negar a realidade da matéria" (HEGEL, 2007: 69). Essa visão materialista, contudo, "não é um ponto de vista absoluto" (HEGEL, 2007: 70).

tir". Partindo desse ponto, de que o assim chamado "mundo externo" é real, e isso significa que é a totalidade das coisas feitas a partir da matéria, somos então confrontados com o problema de explicar nossa experiência: nossa consciência, nossa consciência-de-si, nossa habilidade para imaginar, racionalizar, escolher [...] todos esses aspectos parecem decididamente *não materiais*. Essa forma mais básica do fisicalismo interpreta, portanto, nossa experiência como uma aparência essencialmente deceptiva, um *efeito* não autônomo, causal, do mundo da matéria, de onde um aspecto da realidade, em última análise explicado por e reduzível à realidade da matéria.

A maior parte do fisicalismo contemporâneo, porém, não é dessa natureza. Sendo, em si mesmo, uma posição filosófica independente, e sem se relacionar automaticamente à filosofia da mente, tende a estar em estreita integração com o trabalho teórico das ciências naturais – a física, em particular – e o conceito filosófico prevalente a respeito do que é ser "físico" segue, igualmente, o caminho, por assim dizer, da conceituação da física contemporânea. Uma das mais significativas formas segundo as quais o sentido de "físico" é atualmente interpretado, num modo que difere da concepção de que "é tudo matéria", é o reconhecimento de que o próprio universo físico opera conforme vários princípios (que os físicos tentam capturar em sua articulação das leis físicas, como a da gravidade), princípios esses que não são, eles mesmos, matéria, e sim algo mais próximo à organização imanente da matéria[29]. Ser físico é, pois, a "matéria" compreendida, *grosso modo*, como o tecido primitivo das coisas que se comporta de acordo com os princípios descobertos pelos cientistas como as leis do universo[30].

A natureza – a realidade física – é, então, precisamente aquilo que opera segundo seus próprios termos, termos esses que de-

29 Stoljar (2009) fornece um excelente panorama do fisicalismo contemporâneo.

30 Cf. Hegel (2007: 70): a "matéria é tomada como legítima, e a natureza um sistema no qual tudo tem seu lugar conforme as leis. Em referência ao espírito, muitas experiências podem ser citadas para mostrar que o espírito é dependente, resultado da natureza, da doença etc.".

finem o que é existir de fato[31]. Este é, sem dúvida, o princípio (fisicalista) invocado por Kant na "Segunda analogia" (na *CPR*, "Princípios do entendimento puro") para explicar o que seria definitivo em nossa experiência de algo como "real". Experimentamos algo *como* real precisamente até o ponto em que o experimentamos como participante do mundo da natureza, ou seja, do domínio que opera conforme seus próprios princípios constitutivos, e não segundo os termos da nossa experiência subjetiva. Kant escreve ser isso, precisamente, o que tomamos por "causa": experimentar algo como real é experimentá-lo da forma que é graças à forma como se encaixa no nexo causal que define imanentemente a existência independente do mundo da natureza (um nexo causal que estudamos em ciência natural e tentamos expressar em nossa articulação das leis naturais)[32]. Em sua forma mais desenvolvida, portanto, o fisicalismo não se trata simplesmente a um apelo para que tudo seja feito "da mesma coisa", mas antes para que os termos do universo físico sejam os termos últimos para a explicação, noção essa que envolve, desde já, uma noção implícita de auto-organização.

Boa parte do território da metafísica situa-se entre a ideia de uma matéria uniforme da qual tudo é "feito", e a que tudo pode ser reduzido, e a ideia da natureza como um sistema auto-ocorrente e auto-organizado. Sem dúvida, parte do apelo inicial do materialismo mais simplório reside em sua aparência de simplicidade lógica – "ser tudo uma (única) coisa" apresenta um ponto de repouso conceitual aparentemente inequívoco a partir do qual é possível embarcar em investigações ulteriores –; é possível ver, contudo, que as formas mais sofisticadas de fisicalismo demandam nosso envol-

31 Compare-se com a *Ética* de Espinosa (1985: I, 29, scholium, sobre a noção de *natura naturans*).

32 Cf. Kant (*CPR* 304-316 = A189-211/B232-256). Mais precisamente, ele afirma que experimentamos o fluxo da nossa experiência como ditada pela ordem causal que governa o objeto da nossa experiência, mais do que experimentá-la como dirigida por nossa subjetividade pessoal – a experiências desta última natureza chamamos, pelo contrário, "fantasias" (A193/B238). A respeito desse tema, compare-se com a noção de Freud do "princípio de realidade" (FREUD, 1961: cap. 2).

vimento com uma "lógica" muito mais elaborada e complexa, e uma metafísica mais articulada.

A Ciência da Lógica *de Hegel: o fisicalismo não reducionista e a emergência*

A *Ciência da Lógica* é uma profunda e rigorosa investigação sobre o que é "ser", e a esse respeito, situa-se em paralelo ao estudo dos "Princípios do entendimento puro" na *Crítica da razão pura*, de Kant, na qual (como afirmamos anteriormente) o autor analisa o que está envolvido em nossa experiência de algo *como* real, pois este estudo lida, gr*osso modo*, com os tipos de relações que são imanentes a qualquer coisa que *é*, na medida em que seja. Essa análise da lógica imanente do real corresponde a uma espécie de compêndio das relações que caracterizam a existência, eventualmente distinguem-na em suas diferentes formas (tais como existir como propriedade, força, coisa etc.) e, em último caso, demonstra, aproximadamente, o que é possível e o que não é dentro dos termos do real. A distância "lógica", ou metafísica, percorrida entre a "matéria pura" e a "natureza auto-organizada" que aqui consideramos é, a rigor, a mesma coberta nos dois primeiros, dos três, livros da *Ciência da Lógica*, a "Doutrina do Ser" e a "Doutrina da Essência"[33]. Uma das mais valiosas contribuições que Hegel pôde trazer à filosofia da mente contemporânea é sua sutil, e rigorosa, análise da lógica de um fisicalismo não reducionista.

A primeira importante contribuição advinda da *Ciência da Lógica* é a análise da finitude, apresentada por Hegel como noção central da "Doutrina do Ser"[34]. Para que qualquer coisa seja dita como "ser", há que possuir três características: (a) precisa, ela mesma, ser

33 Essas duas porções da *Lógica* abrangem o terreno básico coberto pelas "categorias" kantianas do puro entendimento, a "Doutrina do Ser" correspondendo àquilo que Kant chamou de categorias "matemáticas", e a "Doutrina da Essência" às categorias "dinâmicas". Já discuti esse paralelo em outro texto (RUSSON, 2011). Para a interpretação da "Doutrina do Ser", cf. esp. Houlgate (2005b); e para a interpretação da "Doutrina da Essência", cf. Henrich (1978).

34 Esses temas foram desenvolvidos em acurado detalhe ao longo de toda seção I da Doutrina do Ser, "Determinação", mas o estudo chega a um impasse na discussão

algo específico, *determinado*; (b) logo, precisa ser uma dentre muitas, ou seja, estar em relação a outras determinâncias; e (c) tudo isso junto precisa ser um exclusivo, mas não exaustivo, ato de ser. Considerar o sentido de cada uma dessas afirmações nos permitirá, por sua vez, perceber que jamais é simples afirmar verdadeiramente que "algo é aquilo que é".

a) Para que um ser seja, precisa ser diferente dos outros. É isso que dizemos quando chamamos algo de "algo" – até a medida em que isso for "isso", não deve ser confundido com outro; é alguma coisa determinada, significando não ser outra coisa. Somente quando consideramos este ponto é que nos inclinamos a dizer que "algo é o que é". Esta tese, contudo, não consegue levar em consideração o necessário contexto no qual tal coisa finita ocorre.

b) Se, para que seja, a coisa finita precisa *ser em relação a* outros determinados, ela não pode, então, ser *ontologicamente separada daqueles* outros, posto que estes são a condição sob a qual é. Ela não pode ser por si mesma; seu existir apenas se realiza por meio daqueles outros. Todavia, ponto (a) – sua determinância – é, precisamente, sua separação dos outros. Para ser, pois, a coisa finita precisa *tanto ser quanto não ser* aqueles outros. Não se trata de uma contradição, e sim a descrição da complexa situação ontológica de dependência e independência característica do ser finito. Cada ser finito é uma faceta de, ou um "efeito" de, um mesmo tecido, tecido esse caracterizado pela oposição do si mesmo em relação ao si mesmo. Essa é a primeira razão por que uma coisa "é o que é" – e ainda que seja uma verdade necessária, não é uma verdade suficiente. Além disso, podemos perceber que "não ser" os outros não é, simplesmente, uma descrição "externa", ou seja, um modo de descrever aquilo que é somente como uma qualidade positiva do ser finito em si; na verdade, a determinância do ser finito é um *ato ontológico de resistência* – ele precisa "não ser" os outros. O campo do ser finito é, portanto,

sobre finitude (cf. *SL* 116-150). Para uma interpretação cuidadosa e convincente desse material, cf. Houlgate (2005b: cap. 20-22); cf. tb. Burbidge (2006: cap. 6).

um campo dos seres que efetivamente repelem a si mesmos dos demais - ao mesmo tempo em que se atraem mutuamente, e naquilo constituem um campo comum.

c) Agora, não há nada "mais" além de todos os seres finitos, no sentido de um "algo" outro, acima e além da totalidade dos seres finitos (pois, se houvesse, seria outro ser finito e, portanto, previamente incluído no campo que havia putativamente excedido); ao mesmo tempo, no entanto, essa *exclusiva* afirmação ontológica a ser "o que é" não exaure "o que é", algo fácil de reconhecer quando lembramos que, amanhã, "o que é" será determinado diversamente de hoje. As "novas" coisas finitas características do amanhã "serão" tanto quanto as de hoje "são", e assim o serão quaisquer seres que possam manifestar-se. Em outras palavras, ser não é simplesmente o nome dado à verdadeira totalidade dos seres, mas nomes muito além do aberto e infinito horizonte de possibilidades: ser é *aquilo que porventura venha a ser*, e não apenas aquilo que já é. A totalidade finita que verdadeiramente é, pois, não exaure o ser; pelo contrário, trata-se do reconhecimento de algo que, a princípio, nunca faz jus ao sentido completo de "ser", mesmo quando define, precisa, concreta e exclusivamente, o quanto é "ser". O ser finito, portanto, é necessariamente *não* "ser assim" e "assado", não, e este "não", igual àquele que descobrimos anteriormente, não é somente uma extravagante *façon de parler*[35], e sim, como são as negações entre os seres finitos, uma relação ontológica definitiva de distanciamento, constitutiva daquilo que significa para algo "ser": seres finitos "são" precisamente enquanto não sendo um "ser como tal". Mais uma vez, não é suficiente dizer que o ser finito simplesmente "é o que é"; antes, se nos for possível dizer dessa forma, é tanto não ser quanto ser (de tal maneira).

Assim sendo, a coisa finita, antes de ser um átomo ontologicamente isolado, é, na verdade, um ponto de concentração em um campo de forças opostas, isso tanto num sentido "horizontal" quanto

35 Modo de dizer, maneira de falar [N.T.].

"vertical", por assim dizer. De fato, tal ideia, ainda que articulada em uma linguagem complexa e provocativa, é, uma vez mais, bastante familiar, experimentalmente falando, em todos os níveis materiais do ser, do mais particular ao mais universal. Sempre que reconhecemos uma "coisa" – quando, por exemplo, reconheço "aquele cachorro" – desde já considero todas as finitas determinâncias de sua existência – seus pelos individuais, as almofadas carnudas em suas patas, sua língua e seus dentes – como (I) essencialmente diferenciadas entre si, conquanto sendo unidas *como* um corpo único e (II) uma corrente, mas temporária, forma da realidade *daquele cachorro*[36]. Em outras palavras, eu reconheço (1) a determinância diferencial de cada momento finito da coisa (ao não confundir, por exemplo, seu cotovelo esquerdo com qualquer outra parte, como o metacarpo, o dedo etc.), enquanto reconheço que (2) esses momentos diferenciam-se entre si apenas enquanto percepção de um "todo unido" fundamental, deles todos como um mesmo tecido ("o" corpo) e que (3) esse tecido total é a exclusiva, mas não exaustiva, percepção da realidade fundamental (o cachorro em si) que confere a essa totalidade sua identidade. Normalmente, nós capturamos o conjunto dessa lógica da relação entre "finito e infinito" utilizando, precisamente, essa linguagem de "identidade", ou, alternativamente, referimo-nos "àquilo" que algo é, sua "essência". A lógica da finitude – seu significado mesmo – nos conduz, então, inerentemente à lógica da essência, assunto do segundo maior estudo da *Ciência da Lógica*.

Na linguagem da "Doutrina da Essência", a relação entre a coisa e suas propriedades é de "reflexão" (cf. *SL* 394-408). A coisa, Hegel diria, é uma realidade "refletida em si mesma", ou seja, que o caráter mesmo da existência das propriedades é o caminho pelo qual uma realidade mais profunda é representada nelas e por meio delas: a coisa inexiste em qualquer outra forma que não a percepção de suas propriedades, mas sua realidade não se exaure nela. As pro-

36 É isso que Aristóteles quis dizer quando chamou a *psychê* (alma) de "realidade primária", ou "primeira realidade" de um corpo naturalmente organizado (*De Anima*, II.1, 412a, 22-28). Em suas *Lectures on the Philosophy of Spirit*, Hegel afirma: "a psicologia empírica representa a alma como desintegrada, e aquilo que Aristóteles escreveu a respeito da alma permanece sendo recomendável como o mais filosófico" (2007: 65).

priedades são a percepção imediata, ou a "exibição" (*Schein*) daquele "reflexo em si mesmo", ou "essência" (*Wesen*). Tal compreensão da natureza da realidade está implícita sempre que reconhecemos algo como uma "coisa", assim como quando reconhecemos, por exemplo, a natureza em seu conjunto como um único sistema físico no qual todos os eventos físicos determinados são efeitos governados pelas leis (o *Schein*) das forças causais emanadas da natureza intrínseca (o *Wesen*) da matéria ou da energia – da natureza enquanto tal[37].

O que esses estudos da *Ciência da Lógica* demonstram é que a realidade física – natureza – não pode ser compreendida sob uma lógica de *partes extra partes*, átomos metafísicos isolados, seja ao nível da coisa individual (como demonstrado por Aristóteles) ou da natureza em seu conjunto (como demonstrado por Espinosa), como uma realidade "refletida em si mesma". Nesse sentido, Hegel propõe uma visão da natureza essencialmente "estratificada", na qual a natureza em seu conjunto precisa ser reconhecida como real, ainda que metafisicamente distinta das coisas individuais, igualmente reais e metafisicamente distintas de suas propriedades, as quais são igualmente reais: na medida em que cambiamos da propriedade para a coisa para a substância da natureza em seu conjunto, não percebemos "novas" peças, mas antes reconhecemos, irredutivelmente, diversos níveis organizacionais. Também esses estratos não são ontologicamente indiferentes; muito pelo contrário, quando reconhecemos "a coisa" em contraste com as propriedades, ou a "natureza como tal" em contraste com as coisas, reconhecemos, precisamente, que aquilo que tomamos como ser é, causal e ontologicamente, mais primário[38].

Existe, portanto, uma estratificação ontológica interna à natureza. Hegel vai mais além, contudo, ao afirmar que a própria natureza é, por assim dizer, apenas mais um "estrato" da realidade. A "Doutrina do Conceito", terceiro e final estudo da *Ciência da Lógica*, revela a lógica e a estrutura das realidades *emergentes* que somente

37 O estudo da coisa e da natureza enquanto tal como uma "substância" são, em verdade, os dois maiores estudos da "Doutrina da Essência" (cf. esp. *SL* 484-498, 554-571, 578-580).

38 Sobre esse tema da "estratificação", cf. esp. Haugland (1982) e Meehl e Sellars (1956).

vem à tona na base da natureza, mas que não podem ser reduzidas a ela: de modo específico, a lógica do conceito é aquela da existência autoconsciente, largamente construída[39]. Nesse sentido, a relação entre esse terceiro estudo (que Hegel chama de "Lógica subjetiva") e os outros dois que o precederam (aos quais chamou coletivamente de "Lógica objetiva") define com certa precisão a questão central da filosofia da mente contemporânea: como as realidades da consciência deveriam ser entendidas em relação ao fisicalismo não reducionista? Uma breve consideração a respeito da "Doutrina do Conceito" hegeliana nos oferecerá um proveitoso ponto de partida para voltarmos à contribuição distinta que o estudo da experiência na *Fenomenologia do espírito* pode prover à filosofia da mente contemporânea por meio da sua análise das dimensões constitutivas da experiência (auto)consciente, a qual depende da, embora seja irredutível a, fisicalidade.

Quando Aristóteles buscou determinar o significado de "alma", ele especificou que era a essência, ou a "primeira realidade", de *um corpo capaz da vida*, e tal caracterização é importante. O corpo vivo – o organismo – é aquele que pode morrer, e isso não se trata de algo acidental: a unidade que define o corpo vivo é representada em e por um corpo *determinado*, ou seja, que não irá simplesmente desaparecer se a unidade for perdida, mas que assumirá uma organização diversa, rival. A vida, como a "coisificação", é uma realidade não redutível aos termos da "materialidade" em que se realiza *e que a define*; não obstante, esta mesma materialidade é, ela mesma, logicamente mais complexa do que a propriedade em que a coisificação se realiza: a vida é uma espécie de realidade representada apenas no contexto de um tipo de competição, a *Auseinandersetzung*, por assim dizer, com outros aspectos da natureza[40].

39 A consciência-de-si larga e ontologicamente construída: o fenômeno experiencial da consciência-de-si que nos é mais familiar ao dizermos "Eu" é somente uma (e crucial) forma de existência autoconsciente, como veremos mais adiante. Hegel identifica o conceito com o "Eu" por meio da seção intitulada "O conceito em geral", especialmente em *SL* 583-586.

40 Sobre o emergente, irredutível caráter da vida, compare-se com J.S. Mill (1872: livro III, cap. 6, § 1): "todos os corpos organizados compõem-se de partes, similares

Por essa razão, "vida" é um conceito mais profundo do que "coisa", pois o organismo vivo precisa existir em interação dinâmica com o ambiente extrínseco, o qual, deixado por sua própria conta, poderia destruí-lo, mas que também é, ele mesmo, o meio do qual esse organismo depende para se manter: a identidade desse organismo somente é *conquistada por meio do encontro*[41]. Por lógica "do conceito", Hegel se refere àquele tipo de realidade, como a vida, que existe unicamente por meio da relação constitutiva com aquilo que se lhe opõe. Tal oposição constitutiva é, também, o que caracteriza, paradigmaticamente, nossa consciência.

A consciência é o encontro com o objeto, a percepção daquilo que definitivamente não é, de onde a noção de "causalidade" que estudamos anteriormente[42]. Embora o conteúdo da existência esteja exaustivamente engajado por este outro, com o qual tem contato, a experiência não se trata, porém, de uma simples e extrema entrega de si para o outro – se assim o fosse, não *seria* experiência. Pelo contrário, como Kant afirmara, para sermos conscientes precisamos ser, implicitamente, autoconscientes: nossa experiência não é uma perda de nós mesmos no objeto, mas antes a perene manutenção de si mesmo como ponto de referência em e por meio da absorção no outro[43]. Ainda assim, este "eu" da consciência-de-si não se trata de uma "parte" extra da consciência, da mesma forma que a

---

àqueles que compõem a natureza inorgânica e àqueles que tenham até mesmo existido em um estado inorgânico; o fenômeno da vida, porém, resultante da justaposição dessas partes em uma certa maneira, não perfaz qualquer analogia com qualquer um dos efeitos que poderiam ser produzidos pela ação das substâncias componentes, quando consideradas como meros agentes físicos. Qualquer que seja o grau que imaginemos ter de conhecimento a respeito das propriedades dos muitos ingredientes de um corpo vivo, para que se expanda e aperfeiçoe, é certo que nenhum mero somatório das ações separadas desses elementos jamais contará como a ação do corpo vivo". Sobre a ideia de que o organismo se encontra em relação de contestação com o ambiente, do qual é dependente, cf. R.C. Lewontin (1993: cap. 5).

41 Cf. *PS* § 171. Para a análise hegeliana da vida, cf. *SL* 761-774 e *PS* § 168.

42 Este é o tema da primeira seção da *Fenomenologia do espírito*, "Consciência", os três capítulos que recapitulam versões condensadas dos argumentos da *Ciência da Lógica*, mas agora na forma de resposta à questão "qual a natureza do objeto da consciência?" mais do que àquela "o que é ser?"

43 A isto se chama a "transcendental unidade da percepção" (cf. *CPR* 232-233 = A106-108).

alma, conforme Aristóteles, não é uma "parte" extra do corpo. O eu é apresentado tão somente em, e como a forma definidora da, aparência do objeto como tal. A consciência-de-si (subjetividade), tal como a vida, é uma realidade que existe apenas em, e como uma relação definitiva de oposição a, uma realidade existente apenas na, e por meio de, uma objetividade a qual definitivamente não é. Temos, pois, a *Fenomenologia do espírito*, especialmente seu capítulo IV ("consciência-de-si") a oferecer a mais ampla exploração desta realidade definitiva que é a consciência-de-si.

A **Fenomenologia do espírito***: a consciência-de-si corpórea e outras mentes*

Como seu próprio título indica, *Fenomenologia do espírito* é um estudo *fenomenológico* de nossa experiência, ou seja, um estudo que a descreve "desde dentro", e não a interpretando conforme alguns modelos pressupostos de realidade. Com as nossas discussões a respeito da "Segunda analogia" de Kant e da *Ciência da Lógica* de Hegel, estamos engajados em uma espécie de fenomenologia na medida em que perguntamos "O que é experienciar algo *como* real?"; outra maneira de dizermos isso é que nosso estudo já reconheceu que a noção mesma de "realidade" é uma noção para uma (particular forma de) perspectiva. Na *Fenomenologia do espírito*, Hegel estudou muitas outras perspectivas definidoras da nossa experiência de vida. Suas descrições das formas de experiência revelam outros aspectos que contextualizam e, até certo ponto, desafiam os termos da perspectiva "objetiva" que temos presumido até agora. Em especial, seu estudo da consciência-de-si identifica três dimensões essenciais da consciência-de-si que são de crucial importância para a filosofia da mente: desejo, reconhecimento e pensamento, cada uma delas reveladora de características intrínsecas ao fato do experienciar e irredutíveis à fisicalidade que, não obstante, é a condição de sua existência.

De início, a consciência-de-si não é uma questão de autorreflexão explícita, mas antes uma questão de relação-com-o-eu implícita que dá forma às nossas experiências significativas; essa (auto)consciência é mais imediatamente apresentada como a experiência do desejo[44]. Tipicamente, imaginamos o desejo como *de* uma pessoa, um ego já formado e socialmente integrado. Hegel, porém (como Freud, Lacan, Deleuze e Guattari no século XX), investiga a experiência primitiva do desejo que *precede* a formação do ego[45] (*Begierde*), e não reflete, primeiramente, sobre si mesmo para articular um objetivo e, só então, convoca instrumentalmente o mecanismo do corpo para realizá-lo; pelo contrário, é a consciência que existe tão somente como uma prática do executar-se, o "eu" que encontra a si mesmo apenas como a experiência de satisfação na "consumação" do encontro com seu outro[46]. Esse desejo primitivo não se trata de um *pensamento*, mas sim de um *comportamento*[47]. Em sua mais básica apresentação, a (auto)consciência é, então, uma questão de prática e, logo, inerentemente corpórea. Mais imediatamente, ela diz respeito tão somente ao corpo vivido como representação do desejo.

A partir dessa discussão sobre o desejo, percebemos que esse mais basilar sentido do "eu" não é separável da experiência que se tem do próprio corpo em relação ao mundo, uma consciência-de-si corpórea. É esta a primitiva experiência do eu, mas também *a primitiva representação do corpo*, o corpo do indivíduo (auto)consciente não é o corpo da matéria inerte (*Körper*), mas sim *o próprio corpo de um alguém* (*Leib, le corps propre*), vivido como a experiência de representação dos seus poderes e possibilidades de engajamento[48]. A

44 Cf. *PS* § 167.

45 Cf. *PS* § 173-174. Para uma discussão da compreensão hegeliana do desejo, cf. esp. David Ciavatta (2008). Para mais informações sobre a relação entre as ideias de Hegel e as de Freud, cf. Mills (2002).

46 Cf. *PS* § 174: "a consciência-de-si é, portanto, certa de si mesmo apenas ao suplantar este outro que se apresenta à consciência-de-si como uma vida independente; a consciência-de-si é o desejo". Cf. tb. *PS* § 167: "a consciência-de-si é a reflexão para fora do ser do mundo do sentido e da percepção, e é, essencialmente, o retorno da alteridade".

47 Compare-se com a análise de Ryle da distinção entre *knowing-how* e *knowing-that* em Ryle (1949: cap. 2).

48 Compare-se com as *Lectures on the Philosophy of Spirit* (2007: 75-76): "as simples partes tornam-se membros ao viver [...] como uma alma senciente, o eu é onipresente no corpo e existe apenas como uma unidade. 'Eu estou constantemente consciente dessa unidade. Quando sinto a ponta do meu dedo, [também] sinto [a mim mesmo]

agência não é algo supra-adicionado a um corpo (*Körper*) existente e inerte; antes, é inseparável da sua existência: é somente como um agente que o corpo (*Leib*) existe, de modo que a primitiva representação do eu e, igualmente, a primitiva realidade corpórea são a experiência implícita do "eu posso", conforme as palavras de Husserl[49]. A primitiva experiência da consciência-de-si é a experiência dos poderes do corpo, as quais, *qua*[50] possibilidades, não são redutíveis àquilo que é real.

No desejo, experimenta-se o excesso da possibilidade sobre a realidade, a capacidade de re-formar os termos do real. Até agora, a análise tem destacado a "negatividade" irredutível que é constituinte dos diferentes "estratos" de realidade, e a consciência-de-si implícita do desejo é o reconhecimento implícito de sua própria irredutibilidade: o desejo é a experiência vivida do eu como, precisamente, *não* sendo seu objeto e, além disso, *não* sendo seu corpo, no sentido de que o desejo determina, ao invés de ser determinado, pela forma do real. Agora bem, não ser o próprio corpo não é, simplesmente, um "não" no sentido de ser um outro – pelo contrário, o desejo revela, precisamente, a impossibilidade de existência da consciência independentemente de um corpo: o desejo é a percepção implícita do eu como não sendo definido pela mesma realidade corpórea na qual e tal como é representada[51].

---

lá. Lá onde o sentir da alma existe, a capacidade de sentir, a sensação [do *W*].' Tal onipresença demonstra que a mútua externalidade material da natureza não possui verdade". Sobre a utilização, por Hegel, dos termos *Körper* e *Leib*, cf. esp. *EnMind* § 401 (junto com *Zusatz* para § 401) e § 403-409 em geral. Estes termos e temas também aparecem repetidamente na seção da *Fenomenologia do espírito* intitulada "Observando a razão". Em outros textos, tenho discutidos diversos aspectos da abordagem hegeliana dos temas da personificação em relação ao estudo "Razão" na *Fenomenologia do espírito* (cf. RUSSON, 1993).

49 Cf. esp. Husserl (1989: 159, 228, 273). Para a importância da noção do "eu posso" para a filosofia da mente contemporânea, cf. Thompson (2007: 249, 313-314).

50 Enquanto [N.T.].

51 A consciência-de-si existe, pois, apenas no contexto da vida, e é sempre a consciência-de-si de (genitivo possessivo) um ser vivo, embora não seja redutível àquela vida. É esse, em especial, o tema da análise de Hegel da "Luta até a morte". Cf. esp. *PS* § 189: "Nessa experiência, a consciência-de-si aprende que a vida é tão essencial para si quanto a pura consciência-de-si". Cf. tb. *Lectures on the Philosophy of Spirit* (2007: 77): "a questão concernente à imaterialidade da alma tem sido de grande interesse.

Dessa forma, nossa própria consciência-de-si é o reconhecimento de uma *negatividade*, da realidade (formativa, causal) que, em princípio, não pode ser reduzida a uma realidade presente. Este é, outrossim, o caráter essencial da nossa experiência de outros seres autoconscientes. Reconhecer outra consciência-de-si *como* consciência-de-si é, precisamente, questão de reconhecer uma negatividade, o reconhecimento de uma *ausência*, não no sentido de algo que não "está lá", e sim que está *como* algo que jamais estará presente, reconhecível *por meio* da realidade física, mas irredutível a ela.

Porque reconhecemos outras consciências-de-si, reconhecemos implicitamente que o sentido de nossa própria existência não é exclusivamente determinado por nós mesmos, pois somos objetos de outro desejo que possui autoridade, equivalente à nossa própria, para determinar o sentido da realidade corpórea, que é o contexto da existência de todos nós[52]. Por essa razão, nosso senso de nós mesmos (os termos pelos quais nos tornamos articulados ao reconhecermo-nos) há que, em última medida, ser negociado naquilo que Hegel chama de dialética do "reconhecimento" (*Anerkennung*): nossa consciência-de-si é, ao fim e ao cabo, treinada em um tipo de diálogo por meio do qual adotamos, em conjunto, uma moldura de referência compartilhada, segundo a qual interpretamos a nós mesmos e ao mundo[53].

Minha identidade pessoal – meu "eu" – é, então, formado sempre em conjunto com uma identidade comunal – nosso "nós". Este "eu" que é "nós" e esse "nós" que é "eu" – realidade a que Hegel chamou de "*Geist*" (espírito) – é, portanto, inerentemente

---

Segue-se, daquilo que foi dito, que a alma não é uma externalidade material mútua, nem tampouco algo imaterial, em contraste com o material. A alma é imaterial apenas no sentido de que o imaterial é verdadeiro, e o material, falso. A imaterialidade da alma é, portanto, 'não' afirmada em oposição à matéria, mas apenas no sentido de que somente a alma é verdadeiramente real e independente. A autoexternalidade da natureza volatilizou-se na universalidade".

52 O famoso estudo de Hegel, na *Fenomenologia do espírito*, sobre a "Independência e dependência da consciência-de-si" é uma investigação a respeito das inconsistências lógicas e dos problemas práticos dos vários comportamentos nos quais podemos nos engajar e que não realizam, explicitamente, esse reconhecimento.

53 Compare-se com Sellars (1963: 127-196, esp. 164-196).

dependente da linguagem e das instituições sociais em que, e por meio da qual, uma experiência do mundo compartilhada é comunalmente constituída. Desse modo, embora a singularidade do nosso desejo (auto)consciente seja necessariamente corporificado em nosso organismo, nosso explícito senso de nós mesmos como indivíduos *não* é unicamente corporificado em nosso organismo, e sim em nossa linguagem e instituições, as quais, inerentemente intersubjetivas, excedem os parâmetros de qualquer corpo individual[54]. É por essa razão que, como seres reflexivos, possuímos um sentido de nós mesmos como independentes dos termos da corporificação orgânica: por meio da linguagem, tomamos parte em uma perspectiva que oferece um mundo de significados que ultrapassa nossa existência natural, e assim, projetos de vida que me definem a "mim" (minha identidade como instrutor de esqui, p. ex.) podem estar, em princípio, em confronto com as realidades definidoras do meu organismo (tal como minha paralisia após um acidente de esqui)[55].

Além disso, a linguagem, *qua* inerentemente compartilhada, não pode jamais ser a expressão de uma perspectiva singular, fechada, seja de um indivíduo ou de uma cultura. Antes, ao utilizar a linguagem eu/nós (performativamente) faço/fazemos minha/nossa perspectiva, uma que é, em princípio, compartilhável por todos[56]. Ao adotar uma linguagem, portanto, assumo uma identidade que não se limita à perspectiva limitada suportada pela minha exclusiva corporificação orgânica e linguística, mas que é participante, *a priori*, da necessária e universal perspectiva da objetividade. Para além do particularismo da nossa perspectiva cultural compartilhada existe, ademais, uma universalidade integral à experiência do

54 Esta é, em suma, a tese central do meu livro *The Self and Its Body in Hegel's Phenomenology of Spirit* (RUSSON, 1997).

55 Cf. minha discussão a respeito das temporalidades "simultâneas, mas não sincrônicas" da natureza e do espírito em "Temporality and the Future of Philosophy in Hegel's Phenomenology" (RUSSON, 2008: 66-67).

56 Cf. esp. "Signature, Event, Context" (1982a: 315-316) de Jacques Derrida. Neste ponto, compare-se com as afirmações de Ludwig Wittgenstein contra a possibilidade de uma linguagem privada (1953: § 243, 256).

"eu", dimensão essa chamada por Hegel de "pensamento" (*Denken*) autoconsciente.

No desejo, descobrimos a irredutibilidade do senso vivido de agência, que demanda reconhecermos a irredutibilidade da perspectiva em primeira pessoa da experiência. E ao fazermos, descobrimos o senso reflexivo do eu, por meio do qual estabelecemos para nós mesmos uma realidade significativa excedente da perspectiva suportada por nossa corporificação orgânica, mas em si corporificada na linguagem. Com o pensamento, descobrimos a experiência da autonomia racional (descrita epistemológica e moralmente por Descartes e Kant, respectivamente) na qual, precisamente, experienciamo-nos como engajados numa significância não condicional, ou seja, definitivamente não definida por uma perspectiva corpórea ou linguística.

Da mesma forma que nossa identidade pessoal pode ser autodefinida à revelia dos termos de nossos corpos, igualmente o pensamento, independentemente dos termos das pessoas. É somente *sendo* um corpo, todavia, que é possível participar em uma identidade pessoal *sendo*; é apenas *sendo* uma pessoa que é possível participar em um pensamento, o qual, por natureza, há que ser autônomo, ou não será um pensamento, questão essa bem debatida por Aristóteles no livro III, capítulo 4 do *De Anima*. Não obstante, o filósofo grego também deixou claro que não somos pensamento; antes, observou, "todo pensamento ocorre em uma fantasia", ou seja, podemos ter nossas experiências informadas e iluminadas pelo pensamento, mas apenas ocupando uma perspectiva particular que é, em si mesma, indelevelmente corpórea. Similarmente, Hegel demonstra que, conquanto cada um de nós necessariamente exista somente como uma perspectiva finita e corporificada, ainda assim é verdade que tal perspectiva nos abre para uma significância irredutível que excede os termos dessa finitude[57].

---

57 Cf. *Lectures on the Philosophy of Spirit* (HEGEL, 2007: 58): "o espírito finito situa-se entre dois reinos: um, o natural, corpóreo; o outro, distinto e oposto à natureza, o infinito, o absoluto". Compare-se também com Hegel (2007: 66): "o ser humano é espírito. Qual a mais recôndita e concentrada natureza, a raiz do espírito? Liberdade, eu, pensando"; e mais adiante: "liberdade consiste no fato de que o ser humano pode

Conclusão

Partindo, pois, das implicações da "Doutrina do Conceito" da *Ciência da Lógica*, a descrição fenomenológica da experiência da consciência-de-si na *Fenomenologia do espírito* demonstra que o fisicalismo não reducionista está correto ao afirmar que, fosse o mundo da natureza física obliterado, não haveria realidade remanescente. Isso dito, contudo, essa realidade física não exaure o real, e a vida da consciência-de-si é um novo reino metafísico que suplanta os termos da natureza. A filosofia hegeliana da mente é antidualista – em verdade, toda sua filosofia se baseia na indefensabilidade, por princípio, de qualquer dualismo – e ele compreende a consciência como essencialmente corpórea. Ao mesmo tempo, contudo, essa corporificação não define o que é ser autoconsciente e, mais além, as formas emergentes do sentido dentro da vida autoconsciente revelam que somos corporificados *para além* de nossa individualidade, ou seja, que nossas identidades como pessoas não são simplesmente idênticas às nossas identidades como corpos[58]: somos corporificados em linguagem e instituições sociais, significando poder haver distinção significativa entre mim e meu corpo, e somos informados pela nossa racionalidade autônoma (aquilo a que podemos chamar, com propriedade, "mente"), significando poder existir distinção significativa entre os termos definidores de nossas perspectivas finitas e estas perspectivas finitas *per se*.

abstrair-se de tudo, até mesmo da vida e do mundo abrangente da consciência. [...] O ser humano pode tolerar infinita angústia. É essa a principal prerrogativa da liberdade, concebida como liberdade concreta".

58 Cf. novamente as *Lectures on the Philosophy of Spirit* (2007: 78): "a questão concernente à comunidade da alma com o corpo não cria quaisquer dificuldades aqui, posto não ser a matéria, em nada, independente. [...] Não se trata, de fato, de uma comunidade, mas a alma em si mesma é e está em contraste com o corpóreo, de forma que o corpo não lhe causa qualquer dificuldade. A questão só é difícil se ambos forem tomados como independentes. Torna-se difícil se esse dualismo for tacitamente assumido 'pois então nenhuma comunidade pode ocorrer'".

4
Teoria da ética

Brian O'Connor

A palavra "ética" é usualmente tomada como sinônimo de moralidade. Em contextos mais formais, ela serve como substantivo para a conduta codificada que governa indivíduos em virtude de sua participação voluntária em instituições ou profissões específicas. Ainda que ambos os significados estejam incluídos na concepção hegeliana de ética, ele pretende uma definição ainda mais ampla para o termo, pois a palavra alemã que usou, *Sittlichkeit*, é por vezes traduzida tanto por ética quanto por moralidade[59]. O radical de *Sittlichkeit* é *Sitte*, costumes, e sugere práticas formadoras, ao menos parcialmente, dos modos de vida correntes[60]. Na filosofia de Hegel, a esfera da ética diz respeito tanto às ações do agente moral individual quanto ao ambiente normativo que confere a estas ações seu valor moral. Considerações sobre a ética em seus contextos moral filosófico e político-institucional não podem, portanto, ser adequadamente tratados isoladamente. É de fundamental importância, na compreensão da ética hegeliana, que sua afirmação acerca da inextricabilidade dos agentes morais e dos seus ambientes éticos ser bem mais profunda do que a simples noção de que a comunidade provém os agentes de conjuntos de opções aprovadas ou desaprovadas. Ela sustenta sermos, constitutivamente, seres comunais, cujos julgamentos sobre o favorecimento de uma escolha sobre outra é, desde já, influenciado pela nossa situação comunal.

59 Tradução direta do inglês, "a word that is sometimes translated into English as morality as well as ethics". No português, ambas as traduções podem ser encontradas, e mais ainda eticidade, a qualidade daquilo que é ético ou moral [N.T.].

60 Cf. Inwood (1992: 91-93) para uma discussão sobre o significado filosófico das etimologias de *Sittlichkeit* e *Moralität*.

Embora Hegel reconheça as configurações diversas das comunidades éticas ao longo da história, não é correto afirmar que ele tenha uma visão relativista, pois ele identifica explicitamente o que entende como deficiências em formas pretéritas da vida ética (PATTEN, 1999: 59) e, da mesma forma, urge seus leitores a não perder de vista o potencial específico da vida ética da sociedade moderna. Aquilo que está, finalmente, à disposição dos modernos seres éticos é a "razão", a capacidade para a governança da liberdade e da moralidade que não possui precedente em formas anteriores à vida social. A vida ética das modernas sociedades pode ser *racional*, diferentemente das aparentemente orgânicas comunidades da antiga Grécia (cuja vida ética era vulnerável aos pedidos de Sócrates por justificação). Para Hegel, a "racionalidade" implica autonomia, presente apenas quando as motivações para a ação prática que podem ser justificadas perante outros seres humanos iguais são endossadas pelos agentes. Consoante a visão hegeliana, a autonomia do indivíduo exige instituições racionais estruturadoras da sua comunidade, e a esse respeito, como veremos, sua noção de autonomia é um afastamento crítico de Kant, posto que a autonomia kantiana está aparentemente fundamentada numa racionalidade universal, que não demanda nenhuma referência a qualquer tipo de arranjos sociais preexistentes.

Ao desenvolver o seu relato sobre o que significa ser um agente ético no seio de uma comunidade ética, Hegel introduziu na filosofia moral um número de inovações significativas, central às quais a base intersubjetiva da vida moral, que culminou em sua teoria do "reconhecimento". Esta teoria acomoda muitos dos elementos que ocuparam o autor desde o começo de sua vida como filósofo independente, a saber, seus esforços iniciais para resgatar os ensinamentos morais de Jesus das instituições rígidas da religião; as reflexões sobre o amor, marcantes dos seus escritos incipientes; e um relato da experiência ética que contrastasse com a filosofia moral transcendental kantiana. O presente capítulo fornecerá um exame histórico da emergência da concepção hegeliana de ética ao traçar as várias formas que ela assumiu ao longo da carreira do filósofo.

O ensaio Tübingen

O ensaio Tübingen (1793) é o mais antigo texto elaborado de Hegel sobre a natureza da motivação ética, e dentre suas preocupações está a identificação da forma da religião que articularia a mais autêntica variedade da vida moral. Nesse ponto, Hegel ainda se encontra a certa distância de uma teoria da base intersubjetiva da ética, mas ainda assim o ensaio contém uma série de compromissos que persistiriam ao longo da permanente elaboração do seu conceito de ética, bem como outros que seriam descartados.

Em *O ensaio Tübingen*, ele postula a visão romântica de que nossa motivação para a ação prática, em consonância com o "ensino sagrado", pode ser encontrada na "incorrupta sensibilidade humana" (*TE* 30). Da maneira como está, tal posição sugere que a agência moral vem já pronta ao mundo e este, quando muito, carrega em si a ameaça de corrompê-la; mas Hegel também acrescenta, porém, que a instrução sobre a moralidade, de alguma maneira, complementa a "semente de sentimentos melhores" que existe dentro de nós. Sem essa propensão natural, não poderia haver receptividade ao conteúdo moral religioso. Hegel define o objetivo da moralidade em termos relativamente não religiosos – ele envolveria a "satisfação para o instinto para a felicidade" (*TE* 31) – mas também o concebe como uma empreitada racional, embora não possa ser perseguido se se ignoram as naturezas "externa quanto interna" e a "sensualidade", a que ele interpreta como "tanto as vizinhanças" em que vive o agente moral quanto suas "inclinações sensuais e instinto cego" (*TE* 32). O conteúdo da moralidade religiosa fala a nós porque os sentimentos religiosos são, em si mesmos, sensíveis, e não diretivas da "razão fria", carentes da capacidade de determinar o coração. Nesse ponto, pode parecer que Hegel nos oferece um dilema, ao afirmar que a razão anima a sensualidade e que somente pode ser apropriadamente determinada por motivos sensíveis. Qual é, então, o caráter da razão?

A controvérsia de Hegel é que a moralidade religiosa, em sua busca por se tornar "objetiva", degenera em princípios e dogmas, enquanto a religião subjetiva permite à moralidade ser expressa em sentimentos e ações. Ele sugere que a religião objetiva é atraente para aqueles cuja prioridade reside na compreensão, "cujos corações simplesmente não ressoam ao toque gentil do amor" (*TE* 34). A compreensão pode fazer de nós "mais espertos, porém não melhores" (*TE* 40). Não obstante, ele não descarta de vez a razão: o significado dessa sua afirmação (que a razão anima os seres sensíveis) é aclarada quando fala sobre sabedoria, que vem a ser a concepção da razão capaz de operar harmoniosamente com o nosso ser sensual, "algo relativamente diverso da iluminação, do raciocínio. Mas sabedoria não é ciência. Sabedoria é *a elevação da alma, por meio da experiência aprofundada pela reflexão*, sobre sua dependência da opinião e as impressões do sentido" (*TE* 43, grifo nosso).

Hegel observa que a religião objetiva possui limitado interesse desse tipo, e encoraja, ao contrário, uma abordagem inflexível à "letra e à convenção" da religião, algo, de certa maneira, pior do que uma religião da compreensão somente, pois exclui qualquer base racional para a filiação: puro seguir, desprovido de justificação. A alternativa proposta por Hegel pode ser vista como um esforço primitivo para organizar uma forma socioética vital radicalmente nova, atenta às necessidades práticas e tendências dos seres morais. Ele propõe uma "religião popular", cujas características são (I) razão universal (i. é, cujos princípios éticos sejam válidos para todo ser humano); (II) ressonância com os sentidos e (III) a integridade – que informam todas as nossas ações, e não apenas aquelas exigidas em nossas obrigações públicas e visíveis externamente (*TE* 49). Indivíduos cuja vida ética é vivida no seio dessa religião popular não serão constrangidos por princípios rígidos, nem experimentarão alienação por causa de sua sensualidade. Nesse sentido, a religião popular "segue de mãos dadas com a liberdade" (*TE* 56).

O ensaio Tübingen apresenta, de forma rudimentar, os elementos da vida ética que Hegel viria a desenvolver posteriormente: um alinhamento acolhedor da razão com a sensualidade, garantindo uma abordagem flexível (não presa a princípios) para a ação, uma forma de religião que reconcilia o subjetivo com o objetivo e que, ao caracterizar a compreensão de modo particular, identifica igualmente fontes não racionais da motivação moral, que podem ser experimentadas como próprias do agente.

Em esboços que se seguiram a esse ensaio inicial, Hegel continuou a refletir sobre as características de nossa vida ética, concebendo-as em contraste com as estreitas formas institucionais da Cristandade objetiva[61]. Conquanto não rejeite a visão cristã da divindade de Jesus, ele o representa, primariamente, como um indivíduo moral exemplarmente inspirador. Em certos aspectos afirma, num texto fragmentado sobrevivente dos seus tempos em Berna (1793-1796/1797), que Sócrates a ele se assemelha como um professor e agente ético. O ensaio *The Life of Jesus* (1795), uma vez mais, salienta seu notável caráter ético, e cuidadosamente suaviza algumas das passagens bíblicas referentes aos seus poderes supernaturais.

A positividade da religião cristã

Em *A positividade da religião cristã* (1795/1796) Hegel produz um relato substancial da vida ética, que deve consistir em uma moralidade cristã desinstitucionalizada. Sua meta é o cristianismo positivo, ou seja, que entregasse a atitude ética dinâmica de Jesus e desistisse das leis inflexíveis, um retorno à vera forma de religiosidade que Jesus tentara corrigir em seu confronto com os legalismos do judaísmo antigo, que enrijeciam a vida moral. Como escreveu Hegel, Jesus "tentou elevar a religião e a virtude à moralidade, e restaurar a moralidade à liberdade, que é a sua essência" (PCR 69). Essa liberdade em questão trata-se daquela naturalmente manifesta nos seres humanos, mas que é destruída quando levamos nossa vida ética como ocupação de viver conforme preceitos autoritativos (PCR 71). Jesus, diz Hegel, "foi o professor de uma religião puramente moral, não de uma positiva" (PCR 71).

Hegel está bastante ciente de que sua concepção de Jesus como um professor, e não uma autoridade, se encontra basicamente em confronto com a visão ortodoxa, e insistindo nesse retrato, Jesus se tornou para ele uma espécie de *phrónimos* – quer dizer, semelhante

61 As peças relevantes estão contidas em Hegel (1984a).

à imagem de Aristóteles de um agente moral virtuoso – invulgarmente dotado, cujas articulações da vida moral não se pretendiam declarações legais. O contraste entre a vida religiosa baseada na autoridade e a vida ética de um cristianismo não positivo repousa em duas diversas formas de razão, rotuladas por Hegel de "passiva" e "legislativa", respectivamente. Aqueles que tornam a ética cristã em um sistema positivo, convertem a razão a "uma faculdade puramente receptiva, ao invés de legislativa" (PCR 85).

Hegel vê, ainda, outro ganho substancial em desenrascar a moralidade da razão receptiva: ele afirma que a redução do conteúdo de uma vida ética a uma positividade (i. é, as autoridades existentes) *ipso facto* restringe a moralidade à adesão religiosa, algo que pode ser tentador, especula, para que o Estado use da religião como um método de instrução moral (para tornar os cidadãos virtuosos, portanto), mas isso serviria apenas para minar a verdadeira essência da moralidade, pois reduz sua compreensão e sua prática àquilo que as leis estatais calharam de ser. Nesse sentido, emite o falso sinal de que tudo o que a moralidade exige é o cumprimento da lei e "seduz os homens a acreditar que a observância dessas tais práticas religiosas reguladas pelo Estado satisfez a moralidade" (PCR 98). De fato, a ideia de que podemos resumir nosso comportamento conforme as leis e, ao fazê-lo, tornamo-nos seres éticos, Hegel afirma, produz uma espécie de inércia moral, na qual os indivíduos podem iludir-se a respeito de seu verdadeiro, íntimo caráter, ou experimentar uma falsa tranquilidade na qual podem sentir-se satisfeitos, pois já se comportaram com suficiente moralidade (PCR 140).

Para Hegel, o contraste entre aquela concepção estreita e os ensinamentos dinâmicos de Jesus é enfática: um indivíduo guiado por esses últimos possui um livre compromisso para com eles, "não adota outro dever, exceto aquele imposto por si mesmo" (PCR 100). Dessa forma, indivíduos autorreguladores se tornam membros de uma comunidade moral, a que Hegel chama de "igreja invisível" (PCR 100), diferentemente daqueles que se submetem às leis de uma seita religiosa que prescreve suas identidades morais. A moralidade religiosa no sentido positivo, Hegel afirma, "não é um dado das nossas mentes, uma proposição que pode ser desenvolvida a partir da nossa própria consciência, mas sim algo aprendido. Sob essa ótica, a moralidade não é uma ciência autossubsistente, ou possui princípios independentes; tampouco o é a essência da moralidade fundada na liberdade, isto é, uma autonomia da vontade" (PCR 135). Ele também propõe, claro, um processo de aprendizado para que se cresça em direção a uma forma não positiva de cristianismo: devemos aprender a respeito dos ensinamentos de Jesus, e a maneira específica segundo a qual ele tomou decisões morais. O ponto de Hegel, contudo, é que essa instrução é apenas o começo da vida ética: ela forma nosso caráter, e não pode petrificar-se em certo número de regras, e conforme já havia descrito, a genuína moralidade é "desenvolvida a partir de nossa própria consciência", e jamais devemos ser subservientes a ela.

Quando fala de autonomia, Hegel toma emprestada a dimensão negativa do termo kantiano, ou seja, a ausência de motivações externas ao eu. Ele escreve:

> O exclusivo motivo moral, o respeito pela lei moral, só pode vir à tona em um sujeito para quem a lei é, *per se*, o legislador, para aqueles de cujas consciências internas ela procede. A religião cristã, contudo, [isto é, sua variedade positiva] proclama que a lei moral é algo fora de nós, que nos é dado (PCR 144).

O respeito por essa forma autônoma de lei moral é exigido pela nossa humanidade. Essa autorregulação é algo a que não podemos "renunciar" sem deixarmos de ser humanos (PCR 145). Existem, contudo, qualificações não declaradas no uso que Hegel faz da noção kantiana de autonomia: falar de lei moral é sugerir preceitos, enquanto a intenção de Hegel é nada mais do que a forma de vida manifesta na prática e no exemplo de Jesus. Além disso, nas mãos de Kant a autorregulação significa governar-se por meio da razão, e não permitir que qualquer motivação não universalizável (como o desejo ou a felicidade) molde os princípios a que nos dedicamos, enquanto Hegel, como vimos, acredita que precisamos acomodar nosso lado sensual no âmbito de qualquer narrativa moral.

Espírito e destino do cristianismo

Em *Espírito e destino do cristianismo* (1788-1800), Hegel inicia o processo de tornar explícitas as várias formas pelas quais ele se distanciará de Kant. É nesse texto que ele começa a chamar de moralidade à forma deficiente de vida ética que é uma mera "reverência pelas leis" (*SCF* 212). Uma vez mais, Jesus é o seu exemplo, e ele o representa como um "espírito acima da moralidade" (*SCF* 212). O que falta à moralidade é um espaço no caráter vivo do agente, pois a ética prática consiste em tornar sua própria a lei. Para Hegel, o Sermão da Montanha ensina que atingir a lei moral de um sentido não deficiente traduz-se não à experiência de restringir-se a, e sim a transcendê-la, fazer dela um ato oriundo da própria liberdade.

A linguagem racionalista da autorregulação kantiana é relativamente estranha à versão hegeliana da ação ética. Em *Espírito e destino do cristianismo*, ele caracteriza a atitude ética *vis-à-vis* à lei como "reconciliação" (*Versöhnlichkeit*), uma disposição que envolve não apenas obedecer à lei, mas adentrar nela em maneiras que respondam a particulares contextos humanos, e escreve: "na reconciliação, a lei perde sua forma, o conceito é deslocado pela vida" (*SCF* 215). Uma objeção a essa ideia pode advir do fato de que se abandonamos a "forma" e imergimo-nos inteiramente na "vida", não restará qualquer sentido reconhecível da ética, posto que os princípios éticos, afinal de contas, devem ser universais no sentido de serem respeitados por todos aqueles que se percebem como seres éticos. Ciente dessa preocupação, Hegel se dirige imediatamente a ela, e afirma, mais adiante, que "aquilo que a reconciliação perde em respeito pela universalidade, que reúne todos os particulares em um único conceito, nada mais é do que uma perda aparente, e um ganho genuíno e infinito no que toca à riqueza das relações vivas com os indivíduos (alguns, talvez) com os quais vem a conectar-se" (*SCF* 215). Em outras palavras, o espírito da reconciliação nos abre ao mundo dos outros, algo que não pode ser antecipado por princípios gerais, e é essa capacidade para a abertura que Hegel considera virtude.

Hegel elabora ainda mais sobre o caráter da reconciliação ao conectá-lo a um amor que, pelo menos no exemplo de Jesus, "vai *além* da moralidade" (WOOD, 1990: 129). Ele não parece recomendar que todos os agentes éticos possam ou devam decidir agir por causa do amor; todavia, o sentido mesmo de agir de modo a responder à vida é, no mínimo, análogo às ações impulsionadas pelo amor. Como ele mesmo escreveu, é a "extinção da lei e do dever no amor que Jesus sinaliza como a mais alta moralidade" (*SCF* 223). Agir por amor a outros seres humanos suplanta a "imoralidade do homem 'positivo'" (*SCF* 224).

Ao contrapor o caráter ético de Jesus à positividade do judaísmo antigo, Hegel sugere também um contraste com a ética kantiana, e tenta resgatar a moralidade dessa grande concepção contemporânea. Ele é claramente simpático a uma preocupação familiar sobre a aparente noção de Kant do agente moral como moral apenas quando agindo sob as leis que excluem qualquer conteúdo gerado pelo nosso caráter "patológico" (baseado nos sentidos). Hegel argumenta ser possível ser moral ou virtuoso ao agir enquanto em busca de uma ética puramente positiva, as ações de alguém podem até aparentar ser indistintas daquelas executadas sob o espírito da reconciliação e do amor, mas esse alguém não é, por esse meio, uma pessoa ética: "o específico serviço positivo do agente possui um limite que ele não pode transcender, além do qual ele é imoral" (*SCF* 224). Porque tal agente não é virtuoso – no sentido que Hegel propõe – o agir ético, nessa situação, é simplesmente uma questão de seguir as regras por causa das regras. Seu argumento, ao qual retornará em *A filosofia do direito*, é que o agente "moral" não exclua o vício apenas por endossar a lei, pois aquilo que é coberto pela lei não exaure o ambiente ético, de onde a adesão a alguns princípios deixa intocado, em seu bem e seu mal, muito daquele ambiente.

Como vimos, a positividade é a base da forma deficiente da vida ética, forma essa à qual Hegel geralmente confere a terminologia "moralidade". Para além das maneiras pelas quais a "moralidade" contradiz a virtude ética, ele também considera sua contradição correlativa com nossa humanidade. Correlativa porque, para Hegel, a vida ética deve abranger aquilo que somos, mais do que confrontar-nos como um tipo de força coercitiva externa; ele interpreta a prescrição bíblica "não julgues para que não sejas julgado" como uma advertência contra tornar a "integridade e o amor" subordinados à lei. A consequência dessa subordinação extraviada seria organizar "um poder alheio ao seu ato". As leis são brutais e indiferentes à situação vivida. A consequência disso, Hegel afirma, é escravizarmos nosso "lado sensual" e nossa "individualidade" àquelas leis. Mais uma vez, o contraste com Kant fica evidente, um contraste entre uma forma de virtude, o amor, ensinado por Jesus e "a autocoerção da virtude kantiana" (*SCF* 244).

A ação virtuosa – ética – não é nem racionalista nem legalista. Trata-se, positivamente, da vontade de ajustar-se às particularidades de qualquer eventual situação, "aos muitos lados da situação" (*SCF* 245), um ajuste que, segundo Hegel, não vem ao custo da unidade do agente ético, em quem há uma duradoura unidade oriunda dos seus muitos encontros. Esse agente virtuoso, cuja disposição é o amor, identifica a lei moral como um espírito vivo, e não um conjunto de opções capaz de constranger nossa capacidade para a resposta ética. O agente cujo conceito de virtude está livre do amor, por sua vez, experimenta o conflito em qualquer situação dada, e não sabe sob qual "virtude" precisa agir e qual deve descartar. Não é, pois, um agente unificado, e sim um mero seguidor de virtudes separadas. A virtude do agente ético, ao contrário, é sua infinita flexibilidade: "ela jamais terá a mesma forma duas vezes" (*SCF* 246).

Hegel é bastante consciente de que a vida ética caracterizada pelo amor exclui caracterizações convencionais de ética, lei ou dever. De fato, para ele a ideia mesma da "lei moral" como algo determinável (enunciadora de códigos comportamentais específicos) está ausente. Pelo contrário, a lei moral refere-se ao caráter do agente virtuoso, de modo que não pode ser determinada porque sempre há de revelar-se tão somente sob circunstâncias vivas, concretas e irrepetíveis. Além disso, as ações de um agente não podem ser produzidas pela "reflexão", posto que a reflexão dá origem à "objetividade", a que Hegel considera como anulação do amor (*SCF* 253). A objetividade tem o efeito de desconectar os indivíduos uns dos outros, posto que sua interconexão é, agora, mediada por leis ou princípios. Como escreveu em um ensaio contemporâneo a respeito do "Amor": "o amor destrói completamente a objetividade e, dessa forma, anula a transcende a reflexão, priva o oposto do homem de todo caráter estrangeiro, e descobre-se sem qualquer outro defeito. No amor o separado permanece, mas como algo unido, não mais como separado" (HEGEL, 1970b: 305).

A noção hegeliana de virtude ética apresentada em *Espírito e destino do cristianismo* refere-se à interação entre indivíduos, mas a menos que estejamos de posse de um caráter tão notável quanto o de Jesus, é certamente irrealista supor que todas as interações seguiriam tais padrões, algo que o próprio Hegel percebe, e conquanto admita o apelo dos relacionados entre si pelo amor" (*SCF* 278), reconhece igualmente que tal arranjo, se, e somente se, for possível, existe apenas no âmbito de pequenas comunidades (*SCF* 279). Fosse possível conceber uma comunidade como "ética", ela não poderia ser unida pelo amor.

Fichte – Fundamento do direito natural

Ao longo do período em que Hegel esteve envolvido com sua concepção afetiva de ética, uma significativa inovação filosófica, que haveria de influenciar profundamente a direção futura do seu pensamento, fez sua entrada na cena filosófica alemã: o conceito de reconhecimento, criado por J.G. Fichte, uma fonte razoavelmente improvável para tal ideia, pois em inúmeros trabalhos ele havia se estabelecido como defensor polêmico da noção de que indivíduos livres-pensadores eram dotados dos recursos para serem autores de seus próprios ambientes. A obra fundacional desse "idealismo subjetivo", como Hegel viria posteriormente a categorizar, foi *A ciência do conhecimento* (*Wissenschaftslehre*) de 1794, cujo alcance teórico foi desenvolvido por Fichte em dois trabalhos posteriores, confirmando que o livro seria capaz de prover uma teoria inteiramente nova da lei e da ética: *Fundamento do direito natural* (1796/1797, no qual o conceito do reconhecimento foi proposto) e *Sistema da ética* (1798). Fichte argumentou que a individualidade legal é o produto de uma rede de contratos mantidos por meio de um processo de mútuo reconhecimento. Indivíduos legais são livres, seres racionais, um *status* que preservam unicamente por meio do reconhecimento. Ele organiza a dinâmica de uma relação reconhecível da seguinte maneira: "agora ele só pode me reconhecer como um ser racional sob a condição de que também eu o trate como tal, de acordo com meu conceito dele como um ser racional. Desse modo, imponho a mim mesmo semelhante consistência, e sua ação é condicionada pela minha. Situamo-nos em recíproca interação no que tange à consistência do nosso pensamento e da nossa ação: nosso pensamento é consistente com nossa ação, e meus pensamento e ação são consistentes com os dele" (FICHTE, 2000: 48-49). Indivíduos que decidem não cumprir algum contrato específico são, em certo nível, meros violadores da lei, porém, mais profundamente, são seres que problematizam sua individualidade legal. Esses atores retiram-se das interações reconhecíveis, as quais os constituem como indivíduos legais, ou como Fichte escreveu, "qualquer um que não cumprir esse contrato não é parte dele, e quem quer que seja parte dele necessariamente o cumpre em sua inteireza. Se alguém existe à parte desse contrato, então se encontra fora de toda e qualquer relação legítima, e está legítima e totalmente excluído de qualquer reciprocidade com outros seres de seu gênero no mundo sensível" (FICHTE, 2000: 180). Ainda que o relato de Fichte se limite a uma teoria do sujeito legal que ingressa em contratos sociais, seu potencial como teoria da interação ética foi rapidamente percebido por Hegel: a intersubjetividade, sugerida na ética afetiva hegeliana como uma "união espiritual", mas que como teoria social é por demais exigente, encontra uma nova vereda de teorização nesse conceito do reconhecimento.

O sistema de vida ética e *A primeira filosofia do espírito*

Em *O sistema de vida ética* (1802/1803) e na assim chamada *Primeira filosofia do espírito* (1803/1804), Hegel começa a incorporar o conceito do reconhecimento em seu relato da ética, pondo de lado, assim, sua teoria prévia da vida ética baseada no afeto. Em certos aspectos, seu pensamento não está longe do de Fichte: o reconhecimento é invocado para explicar o *status* de individualidade legal, e Hegel, como Fichte, dedicou parte significativa dessa discussão ao relacionamento entre aquela individualidade e a propriedade. Vários conflitos sociais são representados como violações do reconhecimento (p. ex., o roubo; *SEL* 175).

Hegel, porém, acrescenta ao relato de Fichte em pelo menos dois aspectos fundamentais. Faz afirmações impactantes sobre a constituição intersubjetiva dos indivíduos, sustentando que quando eles se compreenderem como constituídos no âmbito de uma ordem legal, transcenderão a perspectiva limitada de uma individualidade autoconstituinte. A "objetividade" individual, escreve, "não é apreendida por meio de uma consciência artificial independente"; antes, essa consciência-de-si (a que Hegel se refere, nesse contexto, como "intuição intelectual") "só é realizada pela e na vida ética" e "somente na vida ética ele vê o espírito do seu espírito em e por meio da ordem ética" (*SEL* 143). Ele tende a enfatizar o poder constitutivo dessa relação, e a contrasta, agudamente, com o relato empírico da relação externa do indivíduo (ou seja, não constitutiva) com uma comunidade de outros: "na consciência empírica", aquela interatividade "somente é postulada como relação" (*SEL* 144). Na vida ética, "o indivíduo intui-se a si mesmo em todo outro indivíduo, alcança a suprema sujeito-objetividade" (*SEL* 144). Usando esse relato mais formal da vida ética, Hegel deduz algumas das virtudes mais familiares – tais como a coragem, a honestidade e a confiança – e ecoando postulações feitas em trabalhos anteriores, toma por virtude a unidade do "interior e do exterior" do agente. Nesse sentido, a virtude exclui, por definição, a separação entre os dois, que caracteriza hipocrisia (*SEL* 148).

O segundo maior afastamento da teoria fichtiana é provocado pela consideração mais aprofundada da história. É possível dizer que o relato de Fichte sobre o reconhecimento é sincrônico: ele diz respeito à rede de interações legais entre cidadãos. Além disso, Hegel deseja considerar o reconhecimento como fenômeno do desenvolvimento, que só adquire sua legitimidade pela via de alguma forma de solução mutuamente satisfatória para uma disputa. Segundo Axel Honneth, o esforço de Hegel "para dinamizar o modelo de reconhecimento de Fichte" subjaz a noção de disputa produtiva que "leva, como um meio moral, de um estado subdesenvolvido de vida ética para um nível mais maduro de relações éticas" (HONNETH, 1995: 17). Não há um critério apriorístico para a disputa, pois não se trata de um processo de negociação entre pontos fixos, e sim algo no qual cada parte é transformada, em maneiras incapazes de antecipar, no decorrer das várias fases da disputa, aqui entendida como o esforço do indivíduo para reverter algum ato de "negação" de sua "particularidade". "A negação", escreve Hegel, "é uma injúria à vida" (*SEL* 137); ele situa os atos de confrontação como respostas àquela negação e discute o advento do "reconhecimento recíproco [...] a situação da própria consciência como uma singular totalidade de consciência em uma outra singular totalidade de consciência" (*FPS* 236) como necessariamente induzida pela experiência da "injúria" (*FPS* 238).

A **Fenomenologia do espírito**

Essa disputa sobre a qual Hegel refletia recebe sua afirmação mais ampla na célebre dialética senhor-escravo da *Fenomenologia do espírito* (1806/1807). Para ele, aquilo que a dialética efetivamente nos diz é que alcançar a vida ética é um processo árduo. Contrariamente à noção de que a Modernidade corrompe nossas capacidades naturais para a vida ética – noção essa que, como já vimos, o próprio Hegel chegou a defender – a vida deve realizar-se por meio de um processo de crescimento, do desenvolvimento de uma consciência daquilo que produz as condições mais estáveis e satisfatórias para a liberdade, condições essas que não são arranjos *ad hoc* entre indivíduos particulares: a vida ética é corporificada em instituições intersubjetivamente constituídas, nas quais todo indivíduo de uma comunidade racional e geradora de liberdade está, desde já, envolvido. Por meio dessas instituições intersubjetivas, o indivíduo entende "o outro" não como uma limitação à sua liberdade, e sim como condição para essa liberdade, pois é somente no âmbito dessas instituições que o reconhecimento é possível[62].

A dialética senhor-escravo é uma imaginativa reconstituição filosófica do alvorecer das disputas que levaram eventualmente ao conceito da vida ética e, em essência, envolve a crescente e transformativa dependência de duas consciências inicialmente independentes e mutuamente indiferentes. As diversas fases do relacionamento entre ambas são instáveis, e a demanda por um arranjo mais satisfatório é produzida pela ruína de cada uma das fases. Hegel vê estes fracassos como inevitáveis, dado que cada consciência "não vê a outra como um ser essencial" (*PS* 111), e a história termina sem reconciliação ou igualdade de *status*. Uma vez que a verdadeira possibilidade de um mundo instersubjetivo tenha sido introduzida – ou seja, pela aparição de mais de uma consciência individual em um mesmo espaço – as relações de reconhecimento sozinhas podem, finalmente, prover esse mundo com condições suficientes para manter as demandas individuais por liberdade. "Consciência-de-si" é o nome dado por Hegel à consciência de si dos indivíduos como seres livres: "a consciência-de-si existe, em e para si mesma, quando, e pelo fato de, existe para outro; em outras palavras, existe apenas quando é reconhecida" (*PS* 111 [tradução ajustada]). Sem que o saibamos, a história dos nossos esforços para estabelecer uma comunidade na qual a "consciência-de-si" seja possível é a história da aparição do reconhecimento, uma afirmação que radicaliza a teoria inicialmente desenvolvida por Fichte, na qual o reconhecimento não remete, simplesmente, à esfera da personalidade legal, mas sim à ontologia mesma do que é um ser humano moderno. Tal ser é um agente que compreende tanto sua capacidade para a liberdade quanto que essa liberdade somente é possível em um mundo intersubjetivamente estruturado, em contraste com os espaços so-

62 Como disse Ludwig Siep, a "consciência da individualidade não pode jamais emergir do eu individual isolado. Somente por meio de outra consciência, mediada por suas expressões, é que eu posso saber quem sou" (SIEP, 1992: 156). Mais adiante, "o indivíduo precisa conhecer a si mesmo para ser reconhecido como um eu livre no âmbito das instituições da nação" (SIEP, 1992: 157).

cialmente vazios da primeira consciência que Hegel identifica na dialética senhor-escravo.

Em uma seção subsequente da *Fenomenologia do espírito*, Hegel explora o fracasso de uma série de modelos sociais históricos, para apresentar as condições nas quais os indivíduos podem experimentar a liberdade enquanto agindo conforme as normas estabelecidas de suas sociedades (a discussão de Antígona destaca as tensões presentes no mundo "ético", ainda que simplório, dos gregos)[63]. Precisamos esperar até *A filosofia do direito* para termos uma visão melhor daquilo que Hegel considera como o modelo no qual essas tensões desaparecem, e o agente ético não se vê em confronto com sua sociedade.

Na *Fenomenologia do espírito*, Hegel leva adiante suas afirmações a respeito do reconhecimento intersubjetivo em críticas à "visão moral do mundo". "A consciência moral", escreve, "está completamente trancada em si mesma", e percebe seu "outro" como puramente negativo, relacionando-se com ele em "perfeita liberdade e indiferença" (*PS* 365). Ele argumenta que o modelo kantiano de liberdade estabeleceu uma divisão entre o dever moral e a natureza – e por natureza, nesse contexto, ele quis dizer "a felicidade da *performance* e o prazer da conquista" de uma ação tomada (*PS* 366). Separado dessa forma, o dever há de agir sem qualquer desejo pela felicidade, tese essa que sugere a Hegel uma incompatibilidade, na teoria kantiana, entre o dever e a "existência" (*PS* 366). Kant até tentou acomodar a felicidade ao dever quando postulou a existência de Deus, e escreveu na *Crítica da razão pura*: "portanto, a existência de uma causa de toda natureza, distinta dela, que contém o fundamento dessa conexão, ou seja, a exata correspondência da felicidade com a moralidade, é também *postulada*" (KANT, 1997: 104/AA 5: 125). Segundo Hegel, contudo, este postulado não integra a felicidade ao dever, posto que a natureza permanece "externa" a este último (*PS* 367), e como, para Kant, a felicidade, em proporção à moralidade, é um "objeto de esperança" (KANT, 1997: 107/AA 5: 129), Hegel, um "filósofo deste mundo"

63 Cf. Speight (2001: cap. 2) para uma análise da *Antígona* na ideia hegeliana da vida ética reflexiva.

(INWOOD, 1983: 444), indica que a realização da felicidade "precisa ser projetada em um futuro infinitamente remoto (*PS* 368). O que resta, porém, é a "falta de harmonia entre a consciência do dever" (PS 373), e ele argumenta que a perfeição moral exigida pelo purismo kantiano é impossível de ser encontrada na realidade, e acaba por gerar o fruto errôneo da "não existência moral na realidade" (*PS* 373).

A filosofia do direito

As reflexões de Hegel sobre a natureza da vida ética culminam em *A filosofia do direito* (1820/1821), trabalho no qual revisita sua conhecida estratégia de contrastar ética e moralidade. Este contraste, contudo, desempenha uma função específica neste livro, posto que ao invés de opor a moralidade fria à ética do espírito vivo, ele pretende estabelecer as necessárias condições intersubjetivas para a genuína moralidade – ética –, única capaz de nos ajudar a evitar as limitações explanatórias daquilo identifica, majoritariamente, com a moralidade kantiana, o contraste entre *Sittlichkeit* (a vida ética) e *Moralität*, práticas morais consideradas em separado da vida ética. Ele nos prepara para as vantagens da vida ética ao explicar, no começo do texto, o que entende por liberdade: a noção de uma vontade que é livre de todas as determinações é algumas vezes compreendida (pelos filósofos, exclusivamente) como a essência de um genuíno livre-arbítrio, mas Hegel rejeita essa negação como "liberdade *negativa*" e "liberdade do vazio" (*PR* § 5). A noção de liberdade fundamentada exclusivamente em um puro objeto (i. é, aquele sem determinações) significa separar, artificialmente, a vontade do indivíduo do ambiente no qual vive. Ao mesmo tempo, a liberdade está perdida se o indivíduo for compreendido como totalmente determinado por aquele ambiente. Uma acomodação entre estes dois extremos explanatórios há que ser encontrada, e o é no âmbito da vida ética inteiramente realizada.

Hegel defende que a vida ética do agente engloba "a contradição entre objetividade e subjetividade" porque o que ele voluntariamente deseja é aquilo que é objetivamente certo: sua vontade permanece "consigo mesma em sua objetividade" (*PR* § 28), ou seja, "é um só junto ao que é objetivamente certo". Hegel acredita que nisto reside a liberdade concreta, em que a vida ética abrange as vontades reais de verdadeiros agentes históricos (em contraste com a vontade essencial dos agentes puramente racionais). Em uma comunidade na qual não existe antagonismo entre o que é objetivamente certo e as volições do agente, existe a liberdade, caracterizada por Hegel como "[sentir-se] em casa no mundo" (*PR* § 4A).

Em *A filosofia do direito*, a noção de moralidade sucede à discussão do direito abstrato, e mais uma vez, designa-se como moralidade a um relato limitado da ética. O direito abstrato é a esfera do agente inserido em um sistema de leis, e o cumprimento do papel dentro dessa esfera exige nada mais do que a simples adesão a elas. Trata-se, minimamente, de um exercício de conformidade interior: o *status* íntimo dos agentes (o fato de admirarem ou concordarem com as leis) não está em questão; do ponto de vista moral, em um duro contraste, refere-se à perspectiva do sujeito como um agente independente daquilo que deve fazer. Hegel advoga que este "ponto de vista moral" determina "a *pessoa* como um *sujeito*" (*PR* § 105). O sujeito moral é livre e compreende a si mesmo como alguém definido pela "*autodeterminação*" (*PR* § 107), e suas ações são seu modo de autodeterminação. Hegel fala do "direito à vontade subjetiva", aquilo que pode corretamente ser conferido ao sujeito moral individual como "seu próprio" (*PR* § 107).

Ele não esboça a essência da moralidade para depois rejeitá-la de todo, mas sim deseja mostrar que, concebida dessa forma específica, ela é "abstrata, circunscrita e formal" (*PR* § 108). Não é ampla o bastante. Porque a moralidade está baseada no "direito à vontade subjetiva" (*PR* § 107), a questão sobre o que deve contar como moral limita-se à "subjetividade da vontade" (*PR* § 108). W.H. Walsh expressou assim a preocupação de Hegel: "situar a ênfase exclusiva no lado pessoal da ação é esquecer que uma ação é produzida no mundo público, e é interessante, por outras razões além desta, que corporifique, ou deixe de corporificar, a boa vontade" (WALSH, 1969: 13).

Hegel endossa a noção kantiana de que o caráter da vontade do agente moral é aquele do bem, e é isso que confere à vontade moral a "obrigação desqualificada" de agir em acordo com o bem, porque ela é boa. Kant está, pois, correto ao perceber o "dever" moral como o dever para seu próprio bem (*PR* § 133). A questão "*o que é o dever?*" (*PR* § 134), contudo, expõe os limites dessa abordagem racionalista, e Hegel argumenta que a moralidade kantiana se refere apenas à condição da vontade subjetiva, e compreende a moralidade como um exercício de autonomia, ou seja, da ação cujo conteúdo moral é determinável exclusivamente pelos padrões da coerência racional, capazes de motivar o agente como um ser racional. Ele afirma que a posição de Kant é, em última análise, "um formalismo vazio" (*PR* § 135), um ataque que se refere primária, mas não exclusivamente, à noção do "imperativo categórico", que determina o conteúdo moral de um desejo ao testá-lo como lei universal. Seu formalismo tem sido observado por muitos leitores, mas a questão mais ampla de Hegel parece ser a de que a perspectiva da moralidade possui somente fontes imanentes, e será, dessa forma, sempre "vazia" por não poder determinar o que devemos fazer. Hegel chega a afirmar ser "possível justificar qualquer erro ou modo de agir imoral" (*PR* § 135) se o único padrão para o que é moral for o princípio da consistência.

O fracasso do ponto de vista moral exige uma fundamentação alternativa, não restrita à compreensão da moralidade pela análise da forma de um julgamento moral. Da mesma forma, a ideia de uma consciência fica comprometida quando explicada em uma perspectiva puramente moral. "A verdadeira consciência", para Hegel, "é a disposição para desejar o que é bom *em e para si*" (*PR* § 137). Querer somente é incapaz de produzir conteúdo moral, pois a noção de autonomia da vontade só é defensável quando teorizada por meio "do conceito de ética" (*PR* § 135). Os princípios da moralidade objetivamente existentes informam a moral, e o ponto de vista ético envolve a "união" do "sistema objetivo desses princípios e deveres" com o sujeito. Hegel enfatizou o direito que cada indivíduo possui à consciência e à liberdade moral; logo, a união aqui descrita não é a renúncia à vontade moral individual, mas sim a explicação de como ela verdadeiramente opera como genuína vontade moral (i. é, ao determinar sob quais princípios irá atuar, e quando estes princípios exercem uma força motivadora sobre aquele indivíduo). Se, pelo contrário, devesse passar desses princípios para aquilo que Hegel descreve como "pura introjeção", se tornaria "capaz de ser o mal", posto que sua própria certeza, "abstrata" de si mesma, dá prioridade aos próprios princípios, não àqueles que já dispõem de objetividade (*PR* § 139).

O âmago da "esfera objetiva da ética" são, para Hegel, "as leis e instituições, que são em e para si mesmas" (*PR* § 144), ou seja, apenas aquelas leis e instituições consistentes com a liberdade. Os agentes éticos, por seu turno, não fazem escolhas simplesmente a partir dos valores objetivamente existentes que encontram em suas sociedades bem-organizadas. Hegel destaca que a ação ética não é uma coincidência entre preferências internas e normas objetivas; antes, o agente ético é constituído na síntese dessas duas dimensões, uma relação dialética que pode ser descrita da seguinte forma: "não podemos articular as normas da liberdade subjetiva sem mostrar como elas são efetivadas nas estruturas institucionais da vida social. E não podemos descrever as instituições ou práticas da liberdade social sem detalhar como essas tais instituições são construídas a partir da atividade intencional daqueles sujeitos morais cujos comportamentos elas abrangem" (KNOWLES, 2002: 224). A relação entre o subjetivo e o objetivo, segundo Hegel, nos permite suplantar as dificuldades de explicar propósito e intenção em meio a uma moldura teórica puramente "moral", pois para ele o agente ético é sempre um indivíduo dentro (e não exterior) das instituições e das leis. E, quando ocorre a questão "o que é dever", são elas a fonte para a disposição individual.

Segundo Hegel, a *virtude* é a ação ética no bojo de uma comunidade "cujas relações são completamente desenvolvidas e realizadas" (*PR* § 150). À vista do contraste que estabeleceu, em seus trabalhos iniciais, entre moralidade e virtude, chega a ser surpreendente que ele tenha caracterizado esta última como retidão: "na comunidade ética, é fácil dizer *o que* alguém deve fazer e *quais* deveres é mister cumprir para ser virtuoso" (*PR* § 150). Quando as instituições e leis são justas, a pessoa ética não tem dificuldade em agir em conformidade; o agir ético se torna habitual, e "surge como uma segunda natureza" (*PR* § 151). Lembramos que Hegel havia tentado, certa vez, desenvolver um relato da virtude que a libertasse de todo legalismo e prescrição. A diferença nesses escritos mais antigos, contudo, é que ele propunha, então, uma concepção de ética na qual as qualidades características da resposta amorosa precediam qualquer vida institucional acomodada ou resolvida: em *A filosofia do direito*, as relações éticas que possuem a propriedade do amor estão inscritas apenas às instituições específicas da família. Uma disposição virtuosa pode ser sensivelmente sintonizada à singularidade de cada situação ética, mas nos trabalhos mais antigos tal fato certamente não implicava a aplicação habitual de normas estabelecidas. Hegel, porém, oferece-nos um pensamento que ajuda a perceber as diferenças entre esses dois contrastantes contextos para a virtude: a capacidade para o "discernimento individual", afirma, "aparece com maior frequência em sociedades e comunidades não civilizadas" (*PR* § 150); a virtude deve ser uma questão do "gênio, natural e distintivo, dos indivíduos", em que nenhuma ordem ética satisfatória ainda tenha sido estabelecida. Isto contrasta com a ideia de virtude como segunda natureza no âmbito de uma moderna comunidade ética.

É possível considerarmos, portanto, *A filosofia do direito* como o mais avançado relato hegeliano da ética, por equilibrar delicadamente, sob uma teoria coerente, diversos elementos que foram, com certeza, de continuada relevância ao longo de seus trabalhos mais antigos: a afirmação da demanda moderna por liberdade racional (não a conformidade ou mera adesão); a ética como forma de vida (não um isolamento reflexivo dela, como Kant supostamente a encarava); um relato do nosso ser intersubjetivo (opondo-se à noção da autoconstituição individual), algo além de uma afeição romântica (em contraste com a própria visão hegeliana mais primitiva); e a crucial importância da forma correta da sociedade, fundada naquelas instituições reconhecidamente mantidas que permitem a liberdade individual.

5
Filosofia política

Thom Brooks

A filosofia do direito, de G.W.F. Hegel, é amplamente considerada como uma das mais importantes contribuições à história da filosofia política – e também como uma das mais complexas[64]. Este capítulo visa clarificar a singularidade do projeto de Hegel, iluminar suas discussões grandemente influentes sobre liberdade, reconhecimento, a relação do indivíduo com o Estado e a punição, e prover uma compreensão nítida desta obra dentro do sistema filosófico hegeliano por meio de uma leitura cuidadosa do seu texto[65].

Filosofia política enquanto filosofia

Muitos textos-chave na história do pensamento político podem ser apreciados como contribuições independentes: o *Segundo tratado sobre o governo*, de Locke, com sua promoção dos direitos naturais, pode ser compreendido à parte dos demais textos desse autor. *A filosofia do direito* de Hegel é bastante diferente, fato deixado claro já em seu prefácio: "este livro é uma exposição mais extensa, e em especial mais sistemática, daqueles mesmos conceitos básicos [...] já contidos em um trabalho anterior pensado para acompanhar

64 A não ser quando expressamente indicado em contrário, todas as referências, presentes nesse texto, a esse capítulo serão PR (HEGEL, 1991a). Fornecerei o número (§) da seção e, quando apropriado, anotações (R) e adições (A), de modo que § 112R refere-se à Anotação da seção 112 e § 112A à Adição daquela mesma seção. O texto original de Hegel não possuía nem anotações nem adições: os primeiros foram acrescentados em uma edição posterior de *A filosofia do direito* pelo próprio autor, enquanto os segundos são comentários atribuídos a ele em suas palestras por um de dois estudantes.

65 Leituras mais avançadas recomendadas incluem Brooks (2013), Houlgate (2005a), Knowles (2002) e Wood (1990).

minhas palestras, qual seja, minha *Enciclopédia das Ciências Filosóficas*" (*PR* 9). Conforme a compreensão do próprio autor, devemos interpretar sua filosofia política no contexto do seu sistema filosófico – cujo perfil foi apresentado na *Enciclopédia das Ciências Filosóficas* – Hegel elaborava regularmente em suas palestras outras partes do seu sistema filosófico, incluindo trabalhos sobre a arte, a história, a religião, e a história da filosofia. Ele nos recorda, a cada ocasião, que seu exame de um tópico específico não deve ser compreendido independentemente do sistema filosófico mais amplo, do qual cada qual é parte integrante. Para Hegel, a filosofia política não é um tema-matéria isolado, e sim uma fração óbvia da filosofia (WESTPHAL, 1993).

Tal natureza *sistemática* das suas contribuições filosóficas é de difícil apreciação pelos padrões contemporâneos. Poucos, se é que há algum, filósofos atualmente criam e defendem sistemas filosóficos que tentam unificar lógica, natureza, ética e outros tópicos no interior de uma estrutura sistemática como fez Hegel. Além disso, pode ser mais difícil perceber as sutilezas de um sistema filosófico no qual a interpretação de qualquer dado segmento exige a compreensão de como este mesmo segmento se encaixa no todo mais amplo.

A natureza sistemática da filosofia hegeliana é importante por dar sustentação a como se deve reconstruí-lo. Diferentemente da maior parte dos textos filosóficos, ele não parte do seu próprio começo, mas sim de um ponto inserido dentro de um todo mais amplo e sistemático. A seção seguinte trabalhará essa abordagem única do fazer filosófico e destacará a questão de onde o leitor se encontra a cada ponto da dialética. Conquanto tal percurso requeira cuidadoso estudo para melhor captar cada passo dos argumentos de Hegel, é crucial para que se entenda como se desdobra esse projeto, e suas distintas contribuições à filosofia política. Há que se recordar que, para Hegel, pensar a respeito de filosofia política diz respeito a fazer *filosofia*, de modo que a questão de como a filosofia política se ajusta no interior da estrutura filosófica mais ampla é crucial[66].

66 Amiúde, o leitor encontra Hegel comentando sobre sua filosofia política como parte de uma "ciência" que opera no âmbito de um "método científico", o qual é "pres-

Uma derradeira, e importante, nota: o fazer filosófico de Hegel envolve um tipo de reconstrução racional do mundo, algo que talvez a mais famosa passagem de *A filosofia do direito* ajude a ilustrar bem: "o racional é verdadeiro; o que é verdadeiro, é racional" (*PR* 20). Em que pese os esforços do autor para desfazer eventuais enganos (*EnLogic* § 6R), esta passagem tem sido amplamente mal compreendida. Hegel não está afirmando que o que existe é racional; ao contrário, ele se refere à ideia de que a razão pode nos ajudar a discernir a *veracidade* em nossa *realidade*. Por exemplo, nosso mundo consiste em muitos estados políticos, e sobre cada um é possível dizer que "existe", mas conforme o entendimento hegeliano, só se pode afirmar ser "real" à medida que satisfizer determinados compromissos racionais. Há que se olhar para o mundo e discernir sua inerente racionalidade, na qual certas práticas e instituições serão descobertas mais "racionais" (sendo, assim, "verdadeiras") que outras. Dois estados podem existir, mas um pode ser mais "verdadeiro" que outro graças à sua racionalidade. O entendimento de Hegel sobre a racionalidade e suas implicações desempenharão um importante papel na explicação de sua filosofia política, algo deixado claro desde a primeira sentença da *Introdução à filosofia do direito*: "o tema-matéria da ciência filosófica do direito é a ideia do direito – o conceito do direito e sua realização" (§ 1). O foco central, aqui, é o entendimento de Hegel sobre o que é "direito" e sua realização no âmbito de seu sistema filosófico (e científico).

Liberdade

A filosofia política de Hegel diz respeito, inicialmente, à liberdade. Sua *Filosofia do direito* é a tradução da palavra alemã *Recht* para "direito". *Recht* está aberta a múltiplos significados nessa língua, algo que Hegel explorou em sua utilização. Ela pode significar "direito"

---

suposto" por um trabalho anterior, como a *Ciência da Lógica*. Comentários desse tipo referem-se à ciência e ao método científico específicos do projeto filosófico hegeliano, fundado numa visão particular da lógica e que não se baseia em qualquer dos ramos das ciências naturais.

no sentido de que "é *direito* que todos os cidadãos votem na eleição", significando uma propriedade moral: o bem moral da participação democrática dos cidadãos. Ou também pode significar "é um *direito* que todos os cidadãos votem na eleição", salientando uma propriedade legal: a prerrogativa legal dos cidadãos no processo decisório. Essa discussão sobre o "direito" pode, então, ser compreendida tanto moral quanto legalmente, este último podendo ajudar a "realizar" o primeiro, algo em larga medida consistente com o figurino da lei natural, segundo o qual lei e moralidade são vistas como conexas (BROOKS, 2012a). A discussão de Hegel amplia seus comentários prévios contidos em seu sistema filosófico publicado na *Enciclopédia das Ciências Filosóficas*, em que apresentara, originalmente, as linhas gerais das ideias sobre liberdade, livre-arbítrio e direito[67].

O direito é entendido como o "reino da liberdade realizada", no qual nossa liberdade é transformada de um mero pensamento em algo que se torna manifesto (§ 4, 4R). Hegel tenta superar o desafio específico de determinar aquilo que chamou do "livre-arbítrio que arbitra o livre-arbítrio" (§ 27). A questão é: se cada pessoa detém o livre-arbítrio, então cada uma é capaz de ser livre. Contudo, como podemos saber quando um ser livre age livremente, e não meramente arbitrariamente? Contrastemos a liberdade humana com a de animais não humanos: meu gato e eu fazemos várias escolhas ao longo do dia. O ponto de Hegel é: meu gato faz escolhas, mas carece de liberdade substantiva porque age em relação às suas necessidades imediatas de alimentação e sono. Somente os seres humanos podem desfrutar da liberdade num sentido mais substantivo porque não exercitamos a mera escolha, mas sim possuímos

---

67 Para saber mais sobre esse assunto, os leitores poderão consultar as seções relevantes do relato de Hegel sobre o livre-arbítrio (*EnMind* § 481-482), em que primeiro levantou o problema de como é possível saber quando seres humanos livres fazem escolhas genuínas, não arbitrárias; algo que o levou a uma consideração (em "Espírito objetivo", *EnMind* § 483-551) sobre como a liberdade pode, e deve, ser fundada no reconhecimento mútuo. Observe-se que a necessidade do mútuo reconhecimento presente em *A filosofia do direito* (uma extensão do que ocorre em *EnMind* § 483-551) advém de um problema que surge em uma seção dentro do sistema hegeliano imediatamente anterior à seção correspondente à *Filosofia do direito*. Para que se entenda como devemos lidar com o pensamento de Hegel sobre a liberdade, precisamos determinar com precisão onde nos encontramos em seu sistema filosófico como um todo.

certo domínio sobre as opções que tomamos. Nem é tanto uma questão de ter uma escolha, mas sim a maneira como escolho é que está em questão[68]. O problema reside, pois, na distinção dos casos de simples desejos arbitrários daqueles que envolvem exercícios da liberdade.

Hegel defende que a liberdade brota da atividade de mútuo reconhecimento entre as pessoas. Se os seres humanos possuem o livre-arbítrio, são capazes da liberdade. O primeiro ponto a se considerar é que ninguém pode ser juiz de si mesmo sobre se uma escolha é tomada livre ou arbitrariamente, dado que tais julgamentos não seriam menos arbitrários do que as escolhas arbitrárias que precisam ser distintas das genuínas escolhas livres. Hegel argumenta que se levamos a sério a necessidade de determinar as fronteiras da liberdade, é então fundamental que encontremos uma base mais segura para realizar tais julgamentos. Ele afirma que o livre-arbítrio precisa ser fundado na vontade do outro (§ 75). Todavia, o que isso significa e como funciona?

Hegel ilustra essa importante ideia sobre o mútuo reconhecimento em sua discussão da propriedade, que se segue imediatamente à *Introdução da filosofia do direito*. É um engano corriqueiro pensar que ele esteja a ponderar sobre os direitos à propriedade em si, e não os usando como simples ilustração sobre como podemos determinar os contornos da liberdade humana, em que pese seu aviso inicial de que a discussão diz respeito a como a propriedade "pode constituir a esfera da sua liberdade", e que "o aspecto racional da propriedade há que ser encontrado não na satisfação das necessidades, mas sim na substituição da mera subjetividade da personalidade" (§ 41, 41A). A racionalidade da propriedade não reside em sua capacidade de saciar nossos desejos imediatos (se assim o fosse, apareceria como resposta aos reles impulsos animais), mas sim em sua capacidade de nos permitir "substituir" nossa "mera subjetividade" – ela é, pois, instrumental à nossa descoberta de

68 Essa perspectiva é consistente com uma visão "positiva" da liberdade segundo a qual ela pode ser entendida como uma capacidade positiva de ser ou fazer de certas formas (GREEN, 1993).

como podemos aperfeiçoar-nos em nosso simples juízo *subjetivo* sobre a liberdade.

A propriedade é importante para Hegel pela sua capacidade em expressar algum aspecto de quem somos por meio das nossas escolhas: ela é nossa, e como tal constitui alguma significância. Considere-se como os bens que possuímos podem expressar algo a respeito daquilo que valorizamos dentro das nossas possibilidades, uma ideia que, para expressá-la, Hegel lança mão de uma linguagem pitoresca – conferimos às nossas coisas "uma alma além daquela que já possuíam. Eu te dou minha alma" (§ 44A). Uma vez mais, essa alma que confiro aos meus objetos é meu carimbo individual, por meio do qual as demarco como "minhas", parte de minha individualidade (§ 59). A relevância da minha propriedade para mim é compreendida pelos valores que a ela atribuo, de modo que o *valor* de algo é parte do exercício da minha liberdade e da minha expressão sobre como opto por atribuir importância (§ 63). Não obstante, a existência de valor em alguma coisa é frágil, e limitada ao meu próprio gosto subjetivo. Não podemos confirmar se tal escolha é puramente arbitrária ou se está conectada à minha genuína liberdade.

A liberdade só é possível pelo mútuo reconhecimento com outra pessoa, pois é por meio do reconhecimento alheio de algo como *meu* que sua existência se torna mais "real" e determinada (§ 71, 75). Os meus julgamentos sobre os objetos que possuo, e o valor que a eles confiro, perdem seu caráter puramente subjetivo quando confirmados por outro alguém. O reconhecimento mútuo torna possível o julgamento objetivo. Considere-se que meu gato é mais *meu* quando não sou apenas eu a afirmá-lo como tal, mas quando outros também o confirmam. Ou ainda, aquele carro que me pertence não é mais uma afirmação a respeito de gosto pessoal ou aspiração, e sim torna-se mais certo e determinado ao passo que outros concordam comigo de que ele é, de fato, meu. O ponto defendido por Hegel não é que tenhamos sempre de concordar, e sim que a concordância entre pessoas pela via do mútuo reconhecimento é o processo pelo qual seres humanos livres interagem entre si como tais, e por meio da sua liberdade podem ser entendidos e tornados mais concretos. Note-

-se que o amplo acordo não assegura que jamais haverá erros; o que interessa é que aquele desacordo essencial é uma barreira para qualquer conceito do direito como "real". Para Hegel, aquilo que é mais direito pode ser verdade em sua racionalidade, mas não verdadeiro, como real e existindo no mundo – ele permanece um ideal, ou, mais simplesmente, um sonho. Essa conexão entre a liberdade e o mútuo reconhecimento subjaz os argumentos que se seguem, sobre como a liberdade, em um Estado justo, deveria ser concebida e mantida.

Já vimos que a seção sobre propriedade trata dos nossos valores, posses e direitos, embora esteja centrada no desenvolvimento de uma concepção particular da liberdade humana, e não na suposta importância da propriedade como satisfação dos nossos desejos imediatos. Assim sendo, a discussão hegeliana a esse respeito se dirige a alguns temas encontrados em teorias alternativas da propriedade, as quais oferecem uma nova compreensão sobre o assunto e sua importância.

Crime e castigo

A discussão hegeliana a respeito do castigo – subsequente à sobre a propriedade – opera de modo semelhante. Ele discute ideias sobre os erros e de como se deveria lidar com eles, usando uma linguagem reminiscente daquilo que podemos encontrar na teoria penal, ainda que sua perspectiva seja distinta e bastante diversa daquela de outro trabalho sobre o mesmo tema.

A análise de Hegel foca no conceito de "erro" (*das Unrecht*), a ausência do direito. Os erros surgem em três categorias: o primeiro, não intencional, em cujo caso temos "colisões de direitos" entre partes litigantes graças a um desentendimento baseado em um engano (§ 84). Se se exige o mútuo reconhecimento para que juízos mais objetivos sobre a liberdade sejam possíveis, o acordo pode, então, ter importância real porque relevante em nos ajudar a determinar os contornos de nossa liberdade. Isso não significa que concordemos sempre, ou que devamos, o tempo todo, trabalhar em direção à concordância. Não obstante, os erros baseados em discordâncias ocorridas graças a alguma sorte de engano são considerados o tipo menos severo de erro, pois todas as partes estão engajadas entre si conforme termos similares (§ 85).

O dolo é a segunda categoria de erro, e pior que a anterior, porque embora ambas as partes apelem a um fundamento comum, uma trapaceia a outra. Não se trata aqui de um engano a respeito de qual deva ser o direito, mas sim a afirmação de um compromisso compartilhado que é, todavia, insincera. Hegel argumenta que não deve haver penalidade vinculada aos casos nos quais pessoas se envolvem em engano não intencionais, mas pensa diferentemente no que tange ao dolo (§ 88A).

O crime é a terceira, e final, categoria de erro, a pior de todas. Devemos prestar atenção ao fato de que aquilo chamado por Hegel de "crime" é distinto da acepção dada pela lei criminal. Ele não envolve um julgamento errôneo ou dolo, pois em ambos os casos existe alguma forma de apelo ao direito comum compartilhado por todos por meio do mútuo reconhecimento. O mútuo reconhecimento baseado num engano é facilmente corrigido, enquanto aquele que envolve o dolo é, ao menos, envolvimento com os outros por meio do mútuo reconhecimento. O crime é, essencialmente, o rompimento das conexões, em que a possibilidade do mútuo reconhecimento é denegada. Hegel afirma que o crime é a negação do direito por ser incapaz de engajar-se em qualquer forma de mútuo reconhecimento com os demais (§ 95), de modo que não se trata de mera desavença, mas sim de um total descompromisso, fonte de grandes problemas: se não tivermos compromisso com os outros, então o mútuo reconhecimento não ocorre, e estaremos então incapacitados de determinar o desenvolvimento de nossa liberdade – instituições livres tornar-se-iam impossíveis, assim como a existência de nossa livre individualidade.

Mas o que é exatamente um "crime"? Hegel se refere ao fracasso dos indivíduos em honrar cláusulas contratuais, em que uma parte se recusa a satisfazer os termos combinados entre sujeitos privados, algo que requer a "restauração do direito", segundo a qual tal recusa em aceitar o que havia sido acordado é corrigida, para que o mútuo reconhecimento seja restaurado e, com ele, a possibilidade da liberdade e sua realização como "direito" (§ 99).

O crime *não é* a lei criminal. Note-se que a discussão hegeliana considera, apenas e tão somente, a interação entre duas pessoas entre si, abstraída de seu contexto social e político mais amplo, o que ajuda a explicar por que essa discussão do "direito" sobre a propriedade, o mútuo reconhecimento e os erros recaem no âmbito de uma esfera que Hegel rotula de "direito abstrato", no intuito de salientar seu caráter parcial, não contextual e especulativo. O direito abstrato é a esfera de interação entre duas pessoas; não inclui um sistema legal, força policial, o judiciário, um Estado ou prisões. Muito dessa discussão é puramente teórica, embora ele deixe igualmente claro que crimes sob a perspectiva *legal* se erguem a partir da natureza essencial do crime como o fracasso do reconhecimento, e que demanda alguma forma de reparação. Dessa forma, o roubo é compreendido como o fracasso de alguém em reconhecer o direito à propriedade alheia, e o assassinato, o fracasso em reconhecer o direito de alguém à vida. O ponto central, uma vez mais, é que precisamos nos lembrar do nosso lugar no interior do sistema filosófico geral - dentro dessa leitura *sistemática* e do entendimento do argumento hegeliano - e não perdemos de vista que embora Hegel possa usar alguns termos familiares referentes aos erros (tais como "crime" e "castigo"), a compreensão que possui destes termos difere da nossa utilização comum (BROOKS, 2001; 2004; 2012b; 2013: cap. 3).

Moralidade

Hegel acredita que nossas reflexões a respeito do mútuo reconhecimento nos levam a mover-nos para uma nova esfera de consideração. O "direito abstrato" se encerra com o reconhecimento de que existe um problema no qual as pessoas se recusam a honrar os termos acordados por meio do mútuo reconhecimento, posto que este último desempenha um papel central em prover-nos com um processo para realizarmos juízos mais determinados sobre nossa liberdade. O problema aqui é que ainda não consideramos o "ponto de vista moral" dos indivíduos em questão (§ 105). No direito abstrato, não importa, especificamente, qual foi nosso princípio ou propósito – importava, sim, ter havido alguma intenção, tal como reconhecer-nos uns aos outros como homens livres (§ 106A). A moralidade hegeliana – ou "o ponto de vista moral" – é uma tentativa de "olhar para dentro" de nossa moralidade subjetiva no intuito de esclarecer as formas pelas quais podemos, e devemos, agir como seres humanos livres e responsáveis, com o propósito de edificarmos um retrato mais objetivo (§ 107, 108).

Ainda assim – e isso não deveria mais nos surpreender – Hegel discute o tópico usando termos convencionais de forma não convencional. A filosofia moral é o estofo de "propósito e responsabilidade" (§ 115-118), "intenção e bem-estar" (§ 119-128) e "o bem e a consciência" (§ 129-141). Hegel observa que pessoas livres deveriam ser responsabilizadas unicamente por ações pelas quais têm responsabilidade (§ 117), aceitar a responsabilidade advinda se suas escolhas (ou omissões) como expressões de seus intentos (§ 118). Essa discussão traz à baila aquilo que Hegel chama "do direito à liberdade subjetiva", compreendido como o direito à expressão do eu interior por meio das ações, como a escolha de alguém por uma ocupação (§ 124, 124R). Só podemos ser livres por meio das nossas intenções e ações que foram livremente decididas. Uma maneira mais simples pela qual tal coisa possa ser atingida é por meio de nossas posses e do uso da propriedade, como visto no direito abstrato. Outra, mais substancial e, não obstante, elusiva, é por nossas intenções e propósitos, de modo mais geral.

A discussão de Hegel sobre moralidade se baseia num ponto de vista incomum sobre o seu significado, trazido à baila na famosa crítica à filosofia moral de Immanuel Kant. Ele afirma que a ética kantiana é pouco mais do que um "formalismo vazio", fundamentado em uma "retórica vazia do dever pelo dever" (§ 135R). Muito já foi dito sobre essa passagem, quase tudo descuida do cerne dessa crítica. Os comentadores têm focado, regularmente, na preocupação de Hegel de que o imperativo categórico kantiano (segundo o qual cada pessoa deveria "agir de modo a que o máximo de sua vontade pudesse ser garantida como princípio na concessão do direito universal") determina a moralidade por via de uma fórmula vazia que desconsidera o seu conteúdo (KANT, 1997). Dessa forma, conforme o imperativo categórico kantiano, o assassinato é imoral porque não podemos todos nos matarmos uns aos outros de uma só vez, logo trata-se de uma ação que não pode ser performada ao mesmo tempo. Uma parte da preocupação hegeliana é que o assassinato é errado, não apenas por ser meramente inconsistente com as ações universais, mas sim por ser *errado*. Observe-se que Hegel critica Kant segundo seus próprios termos, como a ideia de que o que é errado deita suas raízes no fracasso do engajamento no mútuo reconhecimento e na negação dos direitos de outrem. Kant entende mal as coisas porque entende o erro de uma outra forma.

Um problema mais geral, e central, da ética kantiana é ser o "mero ponto de vista" (§ 135R). É ser uma *filosofia moral*. Agora bem, isto pode parecer um problema estranho, mas novamente, considere como Hegel faz uso de palavras convencionais de modo não convencional. A filosofia moral, para a maioria dos filósofos de hoje, diz respeito à reflexão sobre considerações normativas relacionadas ao mundo. Poucos, se houver algum, filósofos morais concordariam que a filosofia moral é completamente desconexa do mundo como o conhecemos.

Esta visão, porém (de que a filosofia moral é completamente desconexa do mundo como o conhecemos), é, sem dúvida, o modo distinto de Hegel perceber a filosofia moral. A moralidade envolve uma consideração abstrata do eu moral tal como é; considera *abstratas* nossas relações com os outros, não contextuais e além do escopo de qualquer conexão com as instituições. Filosofia moral é aquilo que fazemos quando pensamos a respeito de nós mesmos, por assim dizer, sentados em uma poltrona. Por sua vez, a reflexão normativa sobre nossas relações com os outros *em contexto* é um projeto, em tudo e por tudo, diverso; o que muitos poderiam chamar de *ética aplicada* ou *filosofia política*, Hegel chama de *vida ética*. Em suma, o problema da ética kantiana não é, somente, ser formulaica, mas também ser uma filosofia moral a partir da qual Kant busca desenvolver uma filosofia política[69].

Dito de outra forma, a razão por que a filosofia moral é limitada e incapaz de completa aplicação no mundo real é, simplesmente, não ser a maneira como Hegel compreende a filosofia moral; para ele, primeiramente, temos que refletirmos sobre como podemos localizar uma base mais segura para determinarmos se nossas ações são livres ou arbitrárias. Pensamos sobre nós mesmos em termos de direito abstrato, ou seja, à parte de nossos contextos políticos e sociais. Consideramos nossas relações com os outros como relações entre um e outro, com o propósito de descobrir a importância do mútuo reconhecimento e como ele poderia funcionar. Em seguida, consideramo-nos como indivíduos em relação a outros, mas novamente, em termos abstratos, sem refletir a respeito de nossas situações concretas. O propósito da moralidade enquanto tal é esclarecer nossa autocompreensão como pessoas responsáveis e significativas. Hegel acredita que tais passos são exigidos antes que comecemos a nos examinarmos em nossa realidade concreta, como membros de uma família, trabalhando na sociedade civil dentro do Estado político. Esta terceira, e última, esfera (da família, sociedade e Estado) está prevista naquilo que Hegel chama de "vida ética", para o que nos voltamos agora.

A família

A vida ética é a esfera na qual realizamos "a ideia de liberdade como um bem vivo" (§ 142). Ela é uma esfera mais elevada de liberdade apenas porque nela nos consideramos não na abstração, mas sim no âmbito da nossa realidade concreta, cuja primeira instância, para Hegel, é a família, concebida como a união tradicional de um homem e uma mulher e seus respectivos filhos. A afirmação é que, juntos, eles representam um excelso, e mais desenvolvido, cenário de mútuo reconhecimento, no qual cada um se reconhece não apenas como pessoa, e sim como membro de uma família com obrigações associadas individuais.

69 Cf. tb. Brooks (2013: 52-61), e sobre essa discussão cf. Wood (2012: 20).

Uma maneira na qual a família envolve um tipo especial de reconhecimento mútuo diz respeito ao seu fundamento no casamento, que não se trata de um mero acordo sobre cláusulas contratuais sobre posses, mas uma "união" compartilhada, baseada no amor, e na qual cada um se identifica com o outro via um ato de livre-escolha reconhecido pelo outro (§ 161, 162). Infelizmente, é essencial que a família seja composta, em seu cerne, de um homem e uma mulher, e uma razão para tanto é que Hegel via a ambos como possuindo diferenças essenciais e complementares (§ 166, 166A). Da maneira como via, um casal de mesmo sexo não conseguiria obter os bens idênticos aos advindos do desenvolvimento de pontos fortes diversos a que os casais heterossexuais têm acesso.

Uma segunda razão de por que a família envolve um tipo especial de mútuo reconhecimento tem a ver com o fato de que, para Hegel, ela é a representação natural do desenvolvimento lógico (§ 168A). Como para ele a lógica se desenvolve por meio da unidade criativa oriunda da diferença, não surpreende, portanto, que pessoas com diferenças essenciais (como aquelas entre o homem e a mulher) possam conceber crianças (§ 173A).

Nenhuma das razões apontadas do porquê de a família envolver um tipo especial de mútuo reconhecimento é inteiramente convincente, mas há que se recordar que Hegel está elaborando a partir de uma visão tradicional da família em terrenos *não tradicionais*. A "família tradicional" é "o ideal", não por causa de alguma doutrina religiosa ou cultural específica, mas antes graças à criativa unidade na diferença, que dá vida à dialética hegeliana e que inclui (literalmente) o casamento dos opostos complementares. É digno de nota que o próprio Hegel não compunha uma família tradicional, de modo que ele não está tentando justificar sua própria concepção particular da família.

Um elemento-chave da perspectiva hegeliana é que na família se cristaliza nossa compreensão do reconhecimento mútuo, no qual nos engajamos no seio de um contexto específico de afeto compartilhado, enquanto buscamos o apoio familiar por meio de nossas determinações essenciais como marido, esposa e filho, e que exige um sistema de apoio mútuo centrado na criação dos filhos.

A sociedade civil

A sociedade civil é uma esfera de trabalho e vida associativa que vai além da família (e que é, infelizmente, apanágio exclusivo dos homens, para Hegel). Ela é concebida como um desenvolvimento ulterior do mútuo reconhecimento, posterior à unidade familiar, pois enquanto os membros de uma família são unidos pelos laços do *afeto*, os membros da sociedade civil são conectados, segundo Hegel, pelos vínculos dos *objetivos comuns.*

A sociedade civil compreende um mundo no qual os indivíduos envolvem-se mutuamente como indivíduos; não como membros de suas famílias, mas sim como componentes de algum ofício ou atividade, compartilhando o mesmo emprego ou trabalhando em um serviço público, como a força policial. Cada um é levado ao trabalho na sociedade civil graças à "necessidade subjetiva", ou seja, o desejo de prover o sustento para cada membro de sua família (§ 189). Hegel aceita a ideia de uma economia de mercado, e diz que por meio dela cria-se a divisão do trabalho, algo bem-vindo pois permitiria aos indivíduos procurar por sua liberdade subjetiva de uma nova maneira (§ 198). Inversamente, cada um satisfaz as necessidades dos outros por meio da busca pelo próprio trabalho (§ 199).

Hegel reconhece três diferentes classes de trabalhadores, ou "estados", como chama. O primeiro – o "estado substancial" – inclui os agricultores, que dependem do cultivo de suas terras para subsistir (§ 203). O segundo, o "estado do comércio e da indústria", incorpora aqueles engajados na produção em massa, artesanato e finanças (§ 204). Enquanto o primeiro encontra-se na dependência de sua terra, o segundo depende de si mesmo, estando, portanto, mais próximo de atingir a "liberdade" (§ 204A). Por último, temos o "Estado universal" do serviço público (§ 205), cujo sustento provém do suporte a todos os demais, pois trabalha em benefício da coletividade: seu "interesse privado é satisfeito pelo trabalho em prol do universal" (§ 205).

A discussão hegeliana a respeito da sociedade civil inclui um debate esclarecedor sobre lei e direito, no qual começa a revisitar tópicos anteriores, como o crime e o castigo. Ele propõe que "a realidade objetiva do direito" consiste em ser "universalmente válida" (§ 210). Nossos direitos objetivos são deficientes em sua realidade objetiva na medida em que são incapazes de comandar a concordância mútua dos demais. O sistema legal é um esforço importante para aclarar e tornar mais determinante um sistema de direitos, pois ao invés de consistir em acordos privados sobre o que cada um de nós é livre, ou não, para fazer, a lei compõe-se de uma tentativa de especificar as condições apropriadas para a condução de nossas práticas (§ 211). Uma das consequências dessa definição de lei é o endosso de Hegel à codificação, e não ao debate legal da *common law*, pois para ele redigir de um códice é superior a especificar as condições conforme as quais guiaremos nossas práticas comuns (dado que a *common law* é demasiadamente aberta e indeterminada). Ele reconhece, igualmente, que pode existir um relevante espaço normativo entre (a) o que a lei afirma *ser direito* e (b) o que *é direito* – distinção essa destacada no início de nossa discussão neste capítulo. A lei é uma tentativa de especificar nossas visões compartilhadas (e, portanto, mais objetiva e *menos subjetiva*) sobre o direito, um projeto que exige constante revisão à medida que tentamos trazer nossos ideais à prática efetiva[70]. Em nenhum outro ponto esse intercâmbio (entre práticas e ideais) fica mais aparente do que em nosso entendimento do crime e do castigo. Hegel considera, agora, o "crime" num sentido mais familiar, como parte de uma lei criminal, reconhecendo-o como o fracasso do mútuo reconhecimento, embora sua compreensão de fracasso seja contextual e sujeita a mudanças. Feitiçaria e bruxaria já foram, ambas, consideradas delitos sérios graças à percepção que se tinha de sua iniquidade inerente, percepção essa que já não é mais amplamente compartilhada, logo não mais está ativa na lei penal. A percepção da iniquidade informa não apenas a criminalização, mas

70 Este é um outro interessante exemplo da compreensão de Hegel de que o "menos subjetivo" é "o mais objetivo", em que o "objetivo" não se trata de uma proposição tudo ou nada, mas sim gradual.

também a sentença, e, sendo assim, é influenciada pela autocerteza de uma determinada comunidade. A feitiçaria e a bruxaria já não são mais percebidas como graves ameaças como costumavam ser, algo que, para Hegel, pode ser uma explicação do porquê delas não mais demandarem punição (§ 218). Sob tal ponto de vista, o crime, em seu caráter abstrato, é relativamente atemporal, mas aqueles atos particulares constituintes do crime são dados à transformação ao longo do tempo. E como resultado, a relação entre crime e castigo pode, igualmente, mudar (§ 218R).

Hegel afirma que determinamos a severidade do castigo em relação à percepção ao "perigo à sociedade civil" (§ 218R)[71] do crime: quanto mais o público é ameaçado por um crime, tanto mais severa será sua punição. Uma consequência desse ponto de vista hegeliano, de que os crimes são o fracasso do mútuo reconhecimento, é que contextos e percepções importam: "um código penal é, portanto, primeiramente o produto do seu tempo, e das condições correntes da sociedade civil" (§ 218R). Por exemplo, se uma sociedade estiver envolvida em rebeliões ou guerra, então crimes considerados mais leves podem assumir um caráter mais ameaçador e, portanto, demandar punições mais severas: "em tempos de guerra [...] várias coisas que são, em outras situações, inofensivas, podem ser consideradas perigosas" (§ 234A); por causa disso, nenhum tipo de castigo pode, exclusiva e eternamente, permanecer "justo" para qualquer crime específico. A relação entre crime e castigo se transformará ao passo que o clima contextual se modifique (§ 218A).

Hegel inclui uma célebre discussão a respeito do problema da pobreza, uma questão porque a economia de mercado deixará, inevitavelmente, alguns abaixo do nível da subsistência (§ 244). Amiúde se comenta que ele não possui uma boa solução para o tema – ao recomendar, por exemplo, o projeto insatisfatório da colonização (§ 248). O que é filosoficamente interessante nele é sua afirmação de que a raiz do problema da pobreza não está no fato de uma pes-

71 Cf. Brooks (2012c) para um exame de uma "teoria unificada" do castigo, baseada na análise hegeliana e repensada para lidar com o trabalho contemporâneo da filosofia do castigo.

soa carecer de suficiente quantidade de riqueza, mas sim que não tenha autorrespeito nem participação na sociedade[72]. A pobreza e esse sentido de alienação política frequentemente andam de mãos dadas; não se tratam, porém, de uma inevitabilidade, dado que a alienação pode afetar até mesmo os mais ricos. O ponto de Hegel é que aqueles com poucos recursos (ou com muitas riquezas) podem cair no risco de ver a sociedade como *um outro* – um lugar onde outras pessoas fazem as regras e determinam os resultados que são, aparentemente, impostos aos indivíduos, de modo que suas visões, projetos e individualidade não são levados em consideração. É possível que não haja solução para tal problema, mas ele salienta uma instância, em sua perspectiva esclarecedora, capaz tanto de revelar *insights* positivos sobre nossa relação com os demais quanto problemas fundamentais concernentes à importância central do mútuo reconhecimento. Uma sociedade em que pessoas sentem que os outros não vão, e talvez sequer possam, reconhecê-las como cidadãs é uma sociedade que denega a justiça para todos os seus membros, uma falha de reconhecimento que, para Hegel, é uma injustiça, quiçá inevitável, mesmo em uma concepção ideal do Estado.

O Estado

Hegel conclui *A filosofia do direito* com uma discussão sobre o Estado e sua relação com os outros nos negócios internacionais. Ser membro do Estado é nosso "dever mais elevado", em parte porque ajuda a atingir o máximo da realização (§ 258). Nossa família é uma esfera de amor natural, e a sociedade civil como uma família longe de casa, mas o Estado é um tipo diverso de unidade ética, na qual os cidadãos têm seu amor pelo país expresso pelo patriotismo (§ 268). O Estado, e sua estrutura constitucional, é a "realidade da liberdade concreta" em que nossas mais primitivas e abstratas ideias de liberdade são desenvolvidas e apresentadas sob as luzes mais tangíveis (§ 260).

72 Sobre participar e a ideia de participação, cf. Brooks (2012c).

A concepção hegeliana do Estado é controversa. Ele afirma que os estados compostos por agricultores e comerciantes fornecem um contrapeso aos poderes dos monarcas e constituem uma forma de representação. Para Hegel, a representação baseada na localização geográfica é puramente abstrata; logo, cada um deveria ser representado por meio de seu trabalho na sociedade civil, e como apenas os homens estão envolvidos neste universo, decorre que apenas eles podem estar representados no Estado hegeliano. A seleção dos representantes a partir das esferas laborais permite à representação florescer na base de nossa liberdade subjetiva, expressa em nossas escolhas de vida. Além disso, permite ao Estado, como um corpo decisório, favorecer-se de uma ampla gama de interesses e especialidades (§ 273).

O Estado é comandado por uma monarquia constitucional (§ 273R; BROOKS, 2007). O argumento hegeliano em prol deste regime reside no fato de o Estado necessitar de alguém que proveja a unidade: por exemplo, a quem cabe dizer quando o estado confirma "uma lei" como sua? A resposta, para Hegel, é "o rei", que a outorga. A monarquia é hereditária porque somente tal característica permite ao monarca prover a unidade exigida. Se for eleito, ele então representaria os interesses dos seus apoiadores e talvez não fosse percebido como fonte da unidade por aqueles que votaram em outra pessoa. Desse modo, é essencial que a monarquia seja hereditária, e não baseada em eleições. O monarca trabalha com o estamento universal dos burocratas, escolhe as pessoas adequadamente qualificadas para servir nos cargos oficiais e aconselhá-lo a respeito da legislação e dos tratados internacionais.

Essa discussão é, em parte, tão interessante por aquilo que tenta atingir: para Hegel, os filósofos tradicionalmente têm-se batido sobre aristocracia, monarquia ou democracia; sua abordagem, porém, é fascinante e diferente por tentar, regularmente, reunir argumentos opostos em novas e atraentes formas. Em seu próprio modelo de Estado, existe uma aristocracia natural, que herda sua posição (o Estado agrário); há um elemento democrático (o Estado dos comerciantes, que elegem representantes), e a monarquia (o monarca constitucional). Segundo tal abordagem, o debate crucial não é tanto sobre qual das três possíveis formas de governo é a melhor, mas antes sobre como os três elementos diversos do Estado (aristocrático, democrático e monárquico) podem organizar-se da melhor forma possível.

Conclusão

A filosofia política hegeliana é muitíssimo particular. Ele a desenvolve a partir de um sistema filosófico mais amplo e distinto, que compreende conceitos políticos convencionais de formas não convencionais. Este breve capítulo não pode fazer justiça à total extensão das ideias e argumentos presentes na maior contribuição de Hegel a este campo, *A filosofia do direito*. Esperamos, talvez, que ele tenha oferecido algum *insight* aos problemas que Hegel buscou resolver, e o modo como sua filosofia política desenvolveu-se como um relato de como a liberdade humana pode tornar-se mais concreta e real. Seu pensamento político é altamente complexo, mas seu estudo é recompensador, na mesma medida, àqueles que se dispuserem a realizá-lo.

6
Filosofia da natureza

Alison Stone

A *filosofia da natureza* é o segmento central do sistema filosófico já maduro de Hegel, que o publicou inicialmente na *Enciclopédia das Ciências Filosóficas*, em 1817, e posteriormente em versões revistas em 1827 e 1830. Três partes compõem a enciclopédia: *Lógica, Filosofia da natureza e Filosofia da mente*. Hegel produziu os esboços iniciais sobre a natureza em Jena, por volta de 1800, mas sua *Filosofia da natureza* nos apresenta sua visão madura e definitiva do mundo natural.

A *filosofia da natureza* é a parte do sistema filosófico hegeliano que recebeu menos atenção dos estudiosos, e também a mais criticada pelos leitores. Alguns consideraram, erroneamente, que Hegel estava tentando produzir sua própria teoria da natureza para rivalizar, ou substituir, com o conhecimento científico empírico; mas, na verdade, ele baseia sua teoria na ciência empírica do seu próprio tempo – ciência essa que ele acessa, reinterpreta e reconstrói. Nesse processo, infelizmente, Hegel às vezes rejeita certas hipóteses científicas que, desde então, afirmaram-se, como a teoria da evolução, e às vezes defende hipóteses que caíram no descrédito, como o relato antinewtoniano de Goethe sobre a cor. Além disso, alguns leitores têm sido céticos a respeito dos méritos da filosofia hegeliana da natureza por duvidarem que filósofos podem dizer coisas substanciais sobre o tema. Certamente, cabe aos cientistas empíricos, e não aos filósofos, informar-nos a respeito do funcionamento do mundo natural.

Tentarei neste capítulo tratar dessas preocupações, mas antes precisamos compreender alguns temas essenciais à abordagem hegeliana da natureza. Começo explicando como ele concebe a relação entre filosofia e as ciências empíricas; em seguida, apresento as linhas gerais da teoria da natureza, produzida com base em suas reinterpretações e reconstruções de afirmações científicas. Por fim, oferecerei algumas razões para os leitores de hoje interessarem-se por essa teoria, à luz de nossa iminente crise ambiental.

Algum esclarecimento a respeito daquilo que Hegel compreende por "natureza" vem a calhar: os filósofos de língua inglesa amiúde distinguem dois sentidos para natureza, seguindo David Hume ([1739] 1978: III. i. ii, 474) e John Stuart Mill (1874: 8-9). Numa perspectiva, ela engloba tudo o que existe, supondo que todas as coisas existentes são submetidas às leis naturais, e que não existem agências (o deus cristão, p. ex.) ou eventos (milagres) supernaturais. Em uma segunda, e diversa, perspectiva, a natureza engloba tudo o que não é artificial, ou seja, que não foi produzido, manufaturado ou transformado pela ação voluntária e intencional do homem. A "natureza" a que Hegel se refere se aproxima desse último caso, ainda que seu entendimento filosófico geral difira em larga medida daqueles de Hume e Mill. Ele lida com a mente humana e com os produtos intencionais e conscientes da atividade humana (incluindo instituições sociais e políticas, sistemas de crenças e obras de arte e cultura) no terceiro volume de sua *Enciclopédia*, *A filosofia da mente*. O primeiro volume, *Lógica*, lida com os princípios metafísicos gerais e com estruturas (tais como devir, diferença e causalidade) aplicáveis, em diferentes formas concretas, a ambos os reinos da natureza e da mente, de modo que esta última, em *A filosofia da natureza*, não significa tudo, e sim se refere a uma região particular do mundo: a não artificial, distinta da mente e dos seus produtos.

A filosofia da natureza e as ciências empíricas

Quando introduz sua filosofia da natureza, Hegel escreve: "para determinar o que é a filosofia da natureza, nosso melhor método é separá-la do objeto-matéria com o qual é contrastado [...] a ciência natural como um todo" (*EnNature* 2). O que caracteriza essa filosofia da natureza "separada" da ciência natural? Ele nos diz: "a física e a história natural são tidas como ciências empíricas *par excellence*, e afirmam pertencer inteiramente à esfera da percepção e da experiência, opondo-se, dessa forma, à filosofia da natureza, isto é, ao conhecimento da natureza originado da mente" (*EnNature* 3). Hegel está nos dizendo como a física, a história natural, as ciências naturais como um todo, eram amplamente reconhecidas em seu tempo, percebidas como disciplinas puramente empíricas. Pensava-se que seus métodos fossem aqueles da observação e do experimento, da coleta, classificação e comparação de dados a respeito do que fora observado.

Esta é uma visão que Hegel não endossa, e afirma que a investigação científica da natureza não é puramente empírica: ela não se limita à coleção infinita de fatos observados; antes, tira conclusões gerais a partir dos seus dados, generalizando desde ocorrências repetidas a leis universais, e classificando fenômenos em tipos naturais. Dessa forma, Hegel diz que a ciência envolve pensamento (sobre universais) tanto quanto observação: "a Física e a filosofia da natureza [...] não são diferentes [...] *como percepção e pensamento, apenas pelo tipo e maneira do seu pensamento*" (*EnNature* 3). A ciência envolve reflexão na medida em que os cientistas auferem generalizações a partir das suas observações – por indução, presumivelmente, e/ou por inferência às leis que melhor explicam os fatos observados.

Ao fazer tal afirmação, Hegel parece aceitar que o método científico existe para fazer observações e depois induzir, a partir delas, generalizações. Os filósofos da ciência do século XX, contudo, posicionaram-se contra esse ponto de vista (cf. CHALMERS, [1976] 1999: cap. 1-4): cientistas jamais realizam observações puras, sem estar previamente informados pela teoria. Antes, eles se preparam para fazer observações que tendem a confirmar ou negar teorias específicas e hipóteses. Elas os informam e guiam, ao longo de todo o percurso, sobre como perceber e classificar o que observam, como devem estruturar experimentos e, dessa forma, quais observações obterão.

Em outras partes, Hegel concorda que a compreensão teórica sempre precede a observação: em seu capítulo sobre "Certeza sensível" na *Fenomenologia do espírito*, ele afirma que a certeza sensível é sempre informada por categorias de pensamento (*OS*, cap. 1), de modo que na *filosofia da natureza* ele deveria ter dito que a ciência envolve pensamento posto que teoria e categorias teóricas sempre informam as observações que os cientistas fazem e os experimentos que conduzem. Não obstante (ele deveria ter dito), a ciência permanece empírica por testar estas teorias e categorias *vis-à-vis* observações e resultados experimentais.

Sem importar o quão exatamente a caracterizemos, é a dimensão *empírica* da ciência que, para Hegel, a distingue da filosofia da natureza. Ele explica que os filósofos da natureza começam por tomar cada "universal" que os cientistas já haviam identificado e conceitualizado – ou seja, os filósofos tomam as leis e tipos naturais que os cientistas haviam identificado, e então reconstroem, sob bases racionais, como cada um desses "universais" (leis, tipos, forças etc.) deriva dos demais e se enquadra com eles em um todo organizado. Dessa forma, diz Hegel, em sua *origem e formação*, a filosofia da natureza depende da ciência empírica, mas depois *reconstrói* os achados científicos em um novo patamar, qual seja, "a necessidade da noção" (*EnNature* 6, § 246R). "Noção" é a tradução da palavra alemã *Begriff*, possivelmente mais bem traduzida como "conceito".

Hegel elabora:

> A filosofia da natureza toma o material que a Física preparou para si empiricamente, no ponto em que a Física o deixou, e o reconstitui, para que a experiência não seja sua base e garantia final. Portanto, a física deve operar nas mãos da filosofia, para que esta última possa traduzir em "noção" o universal abstrato que lhe foi transmitido, demonstrando como este universal, como um todo intrinsecamente necessário, procede da noção (*EnNature* 10, § 246A).

Um exemplo pode ajudar a explicar o que Hegel queria dizer ao afirmar que os filósofos "traduziam" o universal gerado pelos cientistas em "noção" – ou, mais precisamente, em "conceito". Ele começa sua *filosofia da natureza* discutindo espaço e tempo; a partir das definições dessas duas variáveis produzidas pelos cientistas (incluindo Euclides), tenta demonstrar que espaço e tempo se encaixam ao traçar como este deriva daquele. Ele faz tal operação ao identificar uma contradição no interior da estrutura do espaço como entendida pelos cientistas. O Espaço é dividido em uma mancheia de pontos; como tal, é uma *partes extra partes* – ou seja, consiste em partes fora de outras partes. Ainda assim, essas partes do espaço não possuem qualidades segundo as quais possam ser distintas umas das outras, de modo que, no fim das contas, elas provam ser idênticas entre si. Logo, o espaço é, pois, pura homogeneidade, indistinção (*EnNature* 28, § 254). O espaço é autocontraditório: é pura diferença e pura falta de diferença.

Para Hegel, o tempo corporifica um passo na direção de solucionar esta contradição no interior do espaço: baseando seu relato do naquele de Aristóteles, ele sustenta o tempo como uma série de momentos – uma infinita cadeia de "agoras", cada qual existindo momentaneamente; à medida que cada "agora" aparece momentaneamente na existência, divide o passado do futuro (ARISTÓTELES, 1996: 102-103; *EnNature* 33-34, § 257), mas todo momento desaparece imediatamente após ter existido. Seu existir foi tão passageiro que não possuiu qualquer existência efetiva. Hegel conclui que momentos temporais nada mais são do que a manifestação de uma força negativa, um poder para negar o passado e o futuro. Uma vez feita a negação, nada mais resta ao momento, e ele então desaparece. Não obstante, por virtude de sua força de negação, momentos diferem uns dos outros mais completamente do que os espaços espaciais, pois os primeiros ao menos se colocam contra todo o resto, ainda que apenas momentaneamente. Logo, para Hegel a diferença realiza-se mais firmemente em momentos temporais que nas partes espaciais, e dessa forma, o tempo corporifica um avanço no sentido da resolução da contradição do espaço.

Por mais peculiar que essa visão sobre o espaço e o tempo possa parecer, agora nos é possível esclarecer qual o método que Hegel seguiu para elaborá-la. Ele não a concebeu inteiramente sozinho, sentado em sua poltrona, mas sim primeiro se apropriou dos relatos do espaço e do tempo criados por cientistas naturais inclinados à teoria (Euclides, Aristóteles, dentre outros) e, baseado neles, encontra uma maneira de entender o tempo como derivado do espaço.

Ao fazê-lo, Hegel está reconstruindo como o tempo deriva do espaço, numa base apriorística. O conhecimento *a priori* é aquele que é atingido ou justificado independentemente da experiência. O arrazoado hegeliano sobre como o tempo deriva do espaço independe da experiência nesse sentido, pois ele não busca qualquer evidência empírica dessa derivação; pelo contrário, ele usa a razão para estabelecê-la. Embora os relatos científicos sobre o espaço e tempo nos quais Hegel se inspirou possuam uma dimensão empírica, sua reconstrução racional de como o tempo advém do espaço não possui, e ao reconstruir dessa maneira como cada forma natural é derivada de uma outra (como o tempo do espaço), ele as reúne a todas em uma cadeia na qual cada uma delas soluciona contradições presentes nas formas que a precederam.

Como demonstrado no exemplo do espaço e do tempo, ao reconstruir como as formas naturais derivam umas das outras, Hegel as *reinterpreta* regularmente; ele parte dos relatos científicos sobre essas formas, mas os modifica, por exemplo, ao reinterpretar os momentos temporais em termos de força de negação. Segundo suas palavras, o filósofo "introduz nessas categorias [científicas] uns outros, e os confere validade [...] preserva as mesmas formas de pensamento, leis e objetos; mas, ao mesmo tempo, confere-lhes formação adicional e as remodela com categorias adicionais" (*EnLogic* 33, § 9R).

Hegel também *exclui* determinados relatos científicos quando não consegue integrar as entidades com as quais lida em sua cadeia de formas naturais. Ele rejeita, dessa feita, a noção de luz e cor de Newton em favor da de Goethe por ser incapaz de incorporar a primeira, mas sim a segunda, em sua filosofia da natureza. Em tais casos, quando um dado relato científico não consegue caber em qualquer lugar da filosofia da natureza, Hegel o rejeita como incorreto.

Ao encontrar maneiras pelas quais cada forma natural deriva de outras, o filósofo da natureza hegeliano constrói uma teoria geral do mundo natural; para fazê-lo, ele se inspira nos relatos científicos, mas os reconstitui e os reinterpreta. Vejamos agora qual a verdadeira teoria da natureza legada por Hegel.

A teoria da natureza de Hegel: mecânica, física e orgânica

Hegel conecta e reinterpreta os relatos científicos de modo que a construir uma concepção particular do mundo natural; nela, a natureza é o reino no qual a matéria vem a ser gradualmente moldada e organizada por aquilo que Hegel chama de "o conceito". A natureza avança em seu caminho por meio de "uma série de estágios que consistem em muitos momentos, cuja exposição constitui a filosofia da natureza" (*EnMind* 13, § 381A). Segundo Hegel, quais são esses estágios?

Em seus estágios primitivos, a natureza existe como unidade da matéria, com pouca ou nenhuma organização unificante que os una. Hegel examina esses estágios na primeira parte de sua *filosofia da natureza*, a "Mecânica". Nessa região mecânica da natureza, existem somente entidades "singulares individuais"; elas possuem a determinação – ou seja, o atributo definidor – da "apartação, ou mútua exterioridade": *Aussereinander*, que significa, literalmente, "fora um do outro" (*EnNature* 25, § 252), o reino da matéria como simples partes extra partes.

De início, essas partes-fora-das partes existem como espaço; aqui, como vimos, Hegel acredita que as partes espaciais ao mesmo tempo diferem e são incapazes de diferir entre si, da mesma forma que os momentos temporais, na medida em que estes somente alcançam existência diferenciada por breves momentos. Depois do espaço e do tempo, Hegel discute os corpos materiais, na subseção "Mecânica finita": todo corpo material atinge um nível de diferença de todos os outros corpos materiais por ter uma massa particular que o distingue. Essa massa é composta de uma quantidade específica de partes espaciais, e sobre isso ele escreve: "(a) matéria agora possui [...] uma diferença quantitativa, e está particularizada em diferentes quanta, ou massas" (*EnNature* 47, § 263).

Todavia, continua Hegel, os corpos materiais ainda não se diferenciam adequadamente entre si. E por que não? Porque as unidades de espaço que possuem, e que os permitem alcançar a diferença, permanecem entidades autocontraditórias que não são genuinamente diferentes umas das outras. Os corpos são, de fato, tentativas de atingir a diferença via utilização de entidades (partes espaciais) que não são, elas mesmas, diferentes, e isso não pode funcionar – pelo contrário, a contradição do espaço infecta os corpos.

Como resultado, afirma Hegel, estes corpos desmantelam-se de volta à identidade uns com os outros: "as partes separadas [...] são um único *[Eins]*, muitos únicos [*Eins*]; cada qual é aquilo que o outro é. O único *[Eins]* repele a si mesmo somente de si mesmo; eis a arre-negação [isto é, a superação] daquilo que é por si mesmo: atração" (*EnNature* 46, § 262A). Ou seja, a tendência dos corpos materiais a colapsar conjuntamente toma a forma da atração mútua, e é assim que Hegel interpreta o relato de Newton sobre a sujeição dos corpos materiais à gravidade. Ele escreve: a "matéria possui gravidade até o ponto em que o impulso em direção ao ponto central está dentro de si; ela é essencialmente compósita, e consiste em simples partes singulares, todas as quais se esforçam pelo ponto central [...] busca sua unidade" (*LPWH* 47-48).

Não obstante, na medida em que os corpos materiais lograram um nível de diferença – ainda que imperfeito – eles não se unem simplesmente, mas também se repelem mutuamente, de modo que estão sujeitos *tanto* à atração *quanto* à repulsão, revolvem em torno de um centro ao qual desejam, embora não possam unir-se. Isso nos deu o sistema solar como um sistema de corpos organizados em movimento à volta do seu centro, o Sol, que Hegel discute na "Mecânica absoluta", a subseção final da "Mecânica".

Hegel segue, então, para o segundo estágio natural mais importante, a "natureza física" como ele a chama. Aqui já estavam formados os itens materiais que são parciais, mas ainda incompletamente, integrados em relações sistemáticas mútuas. Já vimos o sistema solar como um caso do primeiro estágio; agora temos os corpos materiais (os planetas) integrados em um sistema por meio de sua orientação compartilhada à volta de um centro (o Sol), algo que, portanto, nos conduz ao estágio seguinte da natureza, pois à medida que esse estágio físico se desdobra, encontramos conjuntos de itens materiais integrados conjuntamente em níveis cada vez mais profundos.

Comecemos com aquilo que Hegel chama de "qualidades físicas imediatas" – luz e escuridão, densidade e coesão, som e calor. O que une todos esses fenômenos é que eles existem na medida em que a massa dos corpos materiais adquire qualidades particulares (de densidade, graus de calor etc.), por meio dos quais esses corpos se tornam mais firmemente diferenciados uns dos outros. Por que isso acontece? O pensamento inicial de Hegel é que dentro do sistema solar, corpos diferentes adquirem qualidades diferentes graças aos seus lugares distintos dentro daquele sistema. A localização no interior de um sistema faz os corpos ocuparem papéis distintos naquele interior, e sua matéria adquire qualidades correspondentes – por exemplo, aquela da pura luz, no caso do Sol, conforme Hegel afirmou. O mesmo vale para os corpos materiais no *âmbito* da Terra, pois uma vez integrado como um planeta, a Terra é, agora, um sistema de todos os corpos materiais que a compõem, corpos esses que, então, começam, da mesma forma, a adquirir qualidades distintas.

Hegel procede, então, para os três tipos de processos relacionais entre os corpos, a saber: magnetismo, eletricidade e química. Em todos eles, corpos diferentes são levados a unirem-se, por terem adquirido qualidades distintas; tais qualificações, no entanto, são impostas às quantidades mais básicas de massa que os corpos possuem. Estas diferenças de massa, como vimos, são instáveis e não inteiramente estabelecidas; até essa altura, por não estarem apropriadamente diferenciados entre si, os corpos se agregam[73]. Uma vez mais, porém, os corpos não estão inteiramente desprovidos de diferença, de modo que eles não apenas se agregam, mas também se repelem mutuamente, e regeneram suas diferenças depois de combinados.

O paradigma para tal movimento é o processo químico, no qual duas substâncias (dois corpos com diferentes qualidades) reagem juntos (combinam) para produzir, como resultado, novas substâncias (a diferença é regenerada). Esse processo, não obstante, possui um importante resultado, pois, por meio dele, emerge um conjunto

73 Nas próprias palavras de Hegel, "nesta parte da física [...] a matéria se torna determinada [pela] *relação* entre [...] a determinação espacial como tal e o pertencimento da matéria a ela" (*EnNature* 124, § 290).

de corpos com diferentes qualidades, os quais assumiram essas qualidades que os diferenciam por meio de sua interação, sua união e posterior separação. Os corpos tomaram suas diferentes qualidades *em relação* uns aos outros, ou seja, o corpo A adquiriu a qualidade B, e o corpo C adquiriu a qualidade D porque A e C foram submetidos, juntos, a um processo químico no qual vieram a ocupar diferentes papéis. Esses corpos são, de fato, diferenciados entre si por seus distintos lugares no interior de um sistema organizado.

Isso nos traz à terceira, e final, esfera principal da natureza, a vida orgânica, descrita por Hegel na seção "Física Orgânica". Para ele, essa esfera contém os seres orgânicos – plantas e animais – as partes materiais absolutamente impregnadas e organizadas pelas formas que as unificam. Temos então que as partes materiais desses seres estão completamente integradas entre si. Hegel está se fiando no relato imensamente influente sobre os organismos que Kant publicou em sua *Crítica do juízo*, de 1790, na qual o autor afirma que os organismos vivos precisam ser considerados como tendo duas características distintivas. Primeira: dentro de todos os organismos, todas as suas partes são, reciprocamente, meios e fins umas das outras, ou seja, cada órgão funciona de modo a permitir aos demais funcionar, os quais, por sua vez, permitem ao primeiro, e aos outros tantos, funcionar. Segunda: ao permitirem a existência comum e operarem nesse sentido, as partes integram um sistema organizado que, efetivamente, designa tarefas a cada uma delas, de modo que o todo detém poder organizador sobre suas partes (cf. KANT, [1790] 1987: 236).

Assim sendo, em um organismo cada parte é como é graças ao seu lugar no todo – ou assim compreende Hegel[74]. Seu lugar molda completamente o caráter da parte, de tal maneira que, se removido do todo, deixaria de existir:

> Os membros individuais do corpo são o que são apenas por meio de sua unidade e em relação a ela. Por exemplo, uma mão que foi decepada de um corpo é uma mão apenas no

74 Para Kant, precisamos *entender* e abordar os organismos dessa forma, mas não podemos *saber* se esta é a sua real natureza. Hegel descarta essa restrição ao conhecimento: para ele, os organismos verdadeiramente organizam todas as suas partes, e somos capazes de sabê-lo.

> nome, não no fato incontrastável, como Aristóteles já afirmou (*EnLogic* 291, § 216A).

De fato, isso significa que as partes de um corpo vivo não são corretamente descritas simplesmente como partes, mas sim como membros e órgãos – inteiramente integrados a um sistema organizado.

Dito isso, Hegel acredita que somente os organismos animais realizam totalmente esse caráter de um todo vivo. A primeira forma orgânica que ele considera é a Terra, como uma totalidade integrada de constituintes interagindo magnética, elétrica e quimicamente. A Terra, entretanto, não é viva, apenas nos trouxe aos umbrais da vida. A segunda forma orgânica, as Plantas, são genuinamente vivas, ainda que deficientes, dado que seus órgãos são capazes, se cortados do todo, de assumir novas funções e, então, gerar novas plantas (como quando pegamos mudas). Dessa forma, os órgãos de uma planta ainda não são inteiramente governados pelo todo, como o são os dos animais. É, pois, o Animal que traz a cadeia natural de progressão ao seu ápice e completude.

Em resumo: para Hegel a natureza tem a forma inicial da matéria, não organizada por qualquer forma unificada, mas que compreende simples *partes extra partes*. Ela, então, avança para a forma dos corpos materiais, localizados em sistemas de relações mútuas, mas que ainda retém um aspecto de massa pura, puro material parte-fora-das-partes. Finalmente, progride até a forma do corpo orgânico, cujas partes materiais são completamente moldadas pelo seu lugar no todo. A matéria foi do ser disforme ao parcialmente formado pela forma organizadora até o ser completamente moldado pela forma orgânica.

O que Hegel quer dizer quando afirma que a natureza *progride* por esses estágios? Ele a interpreta como uma *hierarquia*: suas formas mais avançadas, as orgânicas, são as mais perfeitas. Isso indica a natureza da progressão: as formas naturais mais aprimoradas assim o são por terem sido bem-sucedidas na resolução das contradições que, pensa Hegel, obtiveram em seus estágios mais primitivos na natureza, os quais, por sua vez, são os primeiros na cadeia de progressão natural por serem menos aprimorados: menos bem-sucedidos na resolução daquelas mesmas contradições.

Tomemos o espaço, a primeira das formas naturais. Como vimos, para Hegel ele corporifica a contradição entre diferença e falta de diferença. O tempo é mais avançado – aperfeiçoado – que o espaço, pois avança no sentido da resolução dessa contradição, pois os momentos temporais atingem maior diferenciação entre si que as partes espaciais. Esta melhoria é, contudo, pequena, dado que os momentos temporais são apenas transitórios. No resto da natureza mecânica, as partes da matéria agregam-se em corpos materiais para chegar a maior diferenciação mútua pela virtude de suas quantidades específicas de massa. Aqui vê-se um avanço na direção da contradição de que o espaço sofria inicialmente. Quanto mais avançamos rumo à completa resolução da contradição, tanto mais perfeitos são os tipos de formas naturais que encontramos. A natureza não progride temporalmente, mas naquilo que Hegel chamou de sentido "lógico", sob o qual as formas naturais contam como mais avançadas quanto menos internamente contraditórias forem. Além disso, para Hegel, estas contradições em questão existem de fato no mundo natural: o espaço realmente existente possui características antitéticas, e como tal é objetivo e internamente contraditório[75].

Da mesma forma, Hegel considera a natureza como progredindo desde a matéria pura até sua existência final, matéria organizada completamente pelo "conceito", o qual, embora seja também um termo técnico na lógica hegeliana, no contexto de sua filosofia da natureza é compreendido da seguinte maneira: não se trata de uma ideia na mente, e sim algo existente, externo a ela, realmente corporificado no mundo material natural. Pode ser mais bem entendido com referência aos organismos vivos: como vimos, para Hegel as partes de um organismo são moldadas pelo todo e seus intuitos, os quais são, sobretudo, sensação, irritabilidade (o poder de reagir a

75 A ideia de Hegel, de que as entidades naturais contêm contradições verdadeiras, é inquietante por não deixar claro de que maneira algo que é intrinsecamente contraditório é capaz de existir. Uma solução é interpretá-lo, sempre que fala em "contradição", como se referindo a tensão ou conflito.

estímulos externos) e reprodução. O todo e seus intuitos não são entidades diretamente materiais, mas delineiam como a matéria de um organismo se desenvolve; organizam-na e nela são corporificados, embora não sejam, eles mesmos, matéria. E como o todo e seus intuitos não são materiais, eles podem ser descritos como "conceituais". Da mesma forma, o que quer que molde e organize o todo como um conjunto de itens materiais conta como conceitual, ou como um conceito, de modo que, à medida que a natureza avança para formas materiais mais e mais sistematicamente organizadas e integradas, sua matéria está, mais e mais, tornando-se impregnada pelo "conceito".

De modo geral, Hegel articulou uma singular teoria da natureza, como o reino no qual a matéria gradualmente toma forma e se organiza pelo "conceito", tornando-se, nesse processo, orgânica. Ainda não expliquei como essa teoria da natureza se relaciona aos relatos científicos dos fenômenos naturais nos quais Hegel se baseia, pois meu objetivo nessa seção foi abstrair de como Hegel se apropriou desses relatos e os reinterpretou, para que a teoria geral da natureza resultante dessas interpretações fosse destacada. Não obstante, ele não elaborou sua teoria independentemente da ciência, e permanece tema para um estudo mais avançado a forma exata como ele passa dos achados científicos de seu tempo para a teoria geral da natureza.

O que é vivo e o que é morto na filosofia da natureza?

Até que ponto a verdadeira teoria hegeliana da natureza como um todo hierarquicamente ordenado é aceitável nos dias de hoje? Só até um certo limite: a compreensão científica da natureza avançou consideravelmente, e seu conteúdo se transformou dramaticamente desde o tempo de Hegel. Sua teoria da natureza não deixa espaço para a evolução via seleção natural, genes, partículas subatômicas, dentre muitas outras entidades cuja existência é geralmente aceita pelos cientistas. Talvez a teoria da natureza de Hegel pudesse ser revisada para que as incorporasse, mas não está claro se tal revisão vale a pena, pois o que lhe resta de interessante, possivelmente, não são seus detalhes substanciais. Antes, o que sobra de proveitoso em sua reinterpretação geral daquilo que a natureza vem a ser em essência é uma interpretação que corta transversalmente todos esses detalhes específicos de sua teoria.

Segundo essa interpretação, a natureza é uma ordem hierárquica de formas que vão desde as menos contraditórias e mais puramente material, até as mais orgânicas e conceitualmente organizadas. Quais as razões existentes para levar em consideração essa interpretação da natureza? Apresento uma: a ambiental. As causas dessa crise são complexas, mas alguns historiadores afirmam que um fator causal é a nova maneira de se pensar sobre a natureza que se estabeleceu durante a Revolução Científica do século XVII (cf. esp. MERCHANT, 1980), a visão mecanicista da natureza, proposta por Descartes e outros mais, como um conjunto de unidades de matéria interagindo causalmente entre si, segundo a qual nenhum ser natural possui verdadeiros objetivos internos ou vida; mesmo formas complexas como os organismos podem ser reduzidos a grupos de interações mecânicas. Eis por que Descartes, de modo infame, considerava a vivissecção moralmente aceitável: afinal de contas, para ele os animais eram meros mecanismos. A visão mecanicista da natureza, como exemplificado, tendeu a apoiar e incentivar os esforços humanos para controlar a interações no âmbito na natureza para nosso próprio benefício, pois se os seres naturais não possuem quaisquer verdadeiros objetivos próprios, então nós, os seres humanos, não precisamos desconsiderar ou restringir nossas próprias necessidades e intenções pelo bem de permitir aos seres naturais que atinjam seus objetivos – eles não têm nenhum.

Os pressupostos mecanicistas que informaram a Revolução Científica contribuíram, portanto, para tornar a utilização da natureza para o benefício humano em uma parte arraigada da vida moderna. A bem da verdade, poucos cientistas atuais aceitariam sem questionamentos esta visão mecanicista da natureza, mas ainda assim sua utilização para intuitos humanos, sem consideração a quaisquer outros objetivos que ela em si tivesse, permanece fundamental à sociedade industrial, a qual (ao menos da maneira como existiu até hoje) depende da impiedosa exploração dos recursos naturais.

Hegel desafia essa visão mecanicista: para ele, apenas os estratos mais inferiores da natureza operam de maneira puramente mecânica, enquanto os organismos vivos não são meros mecanismos, possuem fins a orientá-los. Nem mesmo os processos químicos, elétricos e magnéticos são totalmente mecânicos, por apresentarem um nível de auto-organização sistemática que os situa a meio caminho entre organismos e mecanismos. Para compreender a natureza como se deve, Hegel acredita, há que se reconhecer que virtualmente todos os corpos naturais concretos e os processos à nossa volta têm, ao menos, algum aspecto de auto-organização intencional. Embora não o diga pessoalmente, apreende-se de sua visão que devemos *agir vis-à-vis* os corpos naturais e os processos em maneiras que reconheçam seus aspectos auto-organizativos. Certamente (e Hegel com certeza pensaria assim) devemos agir em relação à natureza de maneiras que reflitam nossa melhor compreensão dela.

Isso não quer dizer que devemos sempre colocar as finalidades dos seres naturais adiante dos nossos, mas sim que precisamos levar essas finalidades em *consideração* ao decidirmos o que fazer e como viver. Em muitos casos, tal ação significaria encontrar um equilíbrio entre nossos próprios objetivos e aqueles dos seres naturais. Esta conclusão (os objetivos dos seres naturais são dignos de consideração) é um correto corolário da interpretação hegeliana da natureza, e o fato dela gerar essa proveitosa conclusão nos fornece a razão, se não para aceitá-la como um todo, ao menos para considerá-la seriamente no contexto da crise ambiental que enfrentamos hoje.

7
Filosofia da arte

Allen Speight

Como muitos na era pós-kantiana, Hegel viu na arte um potencial singular para a unidade. Neste capítulo, discutirei a relação entre duas imagens de unidade artística que aparentemente ocorrem ao longo do relato hegeliano da estética: primeiro, o que ele chamou de "interpenetrabilidade" (*Durchdringung*) da forma e do conteúdo; segundo, o da agência humana performativa, ou o artista como ideal de sua atividade (*Handlung* ou *Tätigkeit*)[76].

A relação entre esses dois ideais é principalmente destacada nas sistemáticas e concisas observações que o próprio Hegel (e não seus alunos e editores) fez aos oito breves parágrafos sobre arte na discussão do espírito absoluto em sua *Enciclopédia das Ciências Filosóficas*, de 1830 (*EnMind* § 556-563)[77]. Os quatro primeiros desses parágrafos são dedicados ao ideal da "interpenetrabilidade", numa forma que demonstra como ele é uma resposta para a importante

76 O termo *Durchdringung* aparece no decorrer das *Lições* (*LFA* I.95, 115, 146), da mesma forma que termos hegelianos alternativos, tais como *Durchziehung* (*LFA* I.119) e *Durchbildung* (*LFA* II.955, *W* XV.255). A noção de "completude", implícita nesses termos, pode ser igualmente depreendida em expressões hegelianas como "fruição completa da alma" (*LFA* I.154) e a "concreta integração de sentido e forma" ([*das*] *konkrete Ineinander von Bedeutung und Gestalt* (*LFA* I.304, *W* XIII.394).

77 Os oito breves parágrafos sobre arte na edição final (1830) da *Enciclopédia das Ciências Filosóficas* são a discussão mais concisa e madura da articulação de Hegel a respeito da relação entre as formas do espírito absoluto (arte, religião e filosofia). Eles também oferecem uma janela para o próprio pensamento hegeliano, que não apresenta as dificuldades inerentes às *Lições sobre a estética*, cuja edição padrão foi reunida por Hotho, aluno de Hegel, e que precisa ser comparada com as notas das lições transcritas por estudantes que as cursaram. Ao longo deste capítulo, cito a parte 3 da *Enciclopédia das Ciências Filosóficas* (*EnMind*). Para mais informações sobre as questões textuais envolvidas, cf. as introduções de Annemarie Gethmann-Siefert às suas edições das notas das lições (GETHMANN-SIEFERT, 1998; GETHMANN-SIEFERT & COLLENBERG-PLOTNIKOV, 2004).

questão sistemática de como natureza e espírito se unem em Hegel – uma questão, ao nível do individual, sobre o construto hegeliano da unidade entre corpo e alma e, ao filosófico, entre as formas naturais e espirituais de narrativas. É este o ideal associado com maior frequência à celebração de Hegel do ideal clássico de beleza no âmbito da "religião da arte" que caracterizou a Grécia antiga, onde os próprios deuses eram retratados esculturalmente em formas humanas. Os quatro últimos são dedicados a uma outra, e essencial, questão de sistemática unidade para Hegel: a unidade entre *arte e religião* em sua *relação com a filosofia* – todas consideradas como modos do espírito absoluto. Para responder tal questão, Hegel se voltou, em parte, para aquilo que podemos chamar *ideal da agência humana performativa* – uma noção crucial para compreender o papel que o artista desempenha no desenvolvimento da consciência-de-si do absoluto sobre a história. Como argumentarei, esse segundo ideal emerge no contexto de um conjunto de dificuldades e problemas inerentes, associados ao primeiro, e marcam a transição necessária que Hegel percebe entre arte e religião.

A Arte e a unidade do natural e do espírito: o ideal de "interpenetrabilidade"

A sistemática descrição de Hegel, em sua *Enciclopédia das Ciências Filosóficas*, da posição da arte no âmbito do espírito absoluto consiste em oito tipicamente concisos parágrafos (*EnMind* § 556-563). Muito pouco prepara o leitor para o papel conferido à arte nesta curta seção: a discussão final na seção imediatamente anterior da *Enciclopédia das Ciências Filosóficas*, sobre o "Espírito objetivo", encerra-se com uma narrativa sobre a relação entre o espírito objetivo (ético) e a religião, e os parágrafos introdutórios da seção referente ao espírito absoluto (*EnMind* § 553-555) parecem estar igualmente interessados em questões distintamente religiosas (incluindo o papel da crença, o *cultus* e a devoção, dentre outros). A arte, de fato, sequer chega a ser explicitamente mencionada nesses parágrafos introdutórios.

Quando a posição da arte dentro da hierarquia do espírito absoluto é primeiramente descrita (na *EnMind* § 556, o primeiro parágrafo da seção explicitamente dedicada à arte), diz-se que envolve dois lados, ambos relacionados à sua inerente finitude. Por um lado, ela é dita como a "intuição concreta e a representação" (*Anschauung und Vorstellung*) do implicitamente (*an sich*) espírito absoluto como o ideal", algo que compraz uma forma natural capaz de expressar o ideal de modo a "mostrá-lo, e somente a ele". Por outro lado, diz-se que a finitude da arte envolve, consequentemente, uma ruptura direta (*Zerfallen*) primeiro da *obra,* que possui uma existência externa, e depois do *objeto*, o qual, em si mesmo, divide-se nos papéis de *produtor* (*das produzierende Subjekt*) e *espectador* (*das anschauende und verehrende Subjekt*). Hegel toma o primeiro tópico – a intuição concreta, ou representação do ideal (*EnMind* § 556-559) – e volta-se então para o segundo – em particular o papel da produção do objeto na confecção da obra de arte (*EnMind* § 560).

Como Hegel deixa claro nos quatro parágrafos iniciais, a consideração do ideal como concretamente intuído ou representado leva diretamente à definição de forma (*Gestalt*) da beleza (*Schönheit*):

> Neste ideal, ou a forma concreta nascida do espírito subjetivo, sua natural iminência, nada mais do que um sinal (*Zeichen*) da ideia, é de tal modo transfigurado (*verklärt*) pelo espírito que o informa (*durch den einbildenden Geist*) para que expresse a ideia, que a figura (*Gestalt*) o mostra, e somente a ele.

A definição hegeliana de beleza captura dois importantes elementos: por um lado, a definição enfatiza uma restrição, qual seja, a arte é finita e ligada a uma iminência natural que só pode ser um "sinal" da ideia; por outro, a natural iminência envolvida na arte é "transfigurada" de tal modo que a forma surgida diante do espectador é completamente moldada pelo espírito. Hegel usa consistentemente o termo "interpenetração" (*Durchdringung*) para expressar, simultaneamente, esta completude da forma, bem como sua limitação: a "beleza em geral não vai além da interpenetração da visão, ou imagem, pelo princípio espiritual" ("*nur zur Durchdringung der Anschauung oder des Bildes durch das Geistige*"; *EnMind* § 559).

A completude-com-limitação que tal interpenetração envolve leva, em *EnMind* § 557 e 558, a uma discussão sobre como a arte figura dentro da questão hegeliana mais ampla da relação entre natureza e espírito. A arte exige não apenas um material externo (*sinnliche Äusserlichkeit*) em geral (Hegel estende aqui a questão do "material" da arte, de modo a incluir "imagens subjetivas e ideias", quer dizer, o tipo de "corporificação" presente nas obras literárias); mais especificamente, a arte precisa usar também "as formas dadas pela natureza com uma significância (*Bedeutung*) que deve profetizar e possuir (*ahnen und innehaben*)". Como apontado em *EnMind* (§ 557), isso significa uma "unidade entre natureza e espírito", mas não a mais elevada, na qual a natureza é *aufgehoben* (é esta possibilidade na qual Hegel vincula explicitamente ao antigo estágio religioso, em que o elemento corporificado e externo, associado à presença da arte no *ethos* grego, ou *cultus*, é substituído pelo estágio mais elevado de consciência, *Gewissen*, movimento anunciado pela transição entre as formas de arte, da "clássica" para a "romântica")[78].

O ápice dessa discussão sobre a finitude e a corporificação da arte é a distinta afirmação de Hegel a respeito do corpo humano: "de todas as formas, a humana é a mais elevada e verdadeira (*die höchste und die wahrhafte*), pois apenas nela pode o espírito ter sua corporeidade e, portanto, sua expressão visível" (*EnMind* § 558)[79]. Essa importante afirmação, no contexto das breves observações da *Enciclopédia das Ciências Filosóficas*, é ecoada inúmeras vezes ao longo das *Lições*[80],

78 Na *Fenomenologia do espírito*, bem como em outros textos, Hegel contrastou o mundo ético da Grécia antiga, onde o lindo ideal da arte floresceu, com a era romântica, pós-kantiana, de seus contemporâneos: nessa última, mesmo figuras como Antígona e Sócrates, associadas à oposição a determinadas normas sociais reinantes, não usam o vocabulário da consciência, ou *Gewissen*, para opor-se a elas. Conquanto Hegel veja em Sócrates uma certa protonoção da consciência (expressa como um "oráculo interior"), a noção de *Gewissen* só se desenvolve mais tarde, em especial na tradição cristã. Sobre a história do conceito, cf. meu livro *Hegel on Conscience and the History of Moral Philosophy* (SPEIGHT, 2006).

79 Cf. 1823 ms. 218: o corpo humano serve ao artista "como uma fundação objetiva".

80 Hegel diz que a humanidade é o "centro e conteúdo das verdadeiras beleza e arte" porque "somente a forma externa humana é capaz de revelar o espiritual de forma sensual": a beleza artística, em sua forma clássica, funde, pois, forma humana (*Gestalt*) e conteúdo, ou significado (Gehalt, Bedeutung) de modo a afetar aquilo que chama de

de modo que é relevante ver por que Hegel confere tal significância sistemática a ela.

Hegel arquiteta a importância dessa corajosa afirmação a respeito da relevância do corpo humano no âmbito estético de duas formas. Primeiro, como diz na sentença imediatamente seguinte, ela "dispõe do princípio da *imitação da natureza na arte*", que havia sido tão central à estética anterior ao século XVIII. Ele parece afirmar que a questão da arte imitando a natureza, só é usualmente discutida de modo abstrato, e não em termos da especial aptidão do corpo humano para a expressão artística e espiritual – "a significância natureza-forma característica, que é significativa do espírito" (*den Geist bedeutende, charakteristische, sinnvolle Naturform; EnMind § 558*). A centralidade da forma humana dentro da estética hegeliana é, portanto, em parte uma resposta à inadequação de abordagens pretéritas, baseadas na imitação (mímica), à estética, que ele critica com mais vagar em outras partes das *Lições*. Por um lado, tomada de forma abstrata, Hegel afirma que a atividade artística não pode ser compreendida como "imitação da natureza"; por outro, existe de fato um sentido relevante de *mimese*, naquela tradição que ele busca preservar – ao menos em deferência ao especial relacionamento entre o espírito e a corporificação humana[81].

"interpenetração" ("*Durchdringung*") de ambos ("*das Menschliche ... [macht] den Mittelpunkt und Inhalt der wahren Schönheit und Kunst aus*"; *W* XIV.18, *LFA* I.432; "*Diese Gestalt ist wesentlich die menschliche, weil die Äusserlichkeit des Menschen allein befähigt ist, das Geistige in sinnlicher Weise zu offenbaren*"; *W* XIV.20, *LFA* I.433).

81 A crítica à noção de "imitação da natureza" é amplamente considerada como um elemento significativo no desenvolvimento da estética setecentista (cf. o frequentemente citado *The Modern System of the Arts: A Study in the History of Aesthetics*, de Kristeller, 1951, 1952). Há, contudo, um argumento importante em prol da *persistência* da tradição da *mimese*, ou imitação, como central à perspectivação conceptual da arte (cf. esp. HALLIWELL, 2002), e o apoio de Hegel a, quando menos, alguma versão dessa mimese – pelo menos em termos do corpo humano como "a significância natureza-forma característica" – abre espaço para tal apelo, mais amplo, à noção de mimese. No argumento presente nas Lições, a questão é particularmente enquadrada em termos de apelos às formas "dadas" da natureza (como aquelas do historiador da arte Karl F. von Rumohr, cujo primeiro volume dos Italienische Forschungen foi editado um ano antes da última série de lições estéticas de Hegel, *LFA* I.106ss.) como opostas às afirmações "abstratas" do ideal (no enquadramento de von Rumohr, as afirmações feitas para a forma escultórica por Winckelmann, a quem Hegel declaradamente cita como tendo resgatado a noção da beleza artística das afirmações simplistas de "imi-

Mais importante ainda, contudo, sua afirmação sobre a centralidade da figura humana deixa claro que a arte é, de fato, a primeira parte de uma distinta resposta hegeliana à questão filosófica a respeito da relação entre corpo e alma: ele remete o leitor diretamente de volta à discussão da "alma verdadeira" na seção "Antropologia" do "Espírito subjetivo", em que descreve o corpo como "a obra de arte da alma" (*das Kunstwerk der Seele*; *EnMind* § 411), no qual variadas formas de "identidade do interior e do exterior" da sujeição da alma ao corpo são discutidas: a postura ereta, o uso das mãos, os gestos da boca quando do riso e do choro, e assim por diante.

A conexão explícita que Hegel estabelece entre esses dois parágrafos – as discussões da forma humana como a mais elevada, que pode encontrar expressão artística em *EnMind* § 558, e do corpo como "obra de arte" para a alma em *EnMind* § 411 – representam um momento específico do seu tratamento filosófico mais amplo da relação entre natureza e espírito. Para que seja possível perceber a importância dessas duas afirmações interconexas, examinaremos primeiro como Hegel usa essa imagética geral no contexto das lições de estética, retornando então ao papel unificador que ele vê a arte desempenhando entre a natureza e o espírito. A relação entre esses dois parágrafos é deixada particularmente clara das seguintes maneiras: (a) na série de transições que estabelece, nas lições de estética, entre as formas da beleza natural (ainda limitadas) e a singular beleza da arte; (b) na articulação do objetivo central do ideal "clássico" de beleza na unidade da forma humana e conteúdo; e (c) no modo pelo qual a forma humana é destacada ao longo de vários gêneros artísticos, que ele discute em seu relato detalhado das formas artísticas das lições.

A beleza natural e a importância do humano

Dada a posição oficial de Hegel, que a ocupação da estética deveria ser a beleza artística, as seções relativas à beleza da natureza

tação da natureza" *LFA* I.63): Hegel claramente toma partido de Winckelmann nesse debate, ainda que reconheça a preocupação de von Rumohr no que tange às "falsas e vazias abstrações" da arte derivada (romana, helenística), que perdem uma conexão mais "genuína" com a natureza (*LFA* I.172).

nas lições são, amiúde, consideradas como algum tipo de adendo de sua parte, uma concessão a um campo da beleza inerentemente limitado. Todavia, se considerarmos a conexão sistêmica entre os dois parágrafos nos quais ele vincula, na *Enciclopédia das Ciências Filosóficas*, os relatos da arte, então a descrição do porquê de a natureza ser insuficiente como forma de beleza – e a emergência da forma humana natural como objeto de representação artística – adquire renovada importância.

A "deficiência primária" da beleza natural é articulada por Hegel em termos tanto de conteúdo inadequado e forma: a "alma-vida" de um animal, "o que é em seu interior e o que ganha expressão em sua forma exterior, é pobre, abstrata e sem valor. Além disso, esse interior não emerge como aparência do *oculto*: a coisa viva na natureza não é sua alma em si, pois a coisa na natureza é tão somente isso, sua alma permanece puramente introvertida, ou seja, não se expressa a si como algo ideal" (*LFA* I.132). Mesmo os animais com as mais elevadas formas de organização têm, ainda, revestimento externo, e pele, que impede a visão desta forma interior de organização:

> O animal está vivo apenas *dentro* de seu revestimento, ou seja, esta interioridade não é, em si, real na forma de uma consciência oculta; logo, essa vida não é visível para além do animal. Porque o interior permanece apenas o interior, também o exterior aparece somente como um exterior, não completamente penetrado [*völlig durchdrungen*], em todas as suas partes, pela alma (*LFA* I.145-146).

Em contraste, Hegel argumenta, a pele humana, em sua translucidez, revela vasos sanguíneos que são parte de um sistema circulatório interno: no corpo humano "há o fato, em todo lugar e sempre representado, de que o homem é uma unidade dotada de alma e sentimento. A pele não é escondida por coberturas inanimadas e semelhantes a plantas; a pulsação sanguínea mostra-se a si por toda superfície..." (*LFA* I.146). Em que pese tal diferença entre as formas humana e animal, até mesmo nos verdadeiros seres humanos a beleza natural permanece deficiente: "a paupérie da natureza também encontra expressão nesta superfície, nas deformidades da pele, suas fissuras, rugas, poros, pelinhos, capilares etc." (*LFA* I.146).

O que se exige para a genuína beleza do ideal é aquilo que pode ser visto no olho humano – que é, para Hegel, o ponto de unidade no ser humano, por meio do qual o *self* pode fazer-se imediatamente visível (o olho é o órgão em que a "alma inteira se apresenta como alma [...] pois nele a alma está concentrada, e não apenas vê através dele, mas também nele"; *LFA* I.153). De fato, diz Hegel, numa extensão um tanto peculiar da metáfora, as obras de arte possuem "um milhar de olhos" que torna possível a revelação de sua alma interior ("a arte faz de cada uma de suas produções um Argo de mil olhos, pelos quais a alma e o espírito são vistos em cada ponto", *LFA* I.153-154)[82].

A união da forma humana e do conteúdo humano no ideal clássico de beleza artística

A imagem hegeliana da forma humana como expressão do seu interior "em todos os pontos" se torna, de fato, o ponto de partida para sua explicação do ideal clássico da beleza artística como envolvendo a perfeita adequação entre forma e conteúdo. O que se exige na beleza artística é a "concentração do conteúdo na claridade da individualidade inerentemente autoconsciente, que não pode usar para sua expressão nem a mera forma natural, seja inorgânica ou animal, nem a personificação e a forma humana combinadas à natural, ainda que mal; pelo contrário, ela alcança a expressão na validade do corpo humano absolutamente imbuído pelo sopro do espírito (*in der Lebendigkeit des vom Geist vollständig durchatmeten menschlichen Leibes*) (*LFA* I.441, XIV.30). Como Hegel diz em seu relato da emergência da arte na *Fenomenologia do espírito*, isso significa tanto uma alma "vestida" de uma particular forma externa (*bekleidet, gestaltet*) quanto um corpo dotado de alma (*beseelte*): a tarefa da arte é, pois, variamente descrita como "animação" (a dotação de

82 A referência de Hegel à figura mitológica de Argo e a um famoso dístico atribuído a Platão ("quando olhares para as estrelas, minha estrela, oh, quem dera fosse eu o firmamento, e pudesse ver-te com mil olhos") é, por si mesma, digna de um comentário: para contrapor a beleza natural à artística, apela inicialmente não a um padrão externo ou conceitualmente articulado, e sim faz uso de uma imagética artística para descrever a noção de beleza artística que tem em mente.

uma alma ao corpo), "revelação" (da "verdade" da natureza, ou seja, que é apenas natureza e aponta para o espírito), "purificação" ou "redenção" da natureza; nesse sentido, a arte retoma (*zurückführt*) o externo ao espiritual, e para que este possa vir a ser uma revelação (*Enthüllung*) satisfatória há que pôr de lado o que não "pertencer ao Conceito" – a discussão hegeliana sobre os retratos tem relevância aqui: o importante, ele diz, é capturar o que é "verdadeiro", mas isso significa capturar aquilo que é característico da personalidade do sujeito retratado como um todo, e não cada verruga ou aspecto empírico da face.

Hegel contrasta o ideal de interpenetrabilidade, ou a "mais alta vitalidade" (*höchste Lebendigkeit*) com a (mera) beleza formal (p. ex., uma face que é regular na forma e bela pode ser, igualmente, fria e inexpressiva) e a (mera) graça, charme ou exuberância: o "rigor" do estilo "mantém toda forma em firme relação com o significado geral, ao qual há de ser dada forma corporal" (*LFA* I.173). Este ponto, sobre a conexão entre forma humana e conteúdo humano, que o ideal da interpenetrabilidade demanda, não se trata apenas de que a arte *calha* de representar o humano, e sim que ela *precisa* representá-lo: "temos que manter que a arte, uma vez desenvolvida até sua maturidade, há que necessariamente produzir suas representações na forma da aparência externa do homem, pois somente assim o espírito pode adquirir sua adequada existência em matéria sensual e natural" (*LFA* I.434).

Emergiu, portanto, não um simples ideal de "unidade de conteúdo e forma": cada lado já é algo de harmonioso, e a arte resulta de ambos, "cada um dos dois lados" é "uma totalidade essencial à natureza do todo"; "apenas dessa forma [...] cada lado é *implicitamente* idêntico ao outro e, então, suas diferenças são reduzidas a uma diferença puramente *formal* entre duas coisas que são uma só" (*LFA* I.433). O ideal, na terminologia hegeliana, significa a ideia em uma determinada forma, implicando uma adequação entre forma e conteúdo que não se trata da pura descoberta de uma forma artística apropriada a um conteúdo preexistente, mas sim, como colocou Benjamin Rutter, um "tipo de harmonia de segunda ordem" – ou seja, a harmonia de um conteúdo harmônico e de uma forma harmônica, que pode ser "estragada não apenas por elementos formais inexpressivos ou supérfluos [, mas também] por conteúdos inexpressivos" (RUTTER, 2010: 86; cf. *LFA* I.106).

O papel da forma humana ao longo de gêneros artísticos específicos

É possível ler a estética hegeliana como a resolução da vivacidade, ou da corporificação dotada de alma, por meio dos vários gêneros artísticos. Se a corporificação primária sugerida por essa unidade pode ser vista, acima de tudo, nas estátuas antropomórficas dos deuses clássicos, a presença humana ao longo das outras formas artísticas é igualmente impactante, de modo que, na pintura, Hegel fala especificamente sobre capturar a tonalidade da tez humana; na música, da importância da voz humana; e no drama (os atores no palco são, em muitos sentidos, como "estátuas vivas") em que "*o homem como um todo* apresenta, via *re*produção, a obra de arte produzida pelo homem", e o homem como um todo é, portanto, "completamente vivo" no palco e "torna a si mesmo em uma obra de arte animada"[83].

Questões sobre o ideal de interpenetrabilidade

A consideração do ideal de interpenetrabilidade forma/conteúdo humanos como advindo de uma consideração das deficiências da beleza natural, e como toma forma no âmbito do relato hegeliano das artes específicas, permite uma nova perspectiva a questões um tanto espinhosas da estética de Hegel (e, de resto, do idealismo alemão). Um dos mais relevantes assuntos iluminados pela consideração desse ideal é a doutrina – comum a Hegel e a seu colega idealista Schelling – da *unidade de forma e conteúdo* na estética.

83 "Der ganze Mensch das vom Menschen produzierte Kunstwerk reproduzierend darstellt" (*LFA* II.627, W XIV.261); "der ganze Mensch in voller Lebendigkeit darstellend auftritt und sich selbst zum beseelten Kunstwerke macht" (*LFA* II.955, *W* XV.217). Cf. as notas da lição de 1826: "[in Drama] ist die Kunst in sich zurückgegangen, das Kunstwerkwird von einem Subjekt produziert und auch von einemwirklichen Menschen zur Vorstellung gebracht, so dass ein Mensch die Materie ist, in welcher das Kunstwerk sich zu erkennen gibt" (1826 ms. Kehler, 291) e de 1823: "Hier wird das ganze Subjekt, welches der Rede muss Existenz geben, die ganze Person des Vortragenden in Anspruch genommen" (1823 ms., 264).

Embora cada um deles a expresse diferentemente, ambos apontam para o mesmo fenômeno explicativo: os deuses gregos não são (para Schelling) *alegorias* (em que o particular significa o universal) nem esquematismos (nos quais o universal significa o particular), e sim (em seu sentido do termo) *símbolos*, nos quais o universal e o particular são um só. Uma obra de arte não significa nada *além*, mas em sua forma clássica "tem como seu ser interior o livre e independente significado, ou seja, não um significado *disso ou daquilo*, mas sim o que *significa em si* (*das sich selbst Bedeutende*) e, portanto, *íntima a si mesmo* (*sich selber Deutende*)" (*LFA* I.427).

Há uma gama de dificuldades nessa afirmação, que diz respeito a como uma obra de arte pode "significar a si mesma" e, ainda assim, presumivelmente possuir algum alcance de significado mais amplo ou universal[84]. A consideração do sujeito humano como subjacente a esse ideal, contudo, abre uma perspectiva proveitosa, pois como disse Hegel ao discutir a transição do simbólico para o clássico na arte, a única coisa capaz de se autorreferir desse jeito é o objeto humano:

> Pois a pessoa é aquilo que é significante para si mesma, sua própria autoexplicação [*Denn das Subjekt ist das Bedeutende für sich selbst und das sich selbst Erklärende*]. O que sente, reflete, faz, conquista, suas qualidades, ações, caráter são ela mesma; todo o escopo de sua aparência espiritual e visível não tem outro significado que não a pessoa que, em seu desenvolvimento e no desdobrar do seu eu, traz à nossa contemplação apenas a si como mestre de seu mundo objetivo inteiro (*LFA* I.313).

Essa consideração – que trata, putativamente, do objeto humano representado na forma divina em esculturas dos deuses gregos – leva, na verdade, a algo que vai além do ideal "escultural" de interpenetrabilidade, qual seja, a *atividade* do artista no "âmbito" do seu trabalho, que ultrapassa uma forma externa específica.

Hegel indica várias vezes a importância desse ideal ao longo das lições sobre estética, e em cada uma delas lançou mão de uma linguagem similar: não é apenas a forma humana que é singularmen-

84 Para a discussão de algumas questões envolvendo essa afirmação, cf. Geuss (1983) e Zuckert (2010).

te expressiva, mas todo espectro de "sentimentos, impulsos, atos, eventos e ações humanas" (*LFA* I.435), e esse destaque marca uma mudança perceptível na consideração, presente na *Enciclopédia das Ciências Filosóficas*, sobre a filosofia da arte, dado que é a agência do artista que, em último caso, move-se em direção ao argumento hegeliano sobre arte e unidade. Conquanto o ideal de interpenetrabilidade seja o tópico dos primeiros quatro parágrafos da discussão, Hegel enfatiza no quarto, e transicional, parágrafo dedicado à arte que a beleza em geral "*não vai além de uma penetração da visão, ou imagem*, pelo princípio espiritual" ("*nur zur Durchdringung der Anschauung oder des Bildes durch das Geistige*", *EnMind* § 559), de modo que a atividade do artista se torna o pivô da seção seguinte. Como ele colocou na discussão das lições sobre a pintura flamenga, "os objetos representados e o homem ordinário não são de uma riqueza inexaurível, têm suas limitações. [...] Mas o homem como artista criativo é um mundo inteiro de matéria roubada à natureza" (*LFA* I.163, XIII.214). Agora eu me voltarei para esse ideal de artista na seção que se segue.

Arte, religião e filosofia: o ideal do artista como agente autoconsciente

Como vimos, Hegel inicialmente (*EnMind* § 556) anunciou a discussão do segundo ideal artístico como uma ruptura direta (*Zerfallen*) a ser contrastada com o conteúdo e forma "interpenetráveis". Esse segundo, e distinto, momento da arte envolveu a transgressão de três dimensões: a *obra*, o sujeito como *produtor* e o sujeito como *espectador*. É bem característico da abordagem hegeliana da estética em geral que apenas as duas primeiras (a obra de arte como algo objetivo e a atividade do artista produtivo) sejam realmente discutidas: a distância de Hegel da ênfase kantiana, bem como dos setecentistas anteriores, do papel do sujeito esteticamente experimentado fica aqui bem patente[85].

85 Como Schelling, Hegel insistia que sua série de lições sobre a arte fossem intituladas "filosofia da arte". A área tema que ambos os idealistas desejavam desenvolver,

A discussão na segunda metade do relato da *Enciclopédia das Ciências Filosóficas* sobre a filosofia da arte abre espaço para um problema específico sobre a atividade artística e a consciência-de-si, e o coloca no contexto da queda da "religião da arte" e da transição do ideal clássico para o romântico, em que a ironia e a consciência-de-si se tornam, agora, aspectos importantes da arte. Citando, em sua inteireza, a relativamente complexa passagem na qual ele aborda a atividade do artista,

> A unilateralidade da *iminência*, por parte do ideal, envolve a unilateralidade oposta (§ 556) de que algo é *feito* pelo artista. O sujeito, ou agente, é a mera atividade técnica, e a obra de arte é, portanto, apenas uma expressão do Deus, em que não há sinal de particularidade subjetiva, e que o poder líquido do espírito imperante é concebido e trazido ao mundo, sem imiscuir-se, incólume de sua contingência. Mas como a liberdade só vai até onde existe pensamento, a ação inspirada com a plenitude desse espírito imperante, o *entusiasmo* do artista, é como uma força estrangeira, sob a qual ele está preso e passivo; *a produção* artística, de sua parte, possui somente a forma da iminência natural, pertence ao gênio, ou dote, particular do artista – e é, ao mesmo tempo, um labor concernente à perícia técnica e às externalidades mecânicas. Assim sendo, a obra de arte somente é obra graças à livre-opinião [*Werk der freien Willkür*] e o artista é o mestre [*Meister*] do Deus (*EnMind* § 560).

Se observarmos com cuidado este incomumente denso e compacto relato da atividade artística, Hegel inicia sua consideração destacando a importância daquilo que o artista produz ou faz – a raiz etimológica do artista grego como "poeta" ou "artífice" (*poiêtês*). Entretanto, o que o artista ganha a partir da consideração desse lado da produção artística? Primeiramente, Hegel parece enfatizar a *falta* de personalidade, ou subjetividade, envolvida: aquilo que caracteriza a arte em sua forma clássica é não possuir nenhuma assinatura

não deveria, pois, ser compreendida nos termos da nova disciplina chamada "estética", que havia emergido no século XVIII e viera a se identificar com a experiência do sujeito com a beleza sensual (muito embora "Estética" seja o título mais usado na tradução inglesa das *Lições* de Hegel, e que este permitisse, contudo, que o termo continuasse a ser usado para a área tema, conquanto fossem feitas as devidas qualificações).

idiossincrática do próprio artista, e seu próprio sentido de descoberta de um talento ou gênio – a que os gregos chamam de "entusiasmo" ("no divino", literalmente) – pareceria como sentir-se nas garras de um poder externo. A conclusão do parágrafo, porém, segue em um caminho bem diverso, em direção à maior consciência-de-si que o artista pode encontrar em sua arte: a experiência com seu talento natural ou gênio em operação permite, de fato, ao artista ou artífice estar consciente de que ele é o agente que apresenta o Deus-em-forma-externa (Hegel alude frequentemente ao comentário de Heródoto de que Homero e Hesíodo deram aos gregos os seus deuses), como também é um agente cujas escolhas e talentos *arbitrários* nessa produção são, em verdade, os responsáveis pela modelagem dos deuses.

A valência positiva da experiência do artista é ecoada no comentário seguinte de Hegel, que apresenta a tarefa geral dos parágrafos restantes dedicados à arte: a transição da arte de uma forma do espírito absoluto para a religião como uma forma do espírito absoluto, tendo como objetivo último que as "belas artes [...] têm seu futuro na verdadeira religião" (*EnMind* § 563). Como na *Fenomenologia do espírito*, em que a comédia e o artista cômico são centrais à transição da tragédia grega para o mundo cristão inicial, a descrição hegeliana da consciência-de-si do artista traz, aqui, a elevada autoconfiança associada ao momento da comédia:

> Em um trabalho tão inspirado, a reconciliação é aparentemente tão óbvia em seu estágio inicial que é, sem maior esforço, alcançada na consciência-de-si subjetiva, a qual é, portanto, autoconfiante e bem-humorada, com a profundidade e sem o senso de sua antítese à essência absoluta (*EnMind* § 561)[86].

À luz dessa transição, o papel do artista parece ser especialmente crucial para o movimento geral dentro do desenvolvimento do espírito absoluto. A afirmação da filosofia, ao fim do tratamento do espírito absoluto na *Enciclopédia das Ciências Filosóficas*, é que "essa

---

86 Sobre o destacado lugar da comédia dentro da visão hegeliana de arte, em especial enquanto emersa da tragédia, tanto na *Fenomenologia do espírito* quanto na *Estética*, cf. Shapiro (1986) e Houlgate (2007).

ciência é a unidade da arte e da religião" (*EnMind* § 572), mas Hegel não oferece ao seu leitor uma narrativa especialmente clara sobre como essa unidade é alcançada[87]. O que podemos dizer a respeito da mudança que examinamos – do ideal escultural da interpenetrabilidade à consideração do escultor *como* ideal – sugere que a crescente consciência-de-si do artista é parte daquilo que ajuda a levar adiante o movimento da arte, em que o divino possui uma forma externa, para a religião e transcende essa forma. Hegel enfatiza a importância desse momento ao dedicar o restante da discussão dos parágrafos da *Enciclopédia das Ciências Filosóficas* sobre a arte à questão de por que a arte desenvolve, segundo sua visão, as formas particulares do simbólico, clássico e romântico – desenvolvimento esse que salienta a trajetória da arte em direção à religião (aqui o simbólico é a forma da arte em que ainda não existe a fusão do divino e da forma externa que temos no clássico, enquanto o romântico é a forma artística que superou esta última).

É interessante nesse particular que o tratamento dado por Hegel aos gêneros artísticos específicos – arquitetura, escultura, pintura, música e poesia – não é elaborado no contexto do relato sobre arte da *Enciclopédia das Ciências Filosóficas*, a despeito da riqueza de detalhes que ele ofereceu no tocante à significância filosófica de suas inter-relações nas *Lições de Estética*. A ênfase sistemática de Hegel nesses

---

87 A única sentença de Hegel sobre esse assunto (*EnMind* § 572), é bastante breve e, de alguma forma, em desacordo com aquilo que ele diz posteriormente nas lições sobre estética: "embora a visão-método [*äusserliche Anschauungsweise*], externa no ponto da forma, nada mais seja do que produção subjetiva, e espicace o conteúdo substancial em diversas formas separadas, e conquanto a religião, com sua separação em partes, abra-a em imagem mental [*Vorstellung*] e medeie aquilo que foi aberto, a filosofia não apenas as mantém unidas para que componham uma totalidade, mas até as unifica na simples visão espiritual, e nisso as eleva a pensamento autoconsciente". Contraste-se com a afirmação das lições de que a filosofia unifica as duas (a) ao tomar a *objetividade* da arte, mas não a sua sensualidade, e (b) ao escolher a *subjetividade* da religião, purificada pelo pensamento (LFA I.104). Dificuldades similares – e a compactação textual – complicam, bem como solucionam, essa questão da transição no âmbito do "Espírito absoluto" tão recuadamente quanto na *Fenomenologia do espírito*, na qual arte e religião, ainda mais, (con)fundidas: ver em especial a discussão de Martin Donougho sobre a emergência da performatividade artística ao longo da seção "A religião da arte" desse livro, em que Hegel parece tratar a experiência do artista como precursora da paixão de Jesus como deus-homem (DONOUGHO, 2006).

parágrafos fica, portanto, óbvia: é a partir da perspectiva de questões relativas à unidade sistemática – como vimos, primeiro aquela entre natureza e espírito, depois entre as formas do espírito absoluto – que a importância filosófica mais duradoura da arte pode ser vista.

8
Filosofia da religião

Martin De Nys

De acordo com Hegel, refletir sobre a religião é fundamental à investigação filosófica, ou, como ele diria, para o sistema da filosofia. O objetivo básico desta disciplina é a verdade, de modo que, ao se fazer filosofia, há que se refletir sobre todos os domínios nos quais a verdade está – ou nos quais, supostamente, pode ser encontrada. Assim sendo, o filósofo precisa tentar entender e avaliar as afirmações religiosas – e, como de fato, ele escreveu, "pode haver religião sem filosofia, mas não pode haver filosofia sem religião, porque a filosofia inclui em si a religião" (*EnLogic* 12). Qualquer que seja o sentido no qual a religião transmita uma verdade compreensiva e fundamental, a filosofia terá de exibir essa mesma verdade em seus próprios, e filosóficos, termos.

A tarefa de compreender filosoficamente o sentido e a verdade das afirmações religiosas é, portanto, bifacetado: envolve reflexão sobre o objeto do envolvimento religioso humano e sobre as diferentes dimensões do envolvimento humano com o pretensamente sagrado ou divino. Hegel elabora sobre essas ideias em uma afirmação sobre a maneira como a filosofia lidou com a religião em seu tempo. Ele escreveu:

> hoje em dia apenas ouvimos falar da religião, mas sem encontrarmos qualquer investigação sobre a natureza de Deus, ou sobre aquilo que Deus possa ser em si mesmo, ou como a natureza de Deus deve ser definida [...] Nossa única relação com Deus, ou com a religião como tal, é um objeto [de exame] para nós. Nossa discussão diz respeito à religião enquanto tal, e não, ao menos não muito, a Deus (*LPR* 1: 163).

Entretanto, se nosso exame não diz (muito) respeito a Deus, ele não será, então, capaz de tratar da religião de uma maneira concreta e adequada. Só podemos verdadeiramente entender as expressões materiais e discursivas que os fiéis nas religiões produzem, ou os rituais e práticas éticas nas quais se engajam, se entendermos o objeto e fim destas produções e engajamentos. É como dizer que só se pode entender o comportamento dos membros dos times de futebol em um campo se se compreender que eles estão ou tentando marcar um gol ou defendendo sua meta.

Hegel, porém, insiste igualmente que, ao fazer filosofia da religião, nossa preocupação

> *não é com Deus enquanto tal, ou enquanto objeto, e sim com Deus do modo como Ele é [apresentado] em sua comunidade.* Por óbvio, Deus pode ser genuinamente entendido em seu modo de ser como um espírito, por fazer de si mesmo contraparte em uma comunidade, cuja atividade em relação a Ele reúne. Dessa maneira, fica entendido que a doutrina de Deus será alcançada e ensinada somente como a doutrina da *religião* (*LPR* 1: 116).

Tais comentários não contradizem a afirmação previamente comentada, e sim apresentam-lhe o lado reverso da moeda. As pessoas não acreditam que Deus, se Ele existe e se Sua natureza é, de alguma forma, inteligível, possa ser compreendido tão somente como uma abstração filosófica. Antes, os fiéis creem que Deus é, primeiramente, transcendente e misterioso; mas, ao mesmo tempo, acessível, alguém para quem eles rezam e cantam e oferecem adoração, em quem confiam e esperam, que lhes revela deus-mesmo[88], ama-lhes, castiga e, também, salva. Abstrações descarnadas sozinhas não nos conferem acesso a Deus assim entendido. Os filósofos devem primeiramente, aventurar-se a conhecer Deus do modo como Ele é conhecido na perspectiva religiosa, ou seja, por meio da compreensão dos processos afetivos, discursivos e práticos segundo os quais comunidades e pessoas devotas envolvem-se com Ele. A investigação que visa tal compreensão leva a uma outra, concernente a como Deus "poderia ser em si mesmo", sua natureza. Em última análise, a primeira investigação só pode chegar a uma conclusão à luz do resultado da

88 *Godself* no original em inglês [N.T.].

segunda. Pode muito bem ser verdadeiro, e para Hegel o é, que uma adequada compreensão da natureza de Deus demande categorias filosóficas que aparentem ser extremamente abstratas quando comparadas com a vivacidade concreta e poética do discurso religioso; não obstante, Hegel aposta que, por meio delas, chegamos à verdade, em certo sentido a mais basilar possível, a respeito do Deus de que fala a religião. A natureza dessa verdade, contudo, é altamente contestada, como veremos a seguir.

Hegel inicia sua discussão sobre a consciência religiosa comentando sobre a conscientização de Deus de que desfrutam os fiéis, e à linguagem que lhe confere expressão. A conscientização religiosa começa na "*fé* – ou seja, uma certeza enquanto sentimento e existente no sentimento" (*LPR* 1: 386). A fé é uma convicção sentida de que "Deus é distinto de mim, independente, absolutamente em-e-por-si-mesmo, e, *vis-à-vis* eu mesmo, este ser real que é em-e-por-si é, a um só tempo, meu próprio e está em meu eu" (*LPR* 1: 386). A fonte dessa certeza que pertence à fé é, basicamente, o "testemunho do próprio espírito, que este conteúdo se conforma à natureza do meu espírito e satisfaz às necessidades do meu espírito" (*LPR* 1: 389), ou seja, o sentimento de que Deus responde às necessidades mais arraigadas do eu. Hegel sabe que "cada conteúdo é capaz de ser no sentimento: religião, direito, ética, crimes, paixões" (*LPR* 1: 395). Sentir, por si só, não pode ser a base última da verificação da consciência religiosa; ainda assim, é no sentimento que o conteúdo da religião pertence primeiro ao fiel; por meio dele, "o conteúdo genuíno inteiro está dentro de nossa verdade subjetiva, desse invólucro" (*LPR* 1: 393).

O invólucro, contudo, precisa ser aberto, e seu conteúdo trazido à vista, algo que Hegel discute ao comentar sobre o que ele chama de representação religiosa. Acredito que estes comentários sejam mais bem entendidos como uma discussão a respeito da natureza e funções do discurso religioso, em contraste com as filosóficas; assim, eles serão examinados desse ponto de vista. Em primeiro lugar, as "formas sensíveis das configurações pertencem à representação", ou seja, os operadores que transportam sentido no discurso religioso propriamente dito são, antes de qualquer coisa, "*imagens*" (*LPR* 1:

397). Há que se notar que o tipo de imagem em questão é "de algum modo, simbólico, ou alegórico, e que temos diante de nós algo duplicado, primeiro o imediato, e depois seu significado, seu sentido interior" (*LPR* 1: 397-398). Dessa feita, a imagem de Deus como "Pai" não deveria ser compreendida como designando-o, literalmente, como o pai (masculino), mas sim como apontando para além de si mesmo, para Deus como aquele que abraça o eu e a comunidade humana com poderoso, e carinhoso, amor. Imagens dessa natureza, graças ao seu papel básico no próprio discurso religioso, dotam esse mesmo discurso de um sentido metafórico ou simbólico.

Aquele sentido é expresso não apenas em imagens discretas ou símbolos, mas também, e mais importante, em narrativas que as incorporam e permitem que sua significância formal seja determinada. Algumas dessas narrativas, como as histórias dos deuses gregos, apelam às nossas imaginações; mas, de resto, não possuem maior importância, enquanto outras podem ter maiores consequências, cujo primeiro exemplo, para Hegel, é a história de Jesus:

> algo dúplice, uma história divina. Não [está lá] somente essa história aparente, que deveria ser tomada somente como a história ordinária de um ser humano, mas também o divino está em seu conteúdo: um acontecimento divino, um dever divino, uma ação absolutamente divina. Esta ação absolutamente divina é a dimensão interna, genuína, substancial, dessa história (*LPR* 1: 399).

É essa dimensão da narrativa que a provém de sua essencialmente religiosa importância. Graças ao contraste entre os sentidos interior e exterior da história, sua significância também é importantemente simbólica na forma. Além disso,

> Para a consciência ordinária, para a consciência em sua formação ordinária, a religião existe, essencialmente, nestes modos, como um conteúdo que se apresenta em uma forma sensível, uma série de ações e determinações sensíveis que se seguem umas às outras e ocorrem, lado a lado, no espaço. O conteúdo é empírico, concreto e multifacetado; sua combinação reside, parcialmente, na contiguidade espacial e, parcialmente, na sucessão temporal. Ao mesmo tempo, porém, esse conteúdo possui seu aspecto interior – há espírito naquilo que age sobre o espírito (*LPR* 1: 400).

O discurso religioso, entretanto, não é inteiramente formado por imagens simbólicas, narrativas e outras formas discursivas que transportam, igualmente, sua significância religiosa propriamente dita em termos simbólicos. Hegel assevera, "configurações não sensíveis também pertencem à representação" (*LPR* 1: 400). Não são imagens, e sim conceitos, como ele observa explicitamente nessa parte da discussão (*LPR* 1: 401), quando menciona, como exemplos, as noções de criação, de Deus como tal e dos predicados a Ele atribuídos, como a onisciência, as supremas bondade e justiça (*LPR* 1: 401). Com cada um desses conceitos, "temos determinações fixas de conteúdo, cada uma das quais simples e independente, lado a lado às demais" (*LPR* 1: 401). Em conexão com os comentários a respeito dessas "configurações não sensíveis", há que se manter duas ideias em mente: primeiro, conquanto o discurso religioso repouse relevantemente em símbolos e articulações simbólicas como as narrativas, inclui também uma dimensão conceitual. Segundo, porque o discurso religioso conecta símbolos e narrativas simbólicas com a dita dimensão conceitual, ele articula, genuinamente, uma forma de pensar. Em outras palavras, o pensamento religioso não é um mero produto do sentimento e imaginação, mas também um produto do pensamento. A consciência religiosa como representacional é, por seu próprio mérito, genuinamente reflexiva, algo que Hegel reforça ao observar que, embora requeira tanto o sentimento quanto a representação, uma certa primazia na consciência religiosa, cabe a esta última porque a "representação já contém mais do objetivo – que constitui o conteúdo ou determinação no sentimento. É esse conteúdo que importa, pois precisa justificar-se em sua própria narrativa. Que deva legitimar-se, ou oferecer-se à cognição como verdade, indica, pois, recair mais no âmbito da representação" (*LPR* 1: 403).

Contudo, embora o discurso religioso verdadeiramente articule pensamento, ele permanece sendo um pensamento não racional em sua forma mais realizada, algo sugerido por Hegel quando fala dos elementos conceituais do discurso religioso como "simples e independentes, lado a lado aos demais". Ele vai mais além ao dizer que "até o ponto em que não são analisados internamente, e que suas distinções não são ainda colocadas de forma tal que eles possam relacionar-se mutuamente, eles pertencem [ao reino da] representação" (*LPR* 1: 401). Essa afirmação é mais bem compreendida por meio de um exemplo específico, e nesse particular Hegel sugere a doutrina da criação. Com essa sugestão em mente, suponhamos que as quatro afirmações a seguir são verdadeiras:

1) Deus existe.
2) Deus é onipotente e todo-benevolente.
3) Deus criou o mundo do nada.
4) O mundo existe.

É possível considerar cada uma dessas afirmações em si mesma, com respeito à assertiva específica que cada uma propõe. A primeira afirma, simplesmente, a existência de Deus. A segunda lhe confere dois predicados. A terceira é uma afirmação sobre uma ação divina, aquela de criar o mundo, e sobre a natureza dessa ação, que procede do nada, e não de um material preexistente. A quarta afirma a existência do mundo. Até o ponto em que cada uma delas seja considerada dessa forma, individualmente, isoladas umas das outras, elas não são, para usar as palavras de Hegel, "internamente analisadas", pois cada uma dessas afirmações é, em essência, relacionada às outras e, ao mesmo tempo e de um modo específico, difere das demais. Estas considerações precedentes não capturam nem as relações essenciais nem os modos essenciais de diferir.

Movamo-nos para além dessa situação, que limita o pensamento representacional por meio de uma análise que deixa explícitas as diferenças indicadas por essas afirmações e pelas relações que tanto integram quanto sustentam essas diferenças. Desse modo, a existência de Deus, ao menos em nosso pensamento, coloca-se em oposição às propriedades que atribuímos a Ele. Estas propriedades, contudo, não são verdadeiramente separáveis Dele; elas coincidem o ser infinito de Deus. E porque o Ser divino coincide com a onipotência e a total benevolência divinas, Ele tanto pode criar o mundo a partir do nada quanto tem vontade para fazê-lo. Não só criá-lo do nada, o mundo é nada quando separado de sua relação com Deus, de modo que, sendo distinto de Deus, existe apenas e tão somente quando envolvido pela relação com Ele, da qual depende sua existência. Deus, por seu turno, não é, precisamente, a causa do surgimento do mundo; antes, é a causa do todo e do inteiro ser do mundo, incluindo o seu surgimento. Deus, em e pela Sua relação com o mundo, relaciona-se ao Deus mesmo. O mundo, em e pela relação consigo mesmo, está relacionado a Deus.

O que acabou de acontecer? Começamos com quatro postulados, aparentemente independentes entre si, unidos por uma única conjunção: Deus existe; certas propriedades O definem; Ele criou o mundo e o mundo existe. A análise que se sucede deixa explícita a natureza das diferenças entre estes postulados, e mostra também que tais diferenças podem se sustentar somente no contexto de relações específicas que tanto integram as diferenças em si mesmas quanto as mantêm enquanto diferenças. Hegel afirma que disso resulta uma compreensão conceitual, ou filosófica, destes postulados com os quais começamos, algo que não era possível dado o pensamento representacional pelo qual os consideramos inicialmente. Esse resultado compreende a natureza da relação entre o mundo e Deus e, simultaneamente, as diferenças existentes entre Deus e o mundo no âmbito daquela relação. Ao especificar (a) a relação que une o mundo a Deus, bem como (b) as diferenças que os distinguem, é estabelecida uma compreensão do ser mesmo de Deus e do mundo, alcançando, então, o segundo lado da tarefa perseguida pela filosofia da religião: tentar entender Deus como Ele "poderia ser em si mesmo".

Por que o pensamento filosófico, ou especulativo, é capaz de alcançar um tipo de compreensão inatingível para o pensamento representacional? Isso ocorre porque a compreensão filosófica segue apenas uma determinação de conceitos, ou categorias, mais básica e justificada, tais como identidade, diferença e relação, dentre as diversas modalidades possíveis que tais categorias podem assumir, e as relações obtidas entre essas possibilidades diversas. Somente se tivermos compreensões concretas e evidentemente verdadeiras sobre identidade, diferença, e assim por diante, poderemos, então, de forma garantida e totalmente adequada, chegar a compreender as diferenças inter-relacionadas que distinguem e integram propostas como aquelas pertencentes aos quatro postulados que já discutimos, compreensão essa que exibe, unicamente, o sentido e a verdade desses postulados – se eles forem verdadeiros. Hegel afirma que uma compreensão mais básica, concreta e justificada de categorias como identidade e diferença só pode advir de um pensamento autônomo, minimamente oriundo apenas dos recursos que proveu para si mesmo e seguidor dos processos que determinou para si mesmo. Para Hegel, tal pensamento é inteiramente racional ou filosófico, pois só o pensamento que determina categorias (como identidade e diferença) é capaz de operá-las adequadamente, pode exibir o sentido e a verdade das propostas inicialmente apresentadas no e para o pensamento representacional. Dessa forma, somente o pensamento filosófico pode, de maneira inteiramente apropriada, exibir o sentido e a verdade das propostas religiosas. O pensamento representacional, em sua forma religiosa, apresenta propostas às quais pertencem diferenças inter-relacionadas que precisam ser compreendidas para que seu sentido e verdade sejam inteiramente compreendidos e, ao mesmo tempo, dados os seus próprios recursos, não podem atingir tal compreensão. Essa (e todas as outras) formas de pensamento representacional demandam um repensar filosófico de seus próprios conteúdos e propostas; em outras palavras, uma compreensão inteiramente adequada do sentido e da verdade das propostas religiosas não está ao alcance do pensamento religioso propriamente dito. O pensamento religioso aponta para além de si mesmo, para a filosofia, a bem da compreensão inteiramente adequada do sentido e da verdade das propostas religiosas.

Essa recém-mencionada afirmação, aberta a diferentes interpretações, é a base para a controvérsia a respeito da visão hegeliana no que tange à verdade religiosa compreendida desde um ponto de vista filosófico, em contraste com a perspectiva religiosa. Por um lado, ele defende que o pensamento especificamente religioso, porque representacional, conforme seus próprios termos, pede por um repensar de suas próprias propostas: "na religião a verdade foi revelada até o limite do seu conteúdo; apresentar tal conteúdo *na forma* de conceito, de pensamento, do conceito na forma especulativa, é uma outra questão" (*LPR* 3: 283). Isso sugere que a filosofia, ao levar adiante compreensões especulativas das propostas religiosas, está tão somente sendo fiel às exigências do pensamento religioso, e que as compreensões especulativas preservam o conteúdo da verdade religiosa e, ainda que significativamente, apresentam essa verdade em uma forma diversa daquela disponível para o pensamento representacional, de modo que desde uma perspectiva religiosa é possível a alguém afirmar uma articulação filosófica da verdade religiosa como sua própria. Não obstante, Hegel também defende que apenas a filosofia pode apresentar uma compreensão inteiramente adequada da verdade pertencente às propostas religiosas, e o faz precisamente por re-conceitualizar o conteúdo do discurso religioso de uma maneira que surpassa sua forma propriamente religiosa, e diz: "embora a representação encerre o conteúdo de sua própria forma, o conteúdo permanece pertencente ao pensamento" (*LPR* 3: 286). Isso sugere que alguém seria capaz, a partir de uma perspectiva religiosa, de inevitavelmente equivocar-se em relação ao conteúdo ou sentido das propostas religiosas, bem como compreender mal a verdade que porventura contenham, dado que seu conteúdo é "pertencente ao pensamento", à filosofia, e só pode ser verdadeiramente entendido a partir de um ponto de vista filosófico, e não religioso. Nesse caso, o pensamento filosófico sobre propostas religiosas pode, legitimamente, reinterpretá-las em outros termos aceitáveis, não religiosos, ao afirmar, por exemplo, que a verdade delas diz respeito a uma compreensão inteiramente humanista e imanente da finalidade e do bem mais elevados a que se destina a vida humana, ao invés de interpretá-los em termos da relação dos seres humanos com uma realidade verdadeiramente divina – e, portanto, transcendente. Isso nos confere um construto não religioso das propostas religiosas, advindo de uma articulação filosófica que não pode ser afirmada a partir de uma perspectiva religiosa.

Excelentes intelectuais, teólogos e filósofos dividem-se a respeito das diferentes possíveis interpretações do resultado da filosofia hegeliana da religião que acabei de articular. Por exemplo, Peter Hodgson acredita que Hegel apresenta um dos dois paradigmas fundamentalmente diversos que estão disponíveis ao pensamento genuinamente cristão: "ambos oferecem um verdadeiro *insight* sobre a realidade de Deus e da religião, e ambos possuem limitações" (HODGSON, 2005: 258). William Desmond, por sua vez, só encontra limitações: "um ídolo não é menos ídolo quando forjado de pensamentos e conceitos do que um outro de pedra, ouro ou barro" (DESMOND, 2003: ix). Os comentários que ofereci anteriormente, breves indicações da natureza de um repensar filosófico hegeliano de uma consciência representacional da criação, não poderiam, por si mesmos, mostrar o porquê de ser possível supor que a resultante desse repensar da verdade religiosa seja antitético à maneira na qual essa verdade é concebida, desde um ponto de vista religioso. Mas é possível ir além. Mencionarei dois passos que podem ser tomados nessa direção.

Primeiro, há que se notar que, para Hegel, o pensamento representacional lida com afirmações tomadas isoladamente e, portanto, com diferenciação, enquanto o pensamento filosófico ou inteiramente racional traz integração, cujo resultado é alguma forma de unidade. O pensamento representacional concernente à criação, o caso previamente citado, traria ao centro as diferenças que, supostamente, existem entre Deus e o mundo; todavia, essa linha de pensamento poderia ter continuidade: um repensar filosófico dessa doutrina, inicialmente apresentada pelo pensamento representacional, iria mais além, e fundamentalmente, trazendo ao foco a necessária inter-relação entre esses termos que o pensamento representacional diferenciava, integrando-os em uma unidade à qual pertencem como momentos. Nesse caso, a concepção representacional de Deus e do mundo, diferenciados entre si, é sucedida e suplantada por uma compreensão mais inteiramente racional da unidade obtida entre Deus e o mundo. A ideia de que Deus está, de alguma forma, para além do mundo é, portanto, perdida, pois a partir da perspectiva filosófica se interpreta a "verdade" da doutrina religiosa sobre a criação de uma forma que é impossível, desde aquela perspectiva, de ser afirmada.

Stephen Crites parece defender uma versão da posição que acabei de apresentar: "transcender o limite formal da representação é transcender a religião tal como é" (CRITES, 1982: 54). Acredito, contudo, que existe um problema com o raciocínio que esbocei, pois o pensamento representacional não traz ao foco somente a diferenciação; ele traz, e precisa indicar, tanto as diferenças quanto as inter-relações, algo que não pode ser compreendido inteiramente a partir da perspectiva do pensamento representacional, bem como tanto as diferenças quanto as relações situam-se, necessariamente, entre os termos com os quais se está lidando. Ambas, diferenças e inter-relações, são, no mínimo, fornecidas por e para o pensamento representacional. Por sua vez, o pensamento filosófico não dá conta das diferenças ao remetê-las a unidades integradas que as anulam; pelo contrário, reconhece as diferenças em termos de inter-relações que as integram e unificam, mas também as preserva enquanto diferenças. É razoavelmente possível entender o esboço que forneci anteriormente de uma re-atuação filosófica da doutrina da criação no decorrer dessas linhas, sugerindo que transcender a consciência representacional por meio do pensamento filosófico não implica a transcendência do pensamento religioso enquanto tal.

Mas um segundo passo na defesa de que um repensar hegeliano da representação religiosa manifesta uma "verdade" antitética àquela passível de ser afirmada desde um ponto de vista religioso é possível. Ele tem a ver com a mais básica das categorias pelas quais Hegel concebe Deus em termos filosóficos. Já citei um texto no qual ele afirma que a ocupação do filósofo:

> não é com Deus enquanto tal, ou enquanto objeto, e sim com Deus do modo como *Ele é [apresentado] em sua comunidade*. Por óbvio, Deus pode ser genuinamente entendido em seu modo de ser como um espírito, por fazer de si mesmo contraparte em uma comunidade, cuja atividade em relação a Ele reúne. Dessa maneira, fica entendido que a doutrina de Deus será alcançada e ensinada somente como a doutrina da *religião* (*LPR* 1: 116).

Não é este o lugar para examinar com vagar o conceito notoriamente difícil do "espírito" na filosofia hegeliana. É suficiente dizer que Robert Williams apresenta uma hipótese eminentemente plausível ao associar a concepção hegeliana de espírito a discussões mais contemporâneas a respeito do problema entre o eu e o Outro[89] e da intersubjetividade. Williams defende que o conceito hegeliano do espírito é "uma concepção fundamentalmente interpessoal e social" (WILLIAMS, 1992: 14), e que o espírito absoluto "não é uma entidade metafísica e transcendente, e sim a realização mesma de um reconhecimento mútuo-recíproco" (WILLIAMS, 1992: 14), que tem como resultado a intersubjetividade – seja interpessoal ou social, num sentido mais amplo. Diante dessas visões, é possível pensar, numa maneira que o próprio Williams não endossaria de todo, no seguinte: parte da compreensão hegeliana do reconhecimento é aquela que, concretamente, alcança o autoconhecimento apenas no reconhecer-se e ao ser reconhecido pelo Outro. É possível dizer que mesmo Deus só pode conhecer o deus-mesmo ao atingir o autoconhecimento em e por meio das relações com aqueles que se apresentam como não Deus: as criaturas, mais especificamente as humanas, algo que, em si mesmo, parece negar a tradicional noção teológica de que a perfeição infinita pertence a Deus pelo simples fato da asseidade divina. Mais além, a ideia de Deus como espírito habitando a comunidade humana, como exige a Cristandade, é, pode-se dizer, corretamente interpretada como uma representação da própria comunidade como o domínio intersubjetivo em cuja vida seus membros participam, adquirindo, pois, autoconhecimento, posto que à medida que a "consciência-de-si" da comunidade, por assim dizer, reside na consciência que seus membros possuem de si mesmos como participantes do todo social. Assim, os indivíduos encontram seu "horizonte final na comunidade humana" que abarca, de modo muito específico, a "deificação da sociedade" e "a humanização de Deus" (WESTPHAL, 1979: 181).

Mas, de novo, a leitura recém-esboçada de Hegel não é inevitável. Como vimos, ele remete especificamente à doutrina da criação, e é relativamente plausível dizer-se que se Deus cria tudo a partir do nada que não o deus-mesmo, então Ele há de ser não criado, deve existir apenas por causa do deus-mesmo. Hegel apresenta essa ideia ao

89 Esse termo é frequentemente apresentado com inicial maiúscula em discussões referentes a um outro eu, e à relação entre um e outro eu.

referir-se a Deus como a "substância absoluta", que lhe leva a dizer que "Deus é a absoluta subsistência, a única e verdadeira realidade", de onde todo o resto que "subsiste tem suas raízes e subsistência somente naquele Um" (*LPR* 1: 369). Insistir que Deus é "espírito" não significa anular essa posição, mas preservá-la e subordiná-la dentro do contexto subsequente. O espírito, por sua vez, é "*completamente ativo*. Mais precisamente, é a atividade da *automanifestação*", e "manifestar significa 'tornar-se para um outro'" (*LPR* 1: 176). Para Deus, ser automanifesto é criar o mundo humano, e revelar o deus-mesmo aos seres humanos. Se Ele revelar o deus-mesmo aos seres humanos, estes, então, precisam tanto participar no autoconhecimento divino quanto obter a consciência de si à luz do seu conhecimento de Deus. Deus, por seu turno, conhece o deus-mesmo no contexto do saber das Suas relações com os seres humanos. Ao mesmo tempo, sendo Deus simultaneamente absoluto autossubsistência e espírito. O autoconhecimento divino precisa, em primeiro lugar, apresentar-se no âmbito do deus-mesmo, pois o ser daquilo que é autossubsistente há que ser infinito e coincidir com todas as suas perfeições, as quais, por sua vez, têm que ser infinitas, inclusive a perfeição do saber e, portanto, do autoconhecimento. Por assim dizer Deus precisa, primeiramente, manifestar o deus-mesmo ao deus-mesmo, de que pode ser uma narrativa a doutrina da Santíssima Trindade, muito embora não seja esse o caso com respeito aos vários relatos daquela doutrina que Hegel apresenta.

Há problemas com os quais essa narrativa precisa lidar[90], mas ainda assim ela se mantém, creio eu, ao menos como alternativa plausível para a leitura de Hegel, que exige que um repensar hegeliano do discurso religioso propriamente dito possua uma "verdade" que não se possa afirmar desde um ponto de vista religioso. Introduzi elementos ao relato precedente que pertencem, obviamente, mais a Tomás de Aquino que a Hegel, mas acredito serem inteiramente consistentes com a substância da argumentação hegeliana. Diante disso, e reconhecendo que não poucos discordariam, acredito existir muitas razões para afirmar que uma re-atuação hegeliana

90 Tentei lidar com alguns deles em De Nys (2009: 153-185).

da autocompreensão religiosa, daquilo que ele chamaria representação religiosa, promove, ou pelo menos é capaz de, um resultado que capaz de ser afirmado desde um ponto de vista religioso.

A essa altura, porém, é importante relembrar que não há necessidade de um filósofo para se tomar uma posição preordenada a respeito da verdade das afirmações religiosas, da natureza da verdade religiosa, ou da relação e/ou diferença entre as verdades religiosa e filosófica. A única obrigação que o filósofo da religião possui é dizer a verdade sobre a religião da melhor maneira possível e dentro dos parâmetros das questões que estruturam sua pesquisa, esforço esse que é o de Hegel, no qual ele objetiva uma compreensão verdadeira da religião que supostamente possui as características que, ao seu ver, pertencem a todas as verdades filosóficas, nomeadamente abrangência e radicalidade. Ele tenta entender tanto as múltiplas dimensões dos envolvimentos humanos com uma realidade supostamente sagrada e divina quanto a realidade em si mesma, enquanto se revela nos envolvimentos religiosos humanos, e como ela é em si mesma na medida em que fosse alcançado, esse entendimento seria compreensivo (por lidar com e inter-relacionar todos os lados do fenômeno da religião) e radical (por perseguir as raízes daquilo que deveria ser religiosamente importante). Além disso, ele afirma oferecer as garantias para a concepção da razão que precisa ser justificável se a pesquisa se destina a obter essa abrangência e essa radicalidade, uma concepção de razão capaz tanto de suplantar pontos de vista inteiramente finitos na compreensão da realidade infinita quanto de contextualizar as bases do finito. A filosofia da religião hegeliana é bastante, e legitimamente, aberta às críticas religiosas, filosóficas e teológicas. Ainda assim, seus críticos, de perspectivas religiosas e não religiosas igualmente, não conseguem deixar de se ocupar dela, um atestado do poder de seu empreendimento filosófico. A abrangência e a radicalidade de suas reflexões filosóficas sobre a religião, e a concepção de razão cujas garantias ele afirma apresentar, permanecem como desafios para nossas tentativas continuadas para entender a verdade sobre a religião e, num sentido mais lasso, para se fazer filosofia nesse momento de nossa história.

9
Filosofia da história

Lydia L. Moland

Hegel levou o estudo da história extremamente a sério: para começar, curiosidades históricas parecem ter-lhe deliciado, pois suas lições fervilham com detalhes obscuros de rituais matrimoniais chineses e divindades persas, análises dos discursos de Péricles, relatos das Guerras Púnicas e comparações entre godos e visigodos. Também se interessava bastante nos eventos contemporâneos que moldavam a história ao seu redor, dedicando suas energias até o fim da vida à análise da nova Lei da Reforma Inglesa. Mas é possível que, à sua maneira, tenha sido um *filósofo* da história, dedicado a descobrir-lhe o significado, uma busca que o levou até algumas das questões mais fundamentais que um ser humano pode inquirir sobre sua vida coletiva: como ocorre a mudança social? Serão os homens autodeterminados ou simples peões de forças mais poderosas? Que papel das entidades políticas, como estados e nações, desempenham no desenvolvimento histórico, e por quê?

A resposta de Hegel a essas questões resulta em algumas das afirmações mais controversas e malcompreendidas de sua teoria filosófica. Esses malentendidos, que discutirei na segunda seção, podem ser mitigados quando entendemos melhor seu compromisso filosófico fundamental, articulado no início de suas lições sobre a filosofia da história: "A história mundial nada mais é do que o progresso da consciência da liberdade; progresso esse que precisamos reconhecer em sua necessidade" (*PH* 19)[91]. Dito de maneira mais simples, Hegel acredita que a história do mundo é uma crônica da

91 *PH* se refere à tradução de J. Sibree, *The Philosophy of History* (HEGEL, 1991c), a versão para o inglês de *Vorlesungen über die Philosophie der Geschichte*, editada por Eva Moldenhauer e Karl Markus Michel (HEGEL, 1986).

crescente compreensão dos seres humanos a respeito de si mesmos como essencialmente livres. A história *filosófica*, o que Hegel acredita estar fazendo, diverge de outras formas de pesquisa histórica por interpretar até mesmo detalhes curiosos – rituais matrimoniais chineses, divindades persas, e assim por diante – como evidência de como a cultura em questão entendia liberdade. Ele considerava que as revoluções políticas de sua geração apontavam que essa compreensão havia alcançado uma nova sofisticação, mas também que o progresso da liberdade tinha ainda um longo caminho adiante de si, e que seu futuro era frágil. Fragilidade essa que, ironicamente, é espelhada em uma gama de pronunciamentos do próprio Hegel, muitos dos quais nós descartaríamos hoje por denunciar uma concepção defeituosa de liberdade da parte dele.

Antes de nos voltarmos para sua teoria, necessário se faz um comentário sobre o *status* dos textos hegelianos: ele lidou com a história humana em dois dos seus trabalhos publicados: *Princípios da filosofia do direito* (§ 341-360) e na parte III de sua *Enciclopédia*, a *Filosofia do espírito* (§ 548-552). Em ambos os contextos, seus comentários chegam a ser impenetráveis de tão breves; mas, ainda assim, essas notas publicadas possuem a significativa vantagem de indicar que Hegel via a história como articulação entre o "espírito objetivo" e o "espírito absoluto". O primeiro descreve como as instituições da vida ética (família, sociedade civil, Estado) precisam ser estruturadas com o fito dos humanos serem livres; já o segundo narra as tentativas humanas de refletir e compreender sua liberdade por meio da arte, religião e filosofia. A discussão hegeliana sobre a história aparece na transição do "espírito objetivo" para o "absoluto", contendo elementos de ambos. A história é terrena, do modo como nossas reais experiências nas instituições do "espírito objetivo" também o são, mas dar sentido a essas experiências demanda uma reflexão típica do "espírito absoluto". A história não é um simples recontar do que e quando aconteceu, mas também a nossa interpretação destes eventos, e como tal, fornece uma transição entre essas duas grandes partes do sistema hegeliano.

Muito do que é comumente conhecido como filosofia hegeliana da história, porém, vem não desses trabalhos publicados, mas sim de cinco séries de lições ministradas por Hegel na Universidade de Berlim. Sendo anotações de conferências, pesadamente editadas após a morte do filósofo, os textos resultantes são suscetíveis a inquietudes crônicas sobre o quanto de pensamentos hegelianos[92] contém. Não obstante, quando consultadas com o devido ceticismo, constituem-se em rica fonte. *The Philosophy of History* de J. Sibree, baseada na edição de Hegel de 1840, é a única tradução em língua inglesa que traz o uso extensivo do detalhe histórico por Hegel. A introdução a essas lições tem sido traduzida mais frequentemente a partir de uma variedade mais abrangente de textos originais[93]. A seguir, utilizarei primordialmente a edição de Sibree para oferecer uma trajetória ampla do relato histórico hegeliano; depois, voltar-me-ei para as questões interpretativas mais extensas previamente citadas.

O relato histórico hegeliano

História, como nos foi dito, é o progresso da consciência da liberdade. Hegel anuncia, então, que vai traçar esse desenvolvimento ao longo da história, iniciando com o conhecimento dos "orientais, que sabiam que apenas *Um* era livre, depois para o mundo dos gregos e romanos, em que *alguns* eram livres, e, finalmente, nosso próprio conhecimento de que *todos* os homens, como tais, são livres, pois o *homem* é livre por natureza" (*LPWH* 54)[94].

Como prefácio explicativo para essa afirmação, Hegel primeiramente descarta os africanos como um povo "não histórico", declaração essa fundamentada nos relatos de missionários a respeito

92 Joseph McCarney, em sua excelente introdução à filosofia da história de Hegel, fornece um útil sumário das várias edições e debates que orbitam estes textos (MCCARNEY, 2000: 7-8).

93 Essas edições incluem *Introduction to the Philosophy of History*, traduzido por L. Rauch (HEGEL, 1988), *Lectures on the Philosophy of World History – Introduction: Reason in History*, traduzido por H.B. Nisbet (HEGEL, 1975b; de agora em diante *LPWH*), *Reason in History: A General Introduction to the Philosophy of History*, traduzido por S. Hartman (HEGEL, 1953). Cf. novamente McCarney (2000: 221-222) e Wilkins (1974: 17).

94 *LPWH* é a tradução inglesa de *Die Vernunft in der Geschichte* (HEGEL, 1955).

do canibalismo dos africanos e de sua escravização mútua, de onde conclui que todos os africanos apresentam um "perfeito *desprezo* pela humanidade", e são, em essência, irremissíveis (*PH* 95). Após este assombroso exemplo de estigmatização racial, incoerente com sua professada crença na liberdade humana, Hegel dirige-se para o mundo oriental ao discutir a China. Para ele, os chineses sabiam que uma pessoa, qual seja, o imperador, era livre, uma convicção entranhada em toda sociedade e afetando tudo, desde as atitudes pertinentes ao castigo corporal até a ênfase na piedade filial. Seu maior argumento é que a crença de que apenas o imperador era livre permitiu à civilização chinesa tratar a todos, exceto o monarca, como não livres, algo que explica fenômenos como os suicídios recorrentes, a escravidão e a exposição de recém-nascidos (*PH* 138). Hegel move-se, então, para a Índia, deplorando sua estrutura de castas como negação da liberdade humana, analisando sua literatura e contrastando Hinduísmo e Budismo. Os persas, objeto seguinte de sua análise, foram os primeiros a não descrever o dever como algo determinado por papéis naturais, como a piedade filial (China) e a casta (Índia), mas a imaginar o divino como um "bem abstrato, do qual todos são igualmente capazes de se aproximar e podem igualmente venerar" (*PH* 175). Hegel continua a delinear o progresso da liberdade pelos impérios babilônico, assírio e meda, bem como por meio dos relatos dos israelitas e dos egípcios. A cada estágio, afirma encontrar a consciência da liberdade humana avançando dialeticamente, com os impérios produzindo, em seus colapsos, novos e mais promissores conceitos dessa liberdade.

Os gregos sabiam que alguns humanos eram livres, e Hegel os descreve como autoconscientes de si enquanto indivíduos, e não apenas instâncias de papéis naturais. Eles também reconheciam que sua civilização era uma obra deles: o grego respeitava tanto seus deuses quanto a esfera política e moral, mas sabia que ele era "o [ser] espiritual ao qual devia sua grandeza e virtude. Desse modo, sente-se calmo ao contemplá-las, e não é livre apenas em si, mas possui a consciência de sua liberdade" (*PH* 239). Dessa calma e autoconfiança provém algumas das mais belas obras de arte que o mundo já conheceu, bem como o deleite na excelência atlética e na sofisticação política extrema. Tais beleza e sabedoria, entretanto, vieram a um custo que solapou sua própria fonte: os atenienses ostensivamente negaram a liberdade aos seus escravos porque a democracia direta consumia tanto tempo que os cidadãos careciam do trabalho cativo para realizar "o trabalho da vida cotidiana" (*PH* 255). Em última instância, o senso dos atenienses enquanto indivíduos culminou na consciência de Sócrates (*PH* 269), um discernimento do certo e do errado pertinente ao eu, não ditado por normas sociais, passo vital para o desenvolvimento da verdade. A democracia ateniense, ao fim e ao cabo, não pôde suportar o desafio que a consciência impôs ao bem comum, deixando Atenas desestabilizada e vulnerável a agressões externas.

Hegel caracteriza o Império Romano como o terceiro estágio da história. Roma institucionalizou a crença limitada dos gregos na liberdade humana ao estender a cidadania por todo o Império: caracterizava-lhe "numa face a universalidade política, na outra a liberdade abstrata do indivíduo sobre o outro" (*PH* 279); mas, em verdadeira forma dialética, o progresso romano no universalismo político e na liberdade abstrata provocaram sua queda. As "formas concretas" dos cidadãos, suas culturas e religiões particulares, foram "esmagadas e incorporadas [ao império] como uma massa homogênea e indiferente" (*PH* 107). A alienação da cultura e da emoção resultante infectou todos os níveis da vida romana: os casamentos eram vistos como meros contratos legais, não baseados em amor; os romanos não participavam nos seus próprios jogos, mas forçavam inimigos derrotados e escravos a entretê-los (*PH* 286, 294). Esse afastamento levou a um crescimento do interesse privado, e dentro em pouco o respeito pelo Estado já não mantinha as facções contrárias no "necessário equilíbrio" (*PH* 307). Veio a discórdia civil, deixando Roma suscetível à invasão das tribos germânicas.

Mas antes da queda de Roma, a história mundial deu um decisivo passo adiante, segundo Hegel, com o advento da Cristandade. Os gregos imaginavam os deuses em forma humana, enquanto o cristianismo foi mais além e declarou que Deus havia se *tornado* humano: "foi então, por meio da religião cristã, que a ideia absoluta de Deus, em sua verdadeira concepção, alcançou a consciência. O homem, finito quando visto por si mesmo, é agora, ao mesmo tempo, a imagem de Deus, e fonte da infinitude em *si mesmo*", uma crença que lhe garantiu "infinito valor" (*PH* 333). O mundo cristão, afirmou Hegel, é "o mundo da completude", em que os humanos não mais se voltam para a natureza ou para o sublime para o seu entendimento da divindade, e sim consideram a si mesmos como reconciliados com, e continentes, da divindade (*PH* 342). Novamente, essa crença terá explícitas consequências sociais, pois Hegel afirma que "sob o cristianismo a escravidão é impossível" dado que o homem é "contemplado em Deus" e seu "infinito valor abole, *ipso facto*, toda particularidade vinculada ao nascimento ou país" (*PH* 334).

Todavia, como a persistência da escravidão deixou claro, o alvorecer dessa realização não significou, de imediato, sua implementação. No quarto, e final, estágio da história, o cristianismo chegou na Europa, e prosseguiu com o desenvolvimento de sua mensagem, uma etapa chamada por Hegel de "*Die germanische Welt*" ("O mundo germânico"), referindo-se à civilização do norte europeu (se quisesse dizer "civilização alemã", a teria nomeado "*Die deutsche Welt*")[95]. Ele devotou significativa energia para explicar como o início dessa era, ao invés de apresentar as promessas libertadoras do cristianismo, foi caracterizada pela brutalidade e pela atrocidade. Primeiramente, a tentativa cristã de civilizar as paixões nos assentamentos medievais primitivos foi recebida com resistência furiosa: "a religião avança como um desafio à violência das paixões, e as instiga à loucura" (*PH* 354). Além disso, o cristianismo não compreendeu sua própria verdade, e os equívocos resultantes levaram a mais barbaridades – Hegel vincula a doutrina da transubstanciação (a crença em que, na eucaristia, o pão se torna *verdadeiramente* o corpo de Cristo) ao objetivo dos cruzados em tomar o verdadeiro local da tumba de Jesus (*PH* 390). O princípio cristão rejeita a necessidade de objetos sagrados, uma vez que a divindade está localizada dentro

95 Sobre essa questão, cf., p. ex., Avineri (1962).

do humano, mas a Cristandade, inicialmente, não esteve à altura do seu próprio conceito.

Um importante avanço final ocorreu com a Reforma Protestante. Para Hegel (ele mesmo protestante, ainda que não ortodoxo), o catolicismo distorcera a mensagem do cristianismo ao se colocar como mediador entre os indivíduos e Deus. A Igreja Católica tratava as pessoas como crianças, e "lhes disse que o homem não poderia ser liberto por sua própria condição moral, mas sim por ações exteriores [...] coreografadas sob o comando dos ministros eclesiásticos" (*PH* 379). Ao criar tal dependência, "uma condição [que é] o oposto mesmo da liberdade é introduzida no próprio princípio da liberdade" (*PH* 379). O catolicismo também descreveu a santidade como oposta à vida cotidiana, "insistindo em castidade, pobreza e obediência para seus sacerdotes" (*PH* 380). Hegel, que às vezes define liberdade como "sentir-se em casa em si mesmo", afirma que nessa renúncia ao cotidiano, o espírito "perdeu sua liberdade, e foi mantido em adamantina servidão daquilo que é estranho a si mesmo" (*PH* 413). As práticas católicas, como a venda de indulgências para o perdão dos pecados, acrescentaram à convicção de Hegel de que a Igreja Católica pervertera a verdadeira mensagem cristã (*PH* 414).

A insistência de Lutero no acesso individual a Deus, sem qualquer intervenção institucional, permitiu aos homens pensar sobre o divino dentro de si mesmos, e não como mediados pela igreja. Essa concepção de divindade reflete, com maior rigor, a verdade como Hegel a vê, ou seja, que os humanos são livres e iguais: "é esta a essência da Reforma: o homem em sua própria natureza, destinado a ser livre" (*PH* 417), uma liberdade que implica autodeterminação: para Hegel, Lutero "estabelecera triunfantemente a posição de que o destino eternal do homem há que ser forjado *em si mesmo*" (*PH* 441). Dito de outra forma, "a verdade com os luteranos não é algo completo e acabado; o próprio sujeito precisa estar imbuído da verdade, entregando seu ser particular em troca da verdade substancial, e fazer dessa verdade a sua mesma" (*PH* 416). O apoio da Reforma à autodeterminação também gerou consequências para a reforma política: "a vida política deveria a partir de então ser conscientemente regulada pela razão. A moralidade costumeira [e] o uso tradicional perderam sua validade; as diversas pretensões têm que provar sua legitimidade, baseadas em princípios racionais" (*PH* 345). A Reforma introduzira a noção de que o secular – casamento, trabalho, cidadania – não precisava ser renunciado em prol da castidade, pobreza e obediência; poderiam, isso sim, ser igualmente espiritual, visto como a "corporificação da verdade, ao passo que anteriormente havia sido considerado unicamente como mal" (*PH* 422). Do mesmo modo, o crescimento da ciência permitiu aos homens sentir-se mais em casa no mundo, ao "reconhecerem sua própria razão na razão que pervade [o universo]" (*PH* 440).

Na seção conclusiva das lições, Hegel traz essa análise abrangente da Reforma na ponderação do evento político definidor de sua geração, a Revolução Francesa[96]. Estudante universitário de dezenove anos quando a Bastilha foi tomada, em 1789, ele saudou o colapso da monarquia francesa com alegre antecipação como seus contemporâneos, convencido de que ela anunciava o início da liberdade política para toda Europa. Já um professor de meia-idade, Hegel ainda se lembrava da euforia que sentira: "todos os seres pensantes compartilharam o júbilo dessa época, um entusiasmo espiritual que vibrou mundo afora, como se a reconciliação entre o divino e o secular tivesse sido alcançada pela primeira vez" (*PH* 447). O fato de o potencial emocionante da Revolução ter se transformado em paranoia e terror desiludiu a geração de Hegel numa medida difícil de superestimar, e ele, como muitos dos seus contemporâneos, viu-se em busca de uma explicação de como uma revolução cuja meta era a liberdade resultara em assassinatos em massa.

Hegel encontrou sua resposta em uma outra concepção inadequada de liberdade, a kantiana. Kant criou a filosofia culminante do Iluminismo: seu imperativo categórico havia definido a ação direita como abstraindo "da inclinação, impulso e desejo", e advogando, então, "a pureza direita pelo bem do direito, o puro dever pelo bem

96 Para um tratamento minucioso desse tópico complexo, cf. Comay (2011).

do dever" (*PH* 442-443). Por via de sua concepção de moralidade, Kant ofereceu aos homens a liberação das superstições religiosas e da tradição irreflexiva, e como a Reforma ocorrida na Alemanha e o protestantismo (para Hegel) já haviam rompido os grilhões, a influência kantiana não incitou a revolta contra a igreja no mundo protestante, mas a França tinha permanecido católica, e a influência do Iluminismo em geral, e de Kant em especial, posicionou aquela sociedade em rota de colisão com o Estado e a igreja conjuntamente (*PH* 444). Faltavam aos franceses as tradições políticas e as disposições cívicas necessárias para manter o alto compromisso da revolução com a liberdade, igualdade e fraternidade, e o sistema político se tornou rapidamente uma presa da suspeita e do abuso. A virtude e o terror tornaram-se a "ordem do dia"; as formalidades legais foram simplesmente abandonadas, e a punição do regime era "igualmente simples: a morte" (*PH* 450).

Tendo assim relatado o mais importante evento histórico mundial do seu tempo, Hegel conclui com alguns comentários sobre o fracasso do reinado de Napoleão e a subsequente reinstalação da monarquia francesa, uma breve análise do sistema parlamentarista inglês e uma importante discussão a respeito da "disposição" protestante ao florescimento da liberdade. Por meio da sua própria descrição da vida ética (o *Sittlichkeit*, esboçado na *Filosofia do direito*), ele busca encorajar o desenvolvimento de tal disposição ancorando a liberdade na experiência concreta da família, trabalho e cidadania. Ele esperava que essa mais atualizada versão da liberdade oferecesse um corretivo para a abstração destrutiva da moralidade kantiana, mas não afirmou que sua teoria, ou qualquer outra teoria europeia, daria a palavra final sobre a liberdade, pois qualquer nação histórica do mundo "é a dominante na história mundial dessa época específica, e apenas uma única vez na história pode desempenhar esse papel momentoso" (*PR* § 347)[97]. Em uma concisa, mas sugestiva, passagem, Hegel sugere que as nações europeias não seriam eternamente o espaço da liberdade: a América é a "terra do

97 PR se refere à tradução de H.B. Nisbet dos *Elements of the Philosophy of Right*, publicado por Allen W. Wood (HEGEL, 1991a). Citado pelo número da seção.

futuro, onde, nas eras adiante de nós, o fardo da história mundial há de revelar-se" (*PH* 86).

Questões levantadas pela filosofia da história hegeliana

Com essa trajetória da história mundial como pano de fundo, podemos lidar melhor com alguns dos dilemas levantados pela filosofia da história hegeliana. Primeiramente, sua afirmação de que o mundo cristão representa o "fim da história"[98]. Quis Hegel dizer que o mundo, ou a escrita da história, não continuará, ou que os eventos futuros não contarão como históricos? Podemos remediar essa confusão se nos lembrarmos novamente que a história mundial é o progresso da consciência da liberdade; a consciência humana da liberdade transitou desde incluir ninguém, para incluir um, alguns e todos. Em termos lógicos, nenhuma outra conceitualização abstrata é possível. Na Cristandade protestante, "o grande princípio do ser é realizado, consequentemente o fim dos dias já se completou" (*PH* 342). Ter alcançado tal conceito abstrato da liberdade humana não significa, porém, que a liberdade foi feita concreta em nossas normas e instituições. O contínuo engajamento de Hegel na política de seu tempo e, por exemplo, sua ojeriza pela pobreza incapacitante do seu tempo, causada pela emergência do capitalismo, deixam claro que ele pensa haver ainda muito a ser feito para realizar nossa crença de que todos os seres humanos são livres. Nessa luta incessante, a história, claro, continua. Seu desenvolvimento conceitual, para Hegel, culminara na relativamente recente percepção de que todos os seres humanos são, em essência, livres.

Hegel tem sido muito difamado por sua descrição do papel que os indivíduos representam na mudança histórica, sua célebre descrição de "indivíduos históricos mundiais" como César e Napoleão, que irromperam radicalmente no horizonte político e "ocasionaram

98 Ideia tornada famosa em *The End of History and the Last Man*, de Francis Fukuyama, no qual o autor propõe que a democracia ocidental liberal é o último estágio da história no sentido hegeliano (FUKUYAMA, 1992). As sérias reservas de Hegel no tocante à democracia e ao individualismo associados ao liberalismo, contudo, tornam improvável que o filósofo alemão aprovasse as conclusões de Fukuyama.

a realização daquilo estava maduro para aquele tempo" (*PH* 30). Tais pessoas sentem o que está morto em seus mundos e agem para destruí-lo, inaugurando uma nova era; possuem "a clara visão; seus atos, suas palavras são as melhores daquele tempo" (*PH* 30). No tempo de vida de Hegel, Napoleão havia desmantelado o já defunto Sacro Império e instaurado um código legal universal, feitos que lhe garantissem a admiração vitalícia do filósofo (vale salientar que essa admiração o colocou manifestamente em desacordo com o nacionalismo alemão, inspirado pela invasão napoleônica aos territórios alemães)[99]. Condenar tais pessoas como meros infratores é ignorar sua importância histórica.

Em que pese seu respeito por Napoleão, Hegel não confere *carte blanche* moral aos indivíduos históricos mundiais; pelo contrário, eles permanecem moralmente responsáveis por seus atos, não importando os efeitos de longa duração que estes venham a ter (*PH* 33). Tampouco os descreve como simples heróis: ele reconhece que figuras históricas mundiais frequentemente trazem a ruína para si mesmos, "morrem cedo, como Alexandre; são assassinados, como César; transportados para Santa Helena, como Napoleão" (*PH* 31). Da mesma forma, reconhece que seus atos trazem a destruição para muitos outros: quando contemplamos "as misérias que oprimiram as mais nobres nações e políticas" e que os "melhores exemplares de virtude moral" haviam sido sacrificados no "abatedouro" da história, sentimos "a mais profunda e desesperançada tristeza, sem nenhum resultado consolatório a contrabalançá-la" (*PH* 21). Os indivíduos históricos mundiais tampouco são santos que agem com o avanço da liberdade em mente: eles são amiúde motivados mais pela ambição pessoal do que por um entendimento explícito do progresso da liberdade. Hegel atribui o fato de a perseguição da ambição pessoal poder levar ao progresso histórico à "astúcia da razão" (*PH* 33), como se ela mesma implantasse esses motivos menos nobres no intuito de atingir suas metas. Desse modo, Hegel reconhece o fato desconfortável de que mesmo quando as ações in-

99 Para uma discussão sobre a atitude de Hegel em relação à reforma napoleônica, cf. Pinkard (2000: 307-312).

dividuais podem ser descritas como puramente egoístas, tudo somado, algumas vezes conduziam ao progresso histórico.

Tudo isso resulta em uma impressão ligeiramente sórdida da mudança histórica, e Hegel parece contradizer-se ao concluir que a história é uma "teodiceia", prova de que tudo acontece sob a vontade de Deus, e, portanto, vem para o melhor. Lembrarmo-nos do porquê de Hegel valorizar tanto a Reforma pode ajudar a explicar o que ele quis dizer: o Reino Espiritual "é criado pelo próprio homem; e quaisquer que sejam as ideias que formemos do Reino de Deus, há que permanecer, sempre, um reino espiritual, realizado no homem, e se espera do homem traduzi-lo em realidade" (*LPWH* 44). Os seres humanos não devem mirar figuras autoritativas em busca da verdade, e sim reconhecer sua responsabilidade em articular e realizar essa verdade, à qual, novamente, Hegel chamou de verdade da Reforma Protestante, ou seja, de que os humanos são destinados a serem livres. Quando diz que "a história do mundo [...] é o processo de desenvolvimento e realização do espírito – é esta a verdadeira teodiceia, a justificação de Deus na história" (*PH* 457), ele pretende virar o conceito tradicional de teodiceia de cabeça para baixo. O que confere sentido à história mundial não é um planejamento divino externamente imposto, e sim o desenvolvimento da compreensão humana de sua essência espiritual, a liberdade, e seu conhecimento de que cabe a eles realizá-la. Se a teodiceia tradicional oferece o conforto, pois tudo o que ocorre é parte do plano divino, a hegeliana sugere que tomemos consolação no fato de que a história, a despeito dos seus banhos de sangue, mostra serem os homens crescentemente capazes de reconhecer sua responsabilidade na realização da liberdade. E é somente quando a história é vista *filosoficamente* que somos capazes de perceber este progresso, noves-fora o custo em vidas individuais e a ruínas de figuras históricas mundiais.

Duas afirmações de Hegel – "a nação como um Estado [*Das Volk als Staat*]" é o "poder absoluto na Terra" (*PR* § 331), e os documentos da história mundial são "a vida das nações" (*LPWH* 28) – também se provaram ser fonte de discórdia. Aqui, a atenção à diferenciação entre nações e estados vem a calhar: em suas lições históricas, Hegel dedica significativa atenção às nações, ou seja, aos grupos com cultura, história, linguagem e território geográfico distintos. Ele reconhece repetidamente a importância da identidade nacional na experiência humana: para que estejamos à vontade no mundo, precisamos entender-nos como membros de grupos históricos e culturais. Ele não endossa, porém, as tradições nacionais como um fim em si mesmo: "na história mundial, nosso tópico só pode ser as nações que formaram estados, pois há que se entender que somente uma nação que se tornou Estado é a realização da liberdade" (*PH* 39). Essa assertiva fica mais clara quando lembramos que Hegel descreve como a instituição final da vida ética, o que ele chama de Estado racional: um governo cujos ramos nutrem a individualidade, mas que também permitem aos indivíduos modificar seus desejos em prol de um bem maior. Um Estado é, pois, o aparato institucional para a decisão política e sua implementação. Uma nação enquanto Estado combina a riqueza cultural nacional com a reflexão inerente às alas do governo que compõem um Estado racional. Se uma nação possui tradições que interferem com a liberdade dos seus membros, a esperança de Hegel é que na transição para o Estado – ao instituir, por exemplo, uma constituição, o equilíbrio legislativo dos poderes, alguma forma de participação cidadã – estas sejam reformadas ou revisadas[100].

A extensão até que uma nação, enquanto Estado, promova a liberdade determina a maneira como será percebida historicamente, o que Hegel chama de "tribunal de julgamento do mundo" (*PR* § 340). Ele considera que um corpo político internacional, como um Estado mundial, poderia solapar a riqueza cultural das nações, de modo que não acredita que estas devam se submeter a sanções legais internacionais. Não obstante, ele claramente assegura a narrativa histórica do progresso da liberdade como um ponto de vista a partir do qual os atos das nações poderão ser avaliados. Podemos, na verdade devemos, realizar julgamentos éticos dos estados (in-

100 Discuto extensivamente as percepções de Hegel sobre esse assunto em Moland (2011).

cluindo o nosso próprio) cujas práticas interferem com a liberdade dos seus membros.

Tudo isso deixa claro que Hegel, em que pese sua reputação em contrário, não endossa o nacionalismo iliberal. Ele não afirma que as tradições culturais são o valor supremo, ou que devem ser cultivadas irrefletidamente. Tampouco é um nacionalista germânico: embora considere, de fato, que as características dos alemães os permitiram entender corretamente aquilo que os franceses tomaram erroneamente, ele é frequentemente um crítico dos seus compatriotas, jamais defende a superioridade cultural germânica, e considera a noção de "Germanidade" (*Deutschtum*) uma "Germanice" (*Deutschdumm*)[101] (PINKARD, 2000: 311). E certamente jamais advogou a expansão territorial alemã. Por mais que suas declarações sobre outras raças sejam espúrias e impregnadas de preconceito, se tomadas como avaliações de ações como escravização mútua e infanticídio, seus julgamentos são mais éticos do que raciais. Ele se dispõe a criticar sua própria sociedade conforme pautas éticas semelhantes, frequentemente reconhecendo que também os europeus são extremamente propensos em desconsiderar suas próprias liberdades. Existe uma ironia cruel em sua complacência ao negar, muito particularmente aos africanos, a liberdade que afirma defender, mas associá-lo ao nacionalismo e à xenofobia do século seguinte é negligenciar detalhes cruciais de sua teoria, e desconstruir seu projeto filosófico.

Por fim, diz-se por vezes de Hegel afirmar que o progresso histórico, mesmo em seus detalhes, é inevitável, e que todos os seus particulares são pré-ordenados. Ele certamente acreditava que a ideia de liberdade, tendo uma vez permeado a consciência humana de alguns, continuaria a se desenvolver e, em última análise, inspiraria a mudança social. Os movimentos pelos direitos civis do nosso tempo fornecem exemplos possíveis: o compromisso professo dos Estados Unidos com a liberdade de todos os seres humanos requereu gerações desenvolvendo-o antes que se estendesse para além dos homens brancos. Contudo, o ritmo no qual este desenvolvimento

101 Aqui o autor fez um jogo de palavras: o sufixo "*tum*" com a palavra "*dumm*" (bobagem). Construímos a palavra "germanice", a partir de "idiotice" [N.T.].

ocorre, e o grau de derramamento de sangue que envolve, não são pré-ordenados. Nós, como indivíduos, somos responsáveis pela maneira como a liberdade avança em nosso tempo, e aqui, mais uma vez, a convenção de Hegel de que os indivíduos são moralmente responsáveis por suas ações, não importando os seus efeitos históricos, tem relevância. O progresso histórico não é seguro, linear, previsível ou irrevogável. Nossa responsabilidade para atuar na mudança positiva com o máximo respeito possível pela vida humana é real, e deveria pesar grandemente sobre os nossos ombros.

Muito há de aparentemente arcaico na filosofia hegeliana da história. Seu uso de estereótipos raciais é desconcertante; sua defesa do Protestantismo parece tendenciosa; seu otimismo, no que tange ao progresso da liberdade, nos soa ingênuo. Contudo, na medida em que consideramos que as grandes lutas do nosso tempo *ainda* dizem respeito à liberdade, a filosofia hegeliana da história permanece relevante. Quando as injustiças raciais, econômicas ou políticas convulsionam o planeta, frequentemente o fazem sob uma afirmação que Hegel reconheceria: que todos os seres humanos são iguais e essencialmente livres, e uma sociedade que é incapaz de promover e proteger essa liberdade está do lado errado da história. Quando ouvimos as condenações da comunidade internacional às violações dos direitos humanos, também é possível termos em mente a corte de julgamento mundial hegeliana. Quando nos dizem que a consciência da liberdade inspirou a Primavera Árabe, podemos pensar na crença de Hegel de que a ideia de liberdade continuaria a provocar levantes históricos. Quando consideramos a posição de Martin Luther King, de que "o arco do universo moral é longo, mas dobra-se em direção à justiça", podemos ser recordados da fé de Hegel, que nosso entendimento da liberdade continuaria a se desenvolver. E podemos esperar, talvez contra todas as probabilidades, que ele estivesse certo.

10
História da filosofia

Jeffrey Reid

As considerações de Hegel sobre a história da filosofia podem ser encontradas majoritariamente na forma de notas publicadas postumamente, sejam suas próprias (além de esparsas anotações de lições) ou, mais amplamente, dos cadernos dos alunos que frequentaram os cursos que ministrou sobre o tema na Universidade de Berlim, entre 1820 e 1831, pouco antes de sua morte. As linhas gerais de algumas de suas ideias também podem ser encontradas em sua *Enciclopédia das Ciências Filosóficas*, nas seções finais do "Espírito absoluto", nas quais ele lida com a filosofia como a mais alta forma da expressão humana. É possível argumentar que as noções fundamentais de sua história da filosofia foram antecipadas em seu trabalho anterior, a *Fenomenologia do espírito* (1806/1807), que reconta a jornada épica do pensamento humano ao longo do tempo, sendo esta mesma jornada a providenciar tanto o conteúdo quanto a forma do relato hegeliano sobre a temática.

Hegel sempre começava seus cursos – fosse sobre arte, religião, estados (história mundial) ou história da filosofia – com lições introdutórias, as quais usualmente lidavam com equívocos comuns, mas também com intuições do senso comum que calhavam de ter fundamento, ainda que ultrapassassem em muito o senso comum. Acima de tudo, ele usava suas introduções para demonstrar como o material apresentado se relacionava à sua noção de ciência (*Wissenschaft*), termo sinônimo à ideia de filosofia sistemática. Tomarei por base estas lições introdutórias para examinar como a história da filosofia se relaciona a essa ideia de ciência, na qual o "amor pela sabedoria" deve ter se tornado o próprio saber[102].

102 As lições introdutórias de Hegel sobre a história da filosofia podem ser encontradas em On Art, *Religion, and History of Philosophy: Introductory Lectures*, publicado

O problema é: se acreditarmos que a história da filosofia precisa ser apreendida antes de compreendermos o que vem a ser a verdadeira filosofia (enquanto ciência), estaríamos, pois, na estranha posição de estudar a história de um objeto que desconhecemos. Ou pelo contrário, não temos como saber o que a filosofia realmente é sem termos, primeiro, estudado sua história, sem conhecer como veio a ser o que é. Em outras palavras, somente a verdadeira, acabada, noção de filosofia nos coloca em uma situação para entendermos sua história, e ainda assim essa verdadeira noção só aparece como resultado de sua história. É esse aparente paradoxo que a torna, de fato, especial, distinta de outras histórias – por exemplo, a história da matemática, dos estados, da arte, e assim por diante, pressupõem o conhecimento dos seus objetos, mas como podemos estudar a história da filosofia sem conhecer o seu objeto? Onde começamos? Bem, iniciemos com a introdução, o elemento retórico que verdadeiramente *nos* introduz, o leitor, o estudante, ao círculo epistemológico que acabei de descrever.

Mesmo que seja retórica, a introdução em Hegel não se trata de uma construção arbitrária do autor; antes, ela é coerente com sua abordagem geral, que supõe ser a verdade algo já conhecido, mas que nós, não obstante, precisamos encontrar (novamente) ou demonstrar. Esse método reverbera a solução de Platão para o argumento erístico: precisamos iniciar a partir de uma introdução que apresente a verdade de modo institucional, ideal, e que possa, subsequentemente, ser utilizada, desenvolvida ou demonstrada dialeticamente, argumentativamente. A introdução hegeliana à história da filosofia pressupõe a verdadeira concepção de seu objeto de pesquisa, a filosofia; que ela já teria sido alcançada e atingido um

---

por J. Glenn Gray com introdução de Tom Rockmore (HEGEL, 1997: 207-317). Essas lições foram retiradas de edições alemãs anteriores, que sintetizaram suas notas junto com as fontes disponíveis dos cadernos dos estudantes, para fornecer uma narrativa coerente. Esforços filológicos e críticos mais recentes consistiram na separação de tais notas, o que permitiu aos estudiosos distinguir entre o próprio manuscrito de Hegel e as fontes originadas das anotações dos cadernos dos estudantes. Cf. *Vorlesungen über die Geschichte der Philosophie*, publicado por Pierre Garniron e Walter Jaeschke (HEGEL, 1994). Os leitores que desejarem conhecer a literatura secundária sobre o tema podem iniciar com Duquette (2002).

ponto culminante na ciência, em que o amor pela sabedoria já havia se transformado em saber. O que é a sabedoria? Para responder a tal questão, o melhor que posso fazer é remeter ao comando socrático: Conhece-te a ti mesmo! Para Hegel, bem como para Sócrates (e o Oráculo de Delfos), a sabedoria é, em último caso, autoconhecimento. A filosofia se torna sabedoria (ciência) quando conhece a si mesma, e conhece a si mesma pelo conhecimento de sua história. Em outras palavras, quando a filosofia reconhece sua história como sua própria e reconhece a si mesma em sua história, então ela é ciência, acrescentando uma dimensão ainda mais profunda à história da filosofia: ao revisitar essa história, estamos verdadeiramente envolvidos no processo da ciência, participamos no autoconhecimento da filosofia.

Eu acabei de descrever o final da história da filosofia, um ponto no qual ela reconheceu-se em suas articulações passadas e as vê como integrais àquilo que é, atingindo a sabedoria do autoconhecimento. Essa ideia do "fim da história" tem sido muito debatida nos estudos hegelianos, em todas as áreas nas quais o método hegeliano é histórico (arte, religião, política mundial, filosofia) e interpretada de várias maneiras. No que tange à nossa discussão, esperamos ser o bastante afirmarmos que, para Hegel, a história da filosofia termina, decerto, na filosofia hegeliana, a que ele chama ciência. Eis, pois, o fim da narrativa filosófica. Contudo, ao invés de perceber esse fato como uma típica loucura alemã, é possível argumentar facilmente que qualquer história supõe um fim, e que este fim não é outro que não o ponto no qual o historiador opta para olhar para trás para recontar a sua história! Em outras palavras, o fim da história (filosófica) pode ser visto como uma necessidade narrativa que provém os meios para suas coerência e completude. Sem esse resumo, sem esse sentido de realização, as narrativas históricas, é possível dizer, tendem a ser nada mais do que o recontar de séries infinitas de eventos enfadonhos e sem sentido.

O principal interesse da história da filosofia envolve a conexão entre os eventos passados e o estágio presente da reflexão filosófica. O que são, porém, esses "eventos" filosóficos? Quais são os protagonistas dessa história? Hegel os chama "os heróis do pensamento", os quais, pelo poder de sua razão, penetraram "no ser das coisas, da natureza, do espírito, de Deus, fornecendo tesouros do pensamento" para nós, os estudantes dessa história, que viremos a reconhecer-nos, como filósofos, naquela história. Os assim chamados "eventos" dessa tal história não têm lugar no mundo físico, mas sim no próprio pensamento, no reino das preocupações universais. Isso significa que quanto menos atenção a história da filosofia dispensar aos aspectos pessoais, particulares, da vida do filósofo, tanto melhor! O importante é o pensamento do filósofo, e não suas idiossincrasias pessoais. Os "atos do pensamento" do passado sobre os quais refletimos podem parecer, à primeira vista, estranhos a nós, coisas pretéritas, mas "em verdade, nós somos o que somos através da história", e nossa consciência desse fato é o que Hegel chama de "posse da razão autoconsciente" (HEGEL, 1997: 211).

Esse processo não é exclusivo nosso, presente, mas sim teve lugar em todos os "presentes", ou seja, todo filósofo do passado tomou o material (do pensamento) que lhe havia sido legado, repensou-o e fez dele seu próprio. Ao fazê-lo, o conhecimento filosófico precedente foi constantemente retrabalhado, transformado, preservado e, também, investido do espírito daqueles que sobre ele refletiram. Dessa maneira, a filosofia pode ser vista como "ascensão em relação à filosofia prévia", de modo a sugerir progresso. Tal progresso não deve ser visto como estritamente linear, e sim, para usar a potente metáfora de Hegel, uma história que "enche como um rio, quanto mais distante estiver de sua fonte" incorporando as contribuições filosóficas de tantos quantos que, no passado, tenham refletido sobre "sua" história, investindo-a do espírito do seu tempo.

Como historiadores da filosofia, os "eventos" que temos perante nossas vistas são sistemas filosóficos humanos, produzidos pelo espírito humano. Num outro nível, contudo, a história diante de nós é aquela do próprio pensamento, a que Hegel chama de a ideia, ou o absoluto, que se torna real e vem a se reconhecer por meio de suas próprias articulações no tempo. Retornarei a essa dimensão absoluta mais adiante, mas por agora, a ideia hegeliana é mais bem compreendida em termos neoplatônicos, em que a mais elevada forma, ou ideia (o bem) de Platão se torna imanente no mundo, dando origem ao desejo humano de conhecer a sua fonte. Em Hegel, é na natureza temporal do processo que a humanidade está envolvida, no decorrer da história da filosofia. Como vimos, entretanto, o fim dessa história implica uma dimensão absoluta na sabedoria da ciência.

O encontro dinâmico entre o aspecto absoluto daquilo que Hegel chama de ciência como um todo, o reconhecimento por inteiro da verdade e da imanência temporal do esforço filosófico humano, é problemático. A verdade, como um absoluto, há que ser eternamente presente, caso contrário não seria verdade. Sendo assim, contudo, como pode ter uma história? Além disso, se a verdade é o todo completamente desenvolvido, qual o verdadeiro *status* de suas partes, dos "eventos" que compõem a história da filosofia? Existem erros? Se sim, como pode a verdade como um todo ser composta por enganos? Qual a relação entre a verdade como um todo e os campos específicos do pensamento humano – as ciências e as religiões, digamos. São essas as questões com as quais Hegel lida em sua introdução à história da filosofia.

Como a história da filosofia se relaciona com a verdade?

A aparente contradição entre a verdade como eterna e a história como transitória, mutável e, portanto, errônea, implica que a filosofia, enquanto histórica, não é capaz de atingir seu objetivo, a verdade. Enquanto outras ciências parecem progredir calma e gradualmente chegando à verdade e expandindo o conhecimento, a filosofia parece estar em constante convulsão, e as contribuições anteriores são contraditadas e recusadas. Desse modo, uma ideia comum sobre a história da filosofia nada mais é do que o acúmulo de opiniões opostas. Como a história mundial parece ser o recontar de uma série de ações contingentes ao longo do tempo, a história da filosofia é vista como o recontar de pensamentos contingentes (não ações) chamados opiniões. A filosofia se torna uma série de loucuras sem sentido, ou, na melhor das hipóteses, informação culturalmente útil, capaz de ser tida como erudição prestativa. Para Hegel, o fato de essa tender a ser nossa visão contemporânea da matéria é um reflexo do ambiente geral opinativo no qual vivemos. Nosso mundo repleto de opiniões vê a si mesmo na história da filosofia: uma vasta multitude de opiniões, espalhadas ao nosso dispor.

As lições de Hegel (sobre arte, religião, o Estado, filosofia) estão repletas de apartes críticos dirigidos contra uma cultura contemporânea que parece se opor à visão que ele propõe de ciência. Esse criticismo é suficiente para refutar a visão mal-informada de que Hegel via a si mesmo como vivendo num mundo no qual sua filosofia, como um "fim", estava completamente realizada na realidade. Tentei destacar as exigências narrativas (ou lógicas) de um "ápice" dessa natureza, inerente no modo como os relatos históricos são geralmente compreendidos. Afirmar que o mundo tenha, efetivamente, terminado com a filosofia hegeliana é um outro assunto completamente diverso.

Se a cultura da opinião for o ambiente para o início de uma discussão da história da filosofia, o resultado será a descoberta de ideias isoladas, peculiares, que a mim me parecem estranhas por não me pertencerem. A história da filosofia irá, simplesmente, submeter-me a uma massa de opiniões estranhas, uma visão que corre no sentido contrário àquele da história, do livre movimento do pensamento no qual posso me reconhecer como pensante e livre. Como historiadores da filosofia – filósofos, portanto – precisamos seguir esse movimento passado, resolvendo-o para nós mesmos, tornando-o verdadeiramente nosso. Não existem atalhos, a despeito das promessas espúrias da nossa corrente cultura da opinião.

A opinião comum não reconhece o processo filosófico e, de fato, os eventos da história da filosofia parecem desafiar essa visão. Como a história *per sé* pode ser percebida como ascensões e quedas ingratas de indivíduos e civilizações, similarmente a história da filosofia pode ser encarada como um relato interminável e sem sentido "dos mortos enterrando os seus mortos", um "campo de batalha coberto com os ossos dos defuntos", no qual cada nova filosofia é apresentada como a verdadeira e encomendando as outras à cova. Nessa perspectiva, cada filósofo edifica e cria seu novo sistema, aquele que demonstra serem errados todos os que os precederam. Todavia, como Hegel debate na introdução de sua *Fenomenologia do espírito,* um sistema filosófico que seja absolutamente verdadeiro não pode deixar nada de fora, caso contrário não seria absoluto. Mesmo o "erro" há que ser incorporado em tal sistema e, de fato, são precisamente esses "erros" passados, historicamente incorporados à visão holística de filosofia, a que Hegel chama de ciência. Consequentemente, a história da filosofia é integral à verdade; se, de fato, "a verdade é uma única", é porque a sistemática incorpora a diversidade, e não porque a exclui. A diversidade e o quantitativo de filosofias pretéritas não refuta a filosofia; antes, é a sua própria história, por meio do que veio a ser o que é.

Isso significa que as diferentes filosofias do passado não são uma "coleção de eventos oportunos" desconectados; em verdade, "no movimento do espírito pensante, existe uma conexão real, e aquilo que tem lugar lá é racional". O termo "racional" é bastante mal compreendido em Hegel: ele não significa que a história (em geral) segue conforme algum tipo de programa dialético oculto e pré-determinado, desenvolvido por um engenheiro de "software" transcendente. "Racional" descreve uma relação em que o pensamento veio a reconhecer-se na alteridade, precisamente por ter pensado por meio daquela alteridade. No caso da história, "racional" significa que o pensamento veio a reconhecer-se naquilo que foi inicialmente, uma alteridade histórica.

Porque o pensamento, para Hegel, é caracterizado pelo movimento, ao qual ele chama de conceito, a história (da filosofia), sendo racional, seguirá o movimento do conceito. Esse movimento não é linear, tampouco infinito, mas antes pode ser visto como um desenvolvimento circular e penetrante, como uma espiral, onde o ponto final já está pré-concebido, intuitivamente, desde o início. O desenvolvimento entre o começo e o fim precisa ser visto como enriquecimento, luta e, acima de tudo, livre. Para chegar até esse ponto, Hegel se refere, em sua introdução, a Aristóteles, por meio dos termos de potência e ato, e metaforicamente ao desenvolvimento da verdadeira árvore a partir da semente, desenvolvimento esse guiado para forma final, real, muito embora essa forma final já estivesse lá, desde o princípio, no potencial da semente. No presente contexto, o movimento da história filosófica é guiado por sua forma final, a ciência, mas esse destino haveria de estar presente desde o início, como uma intuição do todo alcançado, a sabedoria do autoconhecimento filosófico. Hegel chama o protagonista dessa odisseia de "espírito", um termo técnico para aquilo a que me referi anteriormente como "pensamento humano".

Retornando à metáfora da árvore, podemos dizer que a história do espírito humano, recontada na história da filosofia, não se trata de um sistema de necessidade externa e mecanicista, mas sim um sistema que tem dentro de si seu próprio potencial, sua *própria* necessidade, constituindo, então, sua liberdade. A filosofia é, portanto, um sistema em desenvolvimento, e esse desenvolvimento é a sua história, e da mesma forma que o desenvolvimento da árvore pode aparentar ser um processo acidental, no qual galhos e ramas parecem crescer randomicamente, os estágios do desenvolvimento histórico, quando vistos em retrospecto, são racionais, porque é o nosso pensamento que está a revisitá-lo e refletir sobre o processo. O fim é o autoconhecimento do espírito, o qual se supõe ser a verdade absoluta, da mesma forma como a árvore estava presente na semente. Precisamos perceber essa viagem de autodescoberta como o desenrolar da liberdade, sendo esta última, essencialmente, o automovimento do espírito humano, realizando-se e reconhecendo-se por meio da alteridade.

Nesse caminho, os "erros" do passado se tornam o verdadeiro conteúdo da ciência filosófica como um todo. Se os filósofos do passado expiraram, não é porque estivessem errados, mas sim porque estavam incompletos. A filosofia só está completa, enquanto ciência, quando a forma é adequada ao conteúdo, com aquela abraçando todas as formas pretéritas como seu cerne. Na ciência, todas as formas pretéritas são preservadas como conteúdo presente, afirmativamente contidos como elementos de um todo orgânico. Sendo preservada, cada filosofia passada abdica somente de sua pretensão a ser final e absoluta.

Por outro lado, cada filosofia passada precisa ser considerada como a expressão inteira do seu "presente" particular dentro do espírito (no progresso da humanidade). Por exemplo, a filosofia cartesiana é a completa e adequada expressão de uma visão mecanicista de natureza, corrente ao tempo de Descartes; ela é, contudo, insuficiente para explicar a química orgânica posterior. De certa forma, podemos dizer que a história da filosofia não lida com o passado, mas sim com momentos que foram *presentes*. O conteúdo da filosofia é sempre "verdadeiro" no que tange ao seu momento no tempo, seu momento em espírito e, também, como "erro", ou incompletude, em relação à ciência como um todo. Consequentemente, não devemos considerar a história da filosofia como simplesmente lidando com o passado: "no tempo, é sempre verdade e para todo tempo", como observa Hegel. Nosso projeto, como historiadores da filosofia (i. é, filósofos) é redescobrir a "presença" nas formas passadas, e ao fazê-lo as "tornamos nossas", ou dito de outra forma, nós mesmos nos tornamos presentes naquelas formas passadas. Por conseguinte, a razão na história, definida como o reconhecimento do pensamento de si mesmo na alteridade (histórica), implica que a história da filosofia se ocupa, em último caso, não com aquilo que já se foi, mas sim com o presente vivido.

Cada filósofo possui seu lugar no tempo, e o trabalho da história da filosofia tem a ver, sobretudo, com encontrar esse lugar ou, antes, o tempo, o momento no espírito, no progresso da humanidade. Esse método é um sinal de maturidade: como indivíduos é um erro tentar reviver a infância ou a juventude; o indivíduo maduro, pelo contrário, olha para trás, para os diferentes estágios de sua vida, apreende cada um em seu lugar, reconhecendo tanto a si mesmo nesses momentos passados quanto este passado como constituinte da pessoa em que se tornou, um processo que Hegel chama de *Erinnerung*, o recordar-se, a interiorização. Isso não significa suspirar nostalgicamente pelas formas pretéritas por serem "mais simples", mais naturais, ou coisa que o valha. Esse desejo nostálgico pela simplicidade é um sinal de escapismo e impotência. Hegel se opõe à ideia romântica do passado, pressagiada por Rousseau e desenvolvida por Herder, segundo a qual a história é vista como um tipo de queda, ou decadência, desde um Estado original que era, de alguma forma, mais verdadeiro e melhor por ser mais próximo à natureza. Contrário a essa perspectiva, ele mantém que as formas mais primitivas de filosofia são, na verdade, as mais pobres, as mais abstratas, enquanto as formas filosóficas mais recentes são as mais concretas, precisamente porque por terem levado em consideração as anteriores.

Como a história da filosofia se relaciona com o espírito do seu tempo

Se tomarmos o espírito como o movimento do pensamento humano ao longo do tempo, e aceitarmos que a filosofia é a sua manifestação mais elevada, então ela precisa possuir um elo essencial com o espírito do seu tempo. Podemos, então, perguntar como teria surgido no seio de uma dada cultura em um determinado momento. Por exemplo, diz-se frequentemente que ela surge quando as condições físicas de conforto e luxo permitem às pessoas pensar para além de suas necessidades imediatas. Para Hegel, no entanto, a ideia de que as condições físicas influenciam as manifestações espirituais (ou mentais) está mal orientada pois é, de fato, o contrário que é o verdadeiro. Sendo o espírito, geralmente, o processo do pensamento submetendo, determinando e negando a natureza, vale dizer que é o universo da ocorrência física que é condicionado pela filosofia! Por exemplo, é o idealismo subjetivo da filosofia cartesiana que determina o seu mundo como mecânico e desprovido de animação.

Dado que a filosofia, como mais elevada articulação do pensamento, corporifica a submissão da vida natural e a libertação da determinação natural, a consequência é que a filosofia de uma cultura se manifesta, na verdade, quando sua "robustez de vida" original estiver em um estágio de declínio. A filosofia (como pensamento) na verdade traz à tona o declínio! Chacoalha, e chega a destruir, o *status quo* da realidade. De onde a melhor filosofia acompanha a queda das civilizações, ou, como Hegel afirmou em outra passagem, a coruja de Minerva levanta voo ao entardecer. Como exemplo, ele cita Sócrates e Platão, cujas filosofias surgiram no período da decadência ateniense, quando a cidade já havia ultrapassado seu apogeu, e seu frescor e vitalidade juvenil já eram passados. A filosofia romana (incluindo o estoicismo e o epicurismo) aparecem, da mesma forma, com a decadência de Roma, e o zênite da filosofia antiga ocorre com os neoplatônicos em Alexandria. Similarmente, a moderna filosofia (Descartes, Hobbes *et al.*) emerge quando da oposição entre igreja e estado e da queda do Sacro Império Romano.

Como a filosofia se distingue de outras formas de conhecimento da verdade: a liberdade

A filosofia é o amor pela sabedoria, e para Hegel sabedoria é o autoconhecimento do espírito, sua verdade absoluta. Não se trata, contudo, da única forma de pensamento humano que busca a verdade. O que a torna a mais elevada forma do espírito, a que Hegel chama de "espírito absoluto"? O que garante seu *status* absoluto e a distingue das outras demais ciências, da mitologia e da religião?

Com respeito às outras ciências (as da natureza, p. ex., antropologia, psicologia, economia, dentre outras), conquanto estas certamente busquem a verdade em seus próprios domínios, carecem do aspecto essencial da liberdade, expresso pela filosofia em seu movimento progressivo. As ciências específicas são meramente ancoradas na consciência de um tempo e cultura específicos, sem estar cientes dessa especificidade; além disso, permanecem empiricamente vinculadas ao seu pressuposto objeto (a Terra, o homem, a mente, os números etc.), confinadas ao estudo de seus detalhes finitos. Em oposição a essa perspectiva, Hegel remete a Espinosa, ao afirmar que a filosofia pode lidar com coisas finitas, mas apenas quando "baseadas na ideia divina" (HEGEL, 1997: 266), ou seja, na eterna e total verdade que pressupõe na sabedoria em direção à qual se desloca.

Dado o universal/absoluto subjacente à verdadeira filosofia, porém, precisamos questionar então qual a sua diferença *vis-à-vis* a religião. E como vimos, no que tange à vocação absoluta da filosofia como uma ciência sistemática, não podemos simplesmente excluir a religião como sua antípoda, pois se o fizéssemos a ciência não seria absolutamente verdadeira! De fato, a exclusão da religião reflete a estrita visão iluminista, a qual adotamos hoje, em larga medida, junto a uma cultura empírica similar àquela que Hegel atribuiu à Inglaterra. A diferença entre filosofia e religião é bem mais nuançada, posto que ambas buscam conhecer, cada uma à sua maneira, o infinito. Não obstante, a partir de um ponto de vista histórico, é verdade que a filosofia diferiu da religião ao longo do tempo e, claro, as condições mesmas para seu início certamente envolvem oposição a formas religiosas previamente existentes.

Na religião, o infinito é experimentado como o além, o Outro reconciliado com o homem por meio da adoração. Como o reconhecimento imediato da unidade entre Deus e homem, esta precisa ser entendida como uma expressão da razão: o autoconhecimento do pensamento na alteridade. Na religião, contudo, esse reconhecimento é expresso como uma "representação", isto é, como a imagem do Deus humano e do humano divino: Cristo, objeto de uma forma imediata do saber chamada fé, fundamento da adoração. A filosofia compartilha do mesmo objetivo, a razão, mas enquanto na religião a adoração tem lugar na forma de representações, como doutrinas e imagens, nela a reconciliação entre o infinito e o humano se dá por meio da linguagem filosófica do próprio pensamento, mas não deixa de ser um erro basilar considerar a religião como desprovida do pensar.

Em suas origens orientais, nos Padres da Igreja e na filosofia escolástica, encontramos religião e filosofia amalgamadas, e historicamente a teologia (a ciência da religião) é uma expressão dessa mistura heterogênea. Dado esse passado comum ambiguamente compartilhado, a questão se torna até que medida a história da filosofia deveria levar em consideração formas passadas do pensamento religioso? Se o autoconhecimento humano, como espírito, pode ser articulado em termos religiosos como o conhecimento de Deus, vemos então como, para Hegel, o próprio processo do espírito é, em certo sentido, divino. É isso que ele quer dizer quando escreve: "o espírito ativo subjetivo é aquilo que compreende o divino e, nessa sua compreensão, é ele mesmo o espírito divino" (HEGEL, 1997: 277).

Não estou tentando retratar Hegel como promotor da religião para além da sua posição. Conquanto religião e filosofia compartilhem o mesmo objeto, qual seja, a verdade ou o saber absoluto, a primeira permanece estribada em suas representações e imagens, enquanto a segunda tem seu lugar no reino do puro e especulativo pensamento. Dito de modo mais simples, a filosofia reflete sobre a religião (e produz a filosofia da religião), mas a religião não é capaz de pensar apropriadamente a filosofia. "Refletir sobre" a religião permite à Filosofia não apenas reconhecê-la como a penúltima expressão do espírito humano como também reconhecer-se a si mesma na religião, do mesmo modo que precisa reconhecer-se em sua própria história. E assim passamos a entender por que a religião não é completamente alheia à filosofia, e sem tal reconhecimento, Hegel percebe corretamente, a religião tende a degenerar em fundamentalismos fanáticos e impensados.

Embora a filosofia reconheça a religião como compartindo um mesmo objetivo, é essencial observar que a natureza simbólica e representativa do discurso religioso não o permite ser histórico. O aspecto "eterno" na religião jamais chega a ser mais do que uma sempre presente revelação; de fato, fosse histórica, a religião seria o automovimento livre do pensamento, seria filosofia. Consequentemente, quando a religião exige uma história, esta se torna outra coisa: mitologia. Assim sendo, Hegel precisa distinguir a mitologia da Filosofia, uma tarefa crescentemente inescapável, dados os esforços continuados de seu velho amigo (e rival) Schelling, cujo trabalho parece mover-se em direção a uma posição na qual a Filosofia em si é tomada como a forma suprema, racional, da mitologia!

A mitologia, para Hegel, reflete tão somente o aspecto externo da religião, e, portanto, parece ter algum tipo de movimento histórico, através de épocas, envolvendo mitos diversos: oriental, grego, romano, cristão. Todavia, conquanto as mitologias possam aparentemente evoluir historicamente, elas estão, de fato, eternamente fundadas no simbolismo artístico essencialmente não histórico. Em verdade, a natureza do simbolismo indica que o "além" religioso está sempre imediatamente encarnado nas expressões finitas da arte que a mitologia emprega. Posto de lado o aspecto mitológico e simbólico da religião, são alijados quaisquer elementos históricos que possam eventualmente ter, removendo assim a religião. Quando se permite uma história à religião, em Hegel, ela sempre envolve a arte, ou seja, a dimensão mitológica externa.

O princípio da filosofia e o progresso da liberdade

Já distinguimos a filosofia dos outros esforços humanos da busca pela verdade (quais sejam, as ciências, a religião e a mitologia), e em todos esses contextos ela se destacou pela liberdade de sua atividade pensante. Como vimos, as ciências permanecem atadas aos seus tempo e lugar específicos, inconsequentes às pressuposições metafísicas nas quais estão fundadas. A religião está presa à natureza representativa dos seus relatos, às ricas articulações artísticas de suas imagens e histórias. Talvez seja igualmente possível dizermos que a religião está presa à verdade pela via imediata da fé. A liberdade essencial da filosofia, como o mais elevado (mais "divino") empenho humano, nos permite ver como se situa no tempo e se torna, assim, histórica.

O nascimento da filosofia precisa ser localizado em um tempo no qual existe a consciência humana por meio das noções de individualidade independente, personalidade e liberdade política. Em outras palavras, a liberdade filosófica (do pensamento) precisa ser expressa como liberdade prática (i. é, moral e política). Tal despertar da consciência humana para (sua própria) liberdade teve lugar, primeiramente, no mundo grego, em oposição àquilo que Hegel chamou de concepção "oriental" da existência moral/política humana. O mundo oriental é geralmente retratado como um tipo de substância ou natureza determinista, em que o finito é visto como puramente arbitrário e evanescente. O *status* ontológico desse mundo natural assegura a falta de sentido do indivíduo, cujo derradeiro destino não é outro que não a dissolução na substância universal.

Embora essa aparente falta de liberdade exclua a filosofia oriental da história da filosofia do modo como Hegel a concebeu (ou seja, o desenvolvimento da liberdade humana), suas lições posteriores a 1819 demonstram um crescente interesse naquilo a que ele se refere como pensamento oriental: as filosofias chinesa, egípcia, indiana e persa.

Na cultura grega, o individual liberta-se da heteronomia oriental representada, historicamente, na famosa disputa senhor-escravo que Hegel destaca em a *Fenomenologia do espírito*. Da mesma forma, o sujeito grego livre não afunda no mundo natural, e sim resiste a ele, consciente de si mesmo como universal, até o ponto em que sabe de si mesmo como uma mente e, portanto, livre, posto que saber-se como mente, como inerentemente universal, é ser livre. Dessa forma, o eu grego não é mais um mero "ser na natureza"; ele se coloca contrariamente à determinação natural, e aí está o nascimento da filosofia, a mente autoconsciente ou espírito, que tem lugar na Grécia antiga. Dito de modo mais grosseiro, "a forma oriental há que ser excluída da história da filosofia" (HEGEL, 1997: 301).

A liberdade grega, porém, está condicionada pela escravidão. Em outras palavras, enquanto alguns forem mantidos em cativeiro, ninguém pode ser verdadeiramente livre. A possibilidade da verdadeira liberdade humana só é desenvolvida na Era Cristã, quando do início da Modernidade, uma individualidade libertada que não começa com Descartes, e sim com a ideia do indivíduo como incondicionalmente livre para escolher entre a salvação e a danação, junto com a ideia de que esta liberdade humana essencial flui da própria e absoluta liberdade de Deus. A filosofia, como a mais elevada expressão do espírito humano (e de sua liberdade) é, portanto, dividida em duas grandes áreas: grega e moderna (a que Hegel chama "teutônica", cf. mais adiante), correspondendo às visões antiga e moderna da liberdade.

O mundo grego é dividido em três subperíodos, a depender da relação de liberdade existente entre o eu e o mundo. Os pré-socráticos permanecem ocupados com a universalidade da natureza enquanto tal, e consequentemente desenvolvem princípios que mantém o *status* ambíguo do ser, tanto natural quanto espiritual (p. ex., o fogo para Heráclito). Como de fato são originários da costa oeste da Jônia[103], eles estão quase "no oriente".

O segundo estágio da filosofia grega ocorre com Anaxágoras e Sócrates, com quem o eu é desenvolvido ao ponto de abraçar o pensamento como sua atividade universal. Tal reconhecimento da liberdade de pensamento é quase moderna; só lhe falta, porém, um interior mais profundo, a ressonância individual que o cristianismo trará. Ainda assim, a figura específica de Sócrates (como Antígona) há que ser vista como uma manifestação da moderna liberdade particular contra formas substantivas mais antigas.

No terceiro estágio da filosofia grega, a estranha e artificial unidade entre o particular e o universal, corporificada na natureza híbrida do sistema aristotélico do empirismo metafísico, se parte em duas posições opostas e mutuamente excludentes da filosofia romana: a universalidade da razão sugerida pelo estoicismo e a particularidade materialista do epicurismo.

Essa fase final da filosofia grega (i. é, antiga) envolve a resolução dessa divergência, seja por meio da aniquilação da diferença como um todo no ceticismo, ou na (re)integração do particular e do universal no neoplatonismo, em que reconhecemos a união entre a identidade e a diferença. Ao fazê-lo, prefigura a mais alta expressão da própria filosofia, o objetivo fulcral da filosofia hegeliana: o saber absoluto, ou ciência. Falta-nos, ainda, a liberdade da individualidade subjetiva, tornada possível no mundo cristão.

A dualidade do estoicismo e do epicurismo é repetida na dicotomia moderna entre a razão determinista e a fé, que além de produzir uma nova e moderna forma de ceticismo, prefigura a possibilidade da ciência: o neoplatonismo renascido, mas agora dotado da liberdade individual, *qua* subjetividade. A filosofia teutônica (moderna) envolve um período formativo de oposição (a Idade Média, em que a fé e a razão permanecem em absoluta oposição) e aquilo que é usualmente chamado de Período Moderno, no qual a confrontação entre fé e razão toma a forma de uma oposição entre o eu cartesiano

103 Atual litoral mediterrânico da Turquia e ilhas gregas [N.T.].

e o empirismo baconiano, reconciliada nos escritos do teósofo alemão neoplatônico Jakob Böhme. A forma última da moderna filosofia não é francesa nem inglesa, e sim teutônica!

Claro que a história da filosofia hegeliana não termina aqui. O mesmo dilema que caracterizou a dualidade entre estoicismo e epicurismo, qual seja a oposição entre substância e demandas subjetivas da personalidade individual, e que vimos desdobrar-se, em um nível mais profundo, na moderna filosofia moderna (entre o empirismo e o racionalismo), irá novamente se recolocar em tempos mais recentes. A própria era de Hegel afirma a mesma oposição em termos da razão iluminista (o determinismo de Espinosa) e a crítica subjetiva de Kant, e mais uma vez a solução se apresenta na reconciliação dessas duas tendências, a ciência hegeliana, prefigurada no neoplatonismo e no misticismo de Jakob Böhme. Se esta "derradeira" filosofia não aparece no próprio relato histórico de Hegel é porque, a essa altura, já devemos ter-nos tornado familiares com ela através da sua história – nossa história de agora em diante.

Parte II

O legado de Hegel

11
Hegel e Marx

Andrew Buchwalter

A relação entre Hegel e Marx é altamente complexa e debatida. Por um lado, atribui-se a Marx o avanço de uma ampla frente de rejeição a Hegel e ao pensamento hegeliano, visão cujos elementos são encontrados nos trabalhos de Engels, dos teóricos do marxismo soviético, dos neomarxistas influenciados pelo estruturalismo francês do século XX e dos proponentes do marxismo analítico, associado aos pensadores da tradição filosófica anglo-americana. Sobre essa perspectiva, promovida pelo próprio Marx, que caracterizou seu trabalho como "oposição direta" (*MER*: 301) ao de Hegel, há numerosos aspectos, nem todos mutuamente consistentes. No geral, porém, acredita-se que Marx rejeita Hegel ao defender a ciência empírica ante a especulação metafísica, o materialismo ao idealismo, o ateísmo ao cristianismo, a ação revolucionária ao quietismo contemplativo, e o comunismo ao constitucionalismo liberal-monárquico.

E ainda assim, como ocorre com frequência na história do pensamento, o que de fato ocorreu é mais complexo: conquanto Marx verdadeiramente represente um profundo desafio a Hegel, este desafio não envolve o repúdio completo a ele ou à sua tradição do pensamento, sendo mais bem entendido como um desenvolvimento posterior e uma transformação interna, do tipo que amiúde prossegue no próprio terreno do pensamento hegeliano, conforme apontado pelo próprio Marx: se, ocasionalmente, ele apresenta sua posição como diretamente oposta à de Hegel, em outras passagens ele procede de maneira mais nuançada, buscando preservar o que há de valioso enquanto descarta o que não é – como afirma no posfácio à segunda edição do *Capital*, a questão é extrair o cerne racional da concha mística do pensamento hegeliano (*MER*: 302). Em um espírito inteiramente hegeliano, o encontro de Marx com Hegel é "dialético", negando enquanto afirma, e afirmando enquanto nega.

O presente capítulo examina a "dialética" recepção marxiana de Hegel, focando principalmente na própria obra de Marx. Dados os limites de espaço, farei apenas menção limitada à rica e variada tradição marxista pós-Marx. Considerarei quatro questões centrais: lógica, metafísica e dialética; teoria normativa; materialismo e comunidade política. Na seção final, levantarei algumas questões sobre a adequação da recepção de Marx.

Lógica, metafísica e dialética

A crítica à metafísica e à conjunção especulativa entre razão e realidade de Hegel é central à crítica de Marx; o que realmente lhe incomoda, contudo, não tanto é a conjunção em si, a qual, para ele, fornece os parâmetros para uma ciência teórica comprometida com a análise compreensiva da realidade existente – e aqui Marx permanece favorável ao pensador que celebrara anteriormente por sua "grande filosofia, uma filosofia do mundo" (*MER*: 11). O problema reside, verdadeiramente, na expressão dogmática e mistificada que essa conjunção assume no pensamento hegeliano, em cujo idealismo especulativo o ser e o pensamento encontram-se vinculados por meio de um processo segundo o qual a realidade é gerada pelo próprio pensamento. Hegel concebe "o real como produto do pensamento concentrado em si mesmo, explorando suas profundidades mesmas e desdobrando-se para fora de si mesmo" (*MER*: 237). No relato desmistificado de Marx, em contraste, a teoria possui uma função mais modesta, que simplesmente remodela, em formas conceituais, afirmações e suposições relativas a uma realidade já existente – em sua perspectiva, as ideias "nada mais são do que o mundo material refletido na mente humana e traduzido em formas de pensamento" (*MER*: 301). Como Hegel, Marx também propõe uma filosofia da realidade que dê conta do adequado relacionamento entre pensamento e ser, mas para ele, no entanto, o foco não está na "realidade da lógica, e sim na lógica da realidade" (MARX, 1972: 18 rev.).

A crítica de Marx é um reflexo de sua recepção daquilo que se supõe ser a característica central da abordagem filosófica hegeliana: a dialética. Ela pode ser muitas coisas para Hegel, mas em um nível mais básico denota um desafio ao estado de coisas presumivelmente estático, alimentado pelas contradições e sua intentada superação. Marx ficou impressionado com o relato da dialética formulado por Hegel – "o primeiro a apresentar sua forma geral de operar de maneira compreensiva e consciente" (*MER*: 302) – mas ele também afirma que o efetivo emprego hegeliano da dialética obscurece seu autêntico valor. Enquanto Hegel, em sua *Fenomenologia do espírito* (1806/1807), parece moldar uma noção de dialética baseada nos conflitos e nas lutas efetivamente ocorridas na história, sua real abordagem é uma absolutamente abstrata "dialética do puro pensar" (*MER*: 112), concentrada no movimento interno de categorias teóricas isoladas. Dessa forma, em seu pensamento político, ele apresenta um relato da comunidade política como emergindo da interação de conceitos como liberdade e necessidade, e não originária das verdadeiras lutas dos seres humanos à medida que estes lidam com as condições de sua vida social.

O ponto específico da crítica de Marx está refletido em sua visão do relato mistificado de Hegel sobre a realidade em si mesma: na leitura marxiana, Hegel faz avançar uma metafísica da subjetividade que garante poderes vivos, e até mesmo autorreflexivos, às operações lógicas. Ao fazê-lo, extrai a realidade dos efetivos desenvolvimentos empíricos, considerando-os, então, meras manifestações fenomênicas de uma realidade conceitual mais basal. Em sua crítica, Marx se inspira no ataque de Ludwig Feuerbach, de que Hegel inverte sujeitos e predicados, de modo que seu relato da consciência-de-si não pertence ao verdadeiro sujeito da análise social – seres humanos verdadeiros. Pelo contrário, essa relação é de tal maneira invertida que a própria consciência-de-si é o sujeito da análise, enquanto a experiência autoconsciente dos seres humanos reais são meras instâncias para aquela categoria. "Para Hegel, o processo de vida do cérebro humano, isso é, o processo de pensar que, sob o nome de 'a ideia', ele chega a transformar em um sujeito independente, é o demiurgo do mundo real, e o mundo real é tão somente o fenômeno externo da 'ideia'" (*MER*: 301).

A teoria normativa

Ao criticar as mistificações especulativas hegelianas, Marx não dirige sua animosidade contra uma simples visão errônea de filosofia, ou um relato confuso da realidade social. Ele afirma igualmente que tais mistificações são motivadas por uma odiosa função política, qual seja, defender e justificar as condições sociopolíticas existentes. Mais especificamente, defende, numa crítica apoiada pelos liberais, que a metafísica hegeliana serve para prover legitimação filosófica ao efetivo Estado monárquico da Prússia, do qual Hegel, um professor universitário, era empregado como funcionário público. Tal legitimação não apenas implicava uma filosofia comprometida com a identificação especulativa da razão e da realidade, como era, outrossim, uma função da metafísica hegeliana da subjetividade, em cujo cerne estava a noção de que o princípio da subjetividade autônoma e autossuficiente deveria encontrar uma instanciação particularizada na realidade externa. Seguindo uma compreensão desse gênero, não surpreende que a filosofia política de Hegel conferisse um especial lugar para a monarquia vigente, cuja existência mesma dizia combinar o princípio da personalidade individual com o da autodeterminação soberana. Para Marx, Hegel não fornecia apenas uma justificação filosófica para o *status quo*; a extensão de seu conservadorismo se refletia na santificação do real. Até o ponto em que a metafísica da subjetividade hegeliana articule uma concepção de espírito mais bem exprimida pela ideia de Deus, suas próprias instanciações ou "encarnações" – sobretudo no sujeito monárquico – assumem *status* divino e imutável.

Nada disso sugere que, para Marx, Hegel desconhecesse as tensões da realidade existente; ele o celebra precisamente pela sua abordagem, oriunda dos antagonismos e contradições correntes: "reconhecemos sua profundidade precisamente na maneira como sempre inicia com, e acentua, o caráter antitético dos elementos determinados" (MARX, 1972: 55) – ou seja, o cumprimenta por reconhecer, diferentemente da maior parte dos economistas políticos contemporâneos, o caminho inerentemente instável no qual a necessidade privada e o bem público, os interesses públicos e comerciais, são mediados nas modernas sociedades de mercado. Mas afirma, igualmente, que ele falhou em entender com propriedade e explicar essas contradições: dentro da visão marxiana, elas são uma característica necessária das modernas sociedades baseadas em classes, fundamentadas na propriedade privada e no controle dos meios de produção; Hegel, inversamente, não lida com as contradições *per se*, mas com sua contribuição para a mais ampla unidade social, foco verdadeiro de sua filosofia política. À maneira de economistas políticos como Adam Smith e Bernard Mandeville, ele apresenta os antagonismos sociais como a expressão fenomênica de uma harmonia mais basal, disfarçando, pois, a verdadeira desarmonia social que denotam. Já em Marx a harmonia pertence ao reino da ilusão societária, enquanto os antagonismos manifestam a verdadeira essência social. É, portanto, essa frustrada, às avessas, afirmação de harmonia social no contexto de uma suposta análise crítica da sociedade que, para Marx, exemplifica o "falso positivismo" e um "criticismo meramente aparente" da filosofia hegeliana da realidade (*MER*: 118).

A natureza apologética do pensamento hegeliano, para Marx, não reside somente neste uso mistificado da filosofia, mas sim em seu comprometimento com a filosofia em si. Sendo atividade meramente reflexiva, ela evidencia um relacionamento necessariamente passivo *vis-à-vis* a realidade, incapaz de efetuar qualquer mudança social e que abandona o real ao jeito como ele é. De fato, essa afirmação corrobora a visão do próprio Hegel da filosofia como um empreendimento retrospectivo, incapaz de prover orientação sobre como o mundo deveria ser construído, ou conforme suas próprias palavras: a coruja de Minerva, noturna, que alça voo somente após a forma da realidade ter, efetivamente, endurecido (*PR* 23). Em contraponto a tal contemplativismo, Marx postula a "prática (*praxis*) revolucionária" (*MER*: 144); como afirma nas *Teses sobre Feuerbach*, o ponto é mais mudar o mundo que interpretá-lo (*MER*: 145), o que não quer dizer que abandone a teoria. Ela não deve, porém, ser entendida como em Hegel: um esforço conceitual autocontido e autofundante que deixa tudo como é; pelo contrário, trata-se de uma empresa orientada para o futuro, e disposta a revelar as tensões existentes e as tendências capazes de efetivar suas transformações.

O afastamento de Marx em relação a Hegel não deve ser exagerado. Se ele "suplanta" a teoria hegeliana, o faz, novamente, no espírito da própria dialética hegeliana, ou seja, por meio do seu desenvolvimento posterior, e não da simples negação. Hegel está comprometido com a unidade entre razão e realidade, a qual, para Marx, não pode ser apropriadamente articulada num nível puramente conceitual. Ela só será inteiramente alcançada se, e somente se, a razão encontrar a efetivação na realidade, e esta, por sua vez, depende de a realidade tornar-se racional para si mesma. Dessa maneira, Marx faz avançar o hegelianismo mesmo quando o rejeita, pois a filosofia apenas é suplantada por sua efetivação, da mesma forma que se efetiva exclusivamente por meio da sua suplantação (*MER*: 59).

Materialismo

A defesa do materialismo frente ao idealismo é central à crítica de Marx a Hegel, evidenciada (certamente nos escritos iniciais) pela visão contrastante da natureza humana. Enquanto o segundo entende os seres humanos primordialmente por meio da razão e da consciência-de-si, o primeiro dá ênfase à corporalidade, à senciência, às necessidades físicas e às paixões. Claro, ele emprega o conceito hegeliano de externalização para dar forma à própria posição; em seu pensamento, contudo, trata-se de uma noção mais materialista do que idealista, que implica não a auto-objetificação requerida de um sujeito reflexivo para consolidar um sentido de autoidentidade, mas sim o intercâmbio constante com o mundo exterior exigido de um ser corpóreo, dependente de uma natureza externa para sua existência e sobrevivência.

Mas mesmo aqui o afastamento em relação a Hegel não deve ser superestimado. O princípio da externalização empregado por Marx incorpora a dependência do homem não só do mundo físico, mas também de outras pessoas que, enquanto tais, "tornaram-se para ele uma necessidade" (*MER*: 83-84). Os elementos da sociabilidade intersubjetiva articulada por Hegel em seu relato do reconhecimento mútuo são, portanto, típicos da dependência externa invocada por Marx, cuja posição é informada por um naturalismo estranho ao hegelianismo, muito embora, em sua articulação mais completa, seja idêntico ao "humanismo" (*MER*: 84) ilustrativo da visão do próprio Hegel sobre as relações sociais.

Argumento semelhante pode ser feito no tocante ao conceito marxiano do homem como um "ser genérico" (*Gattungswesen*). Ao acentuar o pertencimento a uma espécie, Marx busca situar os seres humanos no mundo natural, mas quando o define como um "ser genérico" os designa uma reflexividade que, à maneira hegeliana, distingue-os de outros entes naturais. Para Marx, os humanos não são simples criaturas de instinto e necessidade involuntária; eles podem construir as condições de sua existência como um objeto de consciência e vontade, e são efetivamente capazes de (re)criar-se como espécie – o que não significa dizer que sejam absolutamente criativos e capazes de gerar a própria existência. Não obstante, o naturalismo que Marx defende contra Hegel não é do tipo amiúde associado a Feuerbach e a muitos na tradição marxista – determinista, obtido independentemente de, e em oposição à, agência humana consciente. Pelo contrário, Marx é decididamente uma variante hegeliana, vinculada à "atividade sensual humana (*praxis*)" (*MER*: 143), reflexiva de um "ser natural ativo" que se dá conta de suas necessidades naturais em consonância com uma compreensão, individual e coletiva, de suas capacidades criativas. Sua subjetividade não é auto-objetificante, mas sim dos "poderes *objetivos* essenciais" (*MER*: 115).

Essa abordagem distinta do materialismo também se reflete em sua concepção de história, a qual, em muitos aspectos, é devedora de Hegel. Marx o segue ao rejeitar a noção clássica de que a razão articula verdades atemporais em favor de uma outra, atenta à maneira em que o pensamento e a experiência expressam circunstâncias históricas; ao promover uma visão de história compreendida como a progressiva realização da liberdade – processo este que também afirma ser "dialético", alimentado pela emergência e sublimação das contradições.

Isso dito, a abordagem marxiana da história se distingue por sua orientação definitivamente materialista. Em primeiro lugar, o "sujeito" da história não é um princípio hipostático da mente, e sim as ações de seres humanos reais à medida que eles lidam com as condições materiais da vida e de sua efetiva existência. Da mesma forma, a história não é impulsionada pelo desenvolvimento interno do espírito, mas pelo trabalho humano, e pelos seus esforços progressivos em dominar o ambiente material. Novamente, os conflitos que nutrem a história não são aqueles das ideias, e sim dos grupos e indivíduos reais em sua luta para enfrentar as circunstâncias materiais de sua existência.

Por fim, para Marx a efetivação progressiva da liberdade não culmina em uma noção de autorreflexividade, articulada sobretudo pela própria filosofia, mas em uma ordem socioeconômica que suplante o modo de produção capitalista vigente (aceito por Hegel) pelo comunismo e pelo que Marx chamou de "humanidade socializada" (*MER*: 145). Em um relato materialista, as formas de exploração e do trabalhador e a alienação endêmica de um sistema baseado na propriedade privada dos meios de produção e na busca egoísta do lucro, geram contradições e ocasionam a emergência de um sistema no qual as decisões concernentes às condições materiais de vida são tomadas por todos aqueles afetados, e na qual os indivíduos incorporam, conscientemente, em sua própria busca pelo bem-estar, a satisfação dos outros e da comunidade como um todo.

A abordagem marxiana da história é, portanto, bastante diferente daquela de Hegel em aspectos significativos, mas ainda assim essas diferenças não devem ser sobrestimadas. Se Marx considera o labor humano, e não o espírito, como o motor da história, ele não deixa de seguir a noção hegeliana de processo histórico de autocriação – uma visão que toma, em verdade, diretamente da *Fenomenologia do espírito*. A "coisa extraordinária" nessa obra é que ela apresenta o autodesenvolvimento humano como um processo contínuo, no qual os indivíduos objetificam-se externamente, vivendo esta objetificação como uma forma de alienação, suplantando-a tão logo sejam capazes de considerar àquelas objetificações como produtos de sua vontade e consciência (*MER*: 112). O conceito de autogênese é certamente submetido a mudanças significativas em sua reconstrução materialista; o que está em questão, como Marx aponta em *A ideologia alemã*, não é tanto um processo autogenético interno, e sim um por meio do qual a espécie faz a si mesma ao moldar e ser moldada pelas condições materiais das quais depende para sua existência e identidade. Ainda assim, há que se dar crédito a Hegel por apresentar, ainda que numa forma "abstrata, mental" (*MER*: 112), o *insight* fulcral de que a história é o processo dos seres humanos (re)produzindo-se por via do seu labor (mesmo que nem sempre o façam "do modo que desejariam") (*MER*: 595).

Destarte, o movimento do capitalismo ao comunismo representa um estágio na autoprodução da espécie inspirado pela noção hegeliana da autorrealização do espírito. O comunismo não apenas sobrepuja as formas *humanamente geradas* de alienação que afligem a espécie sob o capitalismo; tampouco afirma, no "retorno do homem a si mesmo", a natureza humana como um ser comunal; ao estabelecer a própria humanidade como o autor consciente das condições de sua vida social, ele "cria", pela primeira vez, o homem como um "ser genérico", o sujeito característico da história que produz qualquer que seja a situação. O comunismo é o "enigma da história solucionado, e quer saber ser essa solução" (*MER*: 84).

Em escritos posteriores sobre a história, Marx se afasta da linguagem da alienação, da natureza humana e da autogênese, em prol de um modo especificamente mais econômico de análise centrado na interação histórica das "forças e relações de produção". Isso não quer dizer, como afirmam muitos na tradição marxista, que ele, a partir de então, renunciou à abordagem inspirada em Hegel em favor de outra mais alinhada às ciências positivas. Ele certamente não contesta ser a história definida por certas, e invariáveis, leis do desenvolvimento, que revelá-las é a principal tarefa da teoria social, ou que o comunismo emergirá como resultado causal determinado de sua operação. Nesses mesmos escritos, Marx permanece comprometido com uma abordagem da história fincada na tradição hegeliana; ao adotar um modelo analítico mais explicitamente econômico, seu objetivo não é tanto retratar leis imutáveis do desenvolvimento, mas sim demonstrar (contrariamente às "ideologias" dos filósofos e dos economistas políticos) que aquilo que os teóricos da economia de mercado apresentam como leis invariáveis são, em verdade, criações históricas dos seres humanos, e tudo o que fora historicamente criado pelos homens poderia, igualmente, por eles ser transformado. Como indicado em seu relato a respeito do "fetichismo da mercadoria", o objetivo de Marx é mostrar como um modo de produção que relega os indivíduos ao papel de meros objetos da troca econômica não é, de modo algum, um necessário e inalterável fato da vida social, mas simplesmente a função de uma ordem histórica específica, segundo a qual "uma relação social definida entre os homens [...] assume, aos seus olhos, a forma fantástica de uma relação entre coisas" (*MER*: 321). Similarmente, a teoria econômica não é um mero relato de forças objetivas, mas também um esforço praticamente engajado, destinado a revelar a natureza e a historicidade das formações sociais capitalistas, de modo que aqueles membros societários possam ser mais empoderados a contribuir para sua transformação. E o que propele a transição do capitalismo para o comunismo não é a operação mecânica de leis necessárias, mas os modos de ação expressos na atividade transformativa e autotransformativa dos agentes humanos autoconscientes. Ainda que divergentes no tom e na orientação, os escritos tardios de Marx permanecem no âmbito do hegelianismo, e mesmo de sua ontologia do espírito, em que a representação teórica da realidade procede isomorficamente ao relato geral da liberdade e autodeterminação.

A comunidade política

Muitas das questões pertinentes à recepção marxiana de Hegel são igualmente perceptíveis em seu relato sobre a comunidade política: Marx reafirma, a contrapelo do individualismo "atomístico" da tradição liberal, a ideia hegeliana da política comprometida com a interdependência "orgânica" entre indivíduo e comunidade. Não obstante, afirma da mesma forma que Hegel mistificara esse compromisso, ao focar não na autodeterminação política dos membros da sociedade em geral, mas sim na conjunção do universal com o particular, supostamente instanciada na pessoa do monarca hereditário. Tal visão é problemática, porém, não apenas por representar mal a natureza da comunidade política, mas também porque equipara a política à monarquia, reafirmando a oposição mesma existente entre o público e o privado, o Estado e a sociedade, que uma teoria orgânica da vida política precisa repudiar. A bem da verdade, em sua teoria constitucional, Hegel não apela às sub-esferas da política e das associações – estamentos e corporações – como mediação entre as vidas pública e privada; ainda assim, dado que estes órgãos mediadores procedem das oposições público-privadas efetivamente existentes, eles simplesmente reforçam as polaridades em questão. De fato, na condição de estruturas da *mediação*, tais corpos são um atestado da condição problemática da moderna vida política, na qual os indivíduos obtêm participação política exclusivamente por meio da *representação* via entidades alheias a eles, algo que se torna ainda mais verdadeiro na medida em que os próprios intermediários representantes dos interesses individuais somente alcançam participação política quando esses interesses são representados, governamental e legislativamente, por indivíduos delegados a desempenhar tais funções. A esse respeito, a concepção hegeliana de corporações e estamentos, junto à sua noção de soberania monárquica, articula um sistema de representação política que Marx, fazendo eco a Rousseau, critica por separar os assuntos do interesse público daqueles dos "verdadeiros assuntos do povo", mesmo quando provém a ilusão de que "os verdadeiros assuntos públicos são os assuntos do povo". Hegel merece ser elogiado por reconhecer que a separação entre sociedade civil e política é problemática, "mas seu erro reside no fato dele contentar-se com as aparências de sua dissolução, considerando-as como a coisa real" (MARX, 1972: 62, 76).

Ao abordar tal assunto, Marx, vale salientar, não busca contemplar indivíduos com *direitos* adicionais, e embora não discuta o valor de tal *emancipação política*, ataca o mero apelo aos direitos como atestado do problema em questão. Ligado às noções de individualismo liberal, o "discurso dos direitos" promove um egoísmo vão, demandante de estruturas estatais regulatórias fortalecedoras da separação entre a vida política e as atividades cotidianas dos cidadãos, circunstância essa que, em si, já contribui para um maior privatismo cívico (o qual, em retorno, exige mais estruturas regulatórias). A invocação dos direitos (fundada não nas "relações entre homens, mas sim na separação entre eles") (*MER*: 42) reafirma a subordinação dos indivíduos aos arranjos institucionais, apelando a direitos e a visão liberal de uma política que, supostamente, visam contra-atacar.

Marx, por sua vez, clama por emancipação *humana*, mais do que por política; chamando-a de democracia ou o comunismo em si, inspirada pela noção hegeliana de liberdade como o eu na alteridade (*Bei-sich-selbst-sein*): "os indivíduos obtêm sua liberdade na, e por meio da, sua associação" (*MER*: 197). Todavia, no relato marxiano ela não é obtida, como em Hegel, pela mediação das estruturas institucionais; antes, deriva de uma particular visão da natureza humana, segundo a qual a realização individual e o bem-estar material afirmam, diretamente, relações de mutualidade e cooperação: "em minha vida individual teria criado, diretamente, a sua vida; em minha atividade individual teria confirmado e realizado, imediatamente, minha verdadeira natureza humana e social" (MARX, 1994: 53).

Baseando-se nessa descrição da natureza humana, Marx se arvora a superar a separação entre homem e cidadão, Estado e sociedade, presente tanto em Hegel quanto na própria teoria política liberal. Aqui, a vida pública e a autoridade não denotam um poder abstrato justaposto às vidas ordinárias dos indivíduos, e sim expressam a atividade dos indivíduos em sua vida prática cotidiana, no seu dia a dia de interações sociais. Inversamente, o interesse próprio individual denota não um egoísmo privado, mas sim uma sociabilidade solidária ao bem-estar dos demais e da comunidade em geral. "A emancipação humana só será completa quando o homem real, individual, tiver absorvido em si mesmo o cidadão abstrato; quando, enquanto indivíduo, em sua vida diária, seu trabalho e relacionamentos, tiver se tornado um "ser genérico"; e quando tiver reconhecido e organizado seus próprios poderes (*forces propres*) como poderes *sociais*, de tal modo que não mais separe esse poder social de si mesmo enquanto poder *político*" (*MER*: 46).

Em seus escritos iniciais, Marx esposava a noção fortemente anarquista da comunidade política que se afasta, virtualmente, de todas as formas de autoridade institucional em favor de uma robusta concepção de democracia radical. Posteriormente, contudo, ele articula uma posição relativamente diversa, que apoia determinadas estruturas institucionais centralizadas, circunstância essa que distingue sua posição do anarquismo filosófico do revolucionário russo Mikhail Bakunin. Ele não apenas reivindica uma "ditadura revolucionária do proletariado" (*MER*: 538) para assegurar a transição do capitalismo ao comunismo; sua concepção de um "Estado de trabalhadores" envolve um sistema de prática política que, contrariamente aos caprichos dos mecanismos de mercado, é concebido "para regular a produção nacional conforme um plano comum" (*MER*: 635).

Ainda assim, o apelo de Marx pelas estruturas institucionalizadas também difere do modelo liberal (e do burocrático socialismo estatal do marxismo soviético): como afirma em *A guerra civil na França*, não basta à classe trabalhadora "apossar-se do maquinário estatal já disponível e usá-lo para os seus próprios propósitos"; antes, a ideia do governo político precisa ser retrabalhada para restaurar "ao corpo social todas as forças até então absorvidas pelo Estado". Nessa perspectiva, um relato da representação política confere aos delegados um *mandat impératif* – um requerimento formal para que defendam a vontade explícita dos constituintes. Da mesma forma, num governo da classe trabalhadora, os representantes seriam parte de um corpo "laboral", não "parlamentar", "a um só tempo executivo e legislativo" (*MER*: 629-634). Ambos atestam como Marx, mesmo quando permite alguma forma de política institucionalizada, busca superar as distinções entre público e privado do pensamento político hegeliano, ao mesmo tempo em que afirma sua organicidade.

A crítica hegeliana a Marx

Em seus escritos iniciais, Marx falou sobre a necessidade de acertar as contas com Hegel. Detalhei anteriormente os elementos desse esforço, centrando em sua crítica das visões hegelianas sobre lógica e metafísica, teoria normativa, realidade e história, e comunidade política. Busquei demonstrar que ele permaneceu inteiramente dentro dos parâmetros gerais do pensamento hegeliano, e que sua crítica representa, dialeticamente, uma correção, um desenvolvimento posterior, bem como um repúdio. Se Marx, dessa maneira, acertou suas contas com Hegel, como este poderia fazer o mesmo com Marx? Neste trecho final, discuto de que maneiras Hegel poderia responder à substituição empreendida por Marx.

Primeiro, há que se questionar a leitura marxiana do idealismo filosófico de Hegel. Segundo Marx, trata-se de um idealismo generativo que, de forma mística e mistificadora, constrói a realidade a partir do próprio pensamento. A posição de Hegel, contudo, pode ser mais apropriadamente interpretada como um idealismo *reconstrutivo* que, semelhantemente ao método proposto pelo próprio Marx, retrabalha e recoloca em forma racional as suposições e afirmações concernentes à realidade efetiva. É verdade, Hegel se baseia fortemente no mecanismo de sua lógica filosófica para tal propósito, mas o faz não para gerar realidade, mas para facilitar o processo reconstrutivo – com autorreflexividade indiscutivelmente mais ampla do que Marx. E, embora não procure uma descrição da objetividade do real, seu alvo, mais uma vez, não é construir a realidade, mas dar conta do real, de um modo que seja, teoricamente, tanto racional quanto abrangente.

Segundo, a devida apreciação da teoria lógica hegeliana permite, também, um melhor entendimento de sua teoria normativa. Marx culpa a filosofia especulativa identitária de Hegel por sua abordagem apologética da realidade existente. Há pouca dúvida de que, em diversos momentos, Hegel parece dar voz a uma atitude razoavelmente condescendente *vis-à-vis* o *status quo*, mas é discutível se as tendências conservadoras das práticas filosóficas hegelianas podem ser atribuídas, como afirma Marx, à filosofia em si. Entendida como um empreendimento reconstrutivo, a filosofia identitária de Hegel pode ser vista, ao invés, como fornecendo as bases para uma noção protomarxiana da crítica imanente, comprometida em acessar a realidade a partir das perspectivas de suas próprias afirmações e aspirações. Para Hegel, a equivalência geral entre pensar e ser é um meio para determinar como e se os objetos se conformam, ou não, aos próprios conceitos. Tampouco a crítica concebida por Hegel é um simples exercício realizado em uma dada realidade por um observador externo: a teoria crítica hegeliana, como a marxiana, atende a processos inerentes à própria realidade, algo implícito em sua noção de razão como espírito, compreendido como a conjunção entre substância e subjetividade. Nessa descrição, considera-se a realidade como adequada ao seu conceito apenas e tão somente quando diz saber-se como racional. A apreciação desse ponto também esclarece a visão de Hegel sobre a relação entre teoria e prática. É possível que seja verdade que, para Hegel, a *filosofia* sempre venha à cena tardiamente, para rejuvenescer um mundo senil, mas isso não significa que o mundo não possa ser rejuvenescido, ou que a filosofia não possa desempenhar um papel educativo indireto nesse processo. A renovação explícita somente pode advir da própria realidade, só isso.

Nada até aqui nega as diferenças entre Marx e Hegel. Muito embora para ambos a análise social crítica esteja ligada a processos segundo os quais os agentes históricos adquirem maior consciência de liberdade, para este o princípio subjacente da subjetividade autônoma permanece mais como uma norma reconstrutiva, enquanto para aquele referencia – no "movimento proletário" (*MER*: 482) – um fenômeno empiricamente presente. Da mesma forma, enquanto para Hegel essa consciência-de-si realizada é refletida na reanimação de condições existentes, em Marx está baseada em sua transformação revolucionária. A abordagem normativa hegeliana, conquanto inclua uma dimensão crítica, é, pois, mais modesta do que a marxiana – se essa modéstia é uma fraqueza, porém, está aberta ao debate.

Terceiro, levantam-se questões relacionadas quanto à reforma materialista marxiana da noção hegeliana de autogênese do espírito.

É possível perguntar, por exemplo, se Marx faz justiça a Hegel ao imputar à essa visão de história um sujeito metafísico hipostático que denega a agência humana e mistifica as realidades sociais. É igualmente questionável se a abordagem de Marx e sua maior apreciação das realidades materiais poderia, não obstante, pôr a perder, em alguns lugares, vantagens associadas à abordagem de Hegel. Por exemplo, seria o movimento, desde a teoria da autogênese do espírito para outra centrada na autogênese fundada no labor, a inquestionável vantagem que Marx afirma ser? Os recursos envidados ao exame reflexivo, não apenas das expressões objetivas da autoatividade humana, são fulcrais ao modelo hegeliano de espírito autoconsciente; mas, também, no processo por meio do qual os indivíduos escrutinam os modos de sua autoatividade coletiva – certamente, um desiderato para um relato compreensivo da autogênese humana. Ainda assim, não está claro se tais recursos autorreflexivos estão igualmente disponíveis em uma narrativa que substitui o modelo de espírito por outro, o do labor produtivo e o controle externo da natureza. Um comentário similar pode ser feito a respeito da ordem social comunista, à qual se dirige a narrativa de Marx. Ao basear-se em uma teoria de autonomia subjetiva que desdenha do privatismo introspectivo da subjetividade cartesiana, a noção hegeliana de história como progresso na consciência-de-si da liberdade tematiza, em princípio, modos de intersubjetividade que são, presumivelmente, parte de uma genuína ordem social comunal. Não está claro se um modelo baseado no labor produtivo que envolve, como frequentemente o faz, uma relação instrumental e, até mesmo, manipulativa da realidade externa, possui as mesmas capacidades conceituais.

Por fim, há receios com respeito à crítica de Marx do relato hegeliano da comunidade política. Como observado, ele rejeita a solução de Hegel, em parte porque ela se ampara em uma série de mediações que reafirmam as oposições público-privado, que uma teoria "orgânica" da comunidade deveria suplantar. É inegável: existem aspectos problemáticos na posição hegeliana, em especial em sua descrição da monarquia. Por outro lado, a confiança geral nas mediações permanece sendo um componente crucial, para Hegel, do esforço de afirmar a comunidade política sob condições modernas. Diante da escala, do escopo e da complexidade das sociedades modernas, ele mantém – como seu contemporâneo Alexis de Tocqueville – que os esforços para forjar alguma conexão entre indivíduo e comunidade são, agora, significativamente alcançáveis, se não diretamente (como deve ter sido o caso das antigas *poleis* gregas), ao menos na forma indireta de associações e organizações de grupos intermediários. Além disso, uma noção internamente diferenciada de uma totalidade política orgânica é, para Hegel, a única viável, dadas a complexidade e a diversidade das sociedades modernas. Finalmente, diferenciações internas são necessárias para acomodar a identificação reflexiva dos indivíduos com a comunidade, exigência de uma verdadeira política, compreendida por Hegel como totalidade autocognoscente.

A posição de Hegel fica evidente em sua teoria dos direitos. Como Marx, ele é crítico do atomismo egoísta associado à linguagem dos direitos; diferentemente dele, contudo, não rejeita a tradição dos direitos *per se*. Com certeza, ele não justapõe àquela tradição uma antropologia filosófica definida em termos do que poderia ser um naturalismo comunal problemático; ao invés disso, busca demonstrar que o conceito dos direitos, e o princípio da dignidade humana sobre o qual se baseia, não podem ser inteiramente afirmados e mantidos sem as correspondentes obrigações públicas. Para Hegel, os direitos individuais pressupõem e ocasionam os direitos, centrais, juntamente ao princípio da liberdade subjetiva que afirmam, a um relato genuíno da vida social, baseada não só na coimplicação entre indivíduo e comunidade, mas no compromisso consciente por parte dos indivíduos com essa relação. No que diz respeito à possibilidade de tal identificação cognitiva, os direitos dão suporte ao elo entre indivíduo e comunidade, o qual, para Hegel, é mais profundo e "vivo" (*PR* § 147) que o tipo naturalista que Marx propõe como correção.

Conclusão

Um tratamento completo da relação Hegel-Marx teria de considerar a apropriação que este último fez do pensamento hegeliano, como se reflete em seus escritos sobre a economia, um assunto que não pode ser abordado aqui. No entanto, ao focar em diversos temas centrais, tentei demonstrar que Marx adota uma abordagem *vis-à-vis* Hegel que, mesmo sendo altamente crítica, representa mais um desenvolvimento ulterior que uma rejeição direta. Meu objetivo foi, portanto, esclarecer a intenção declarada de Marx de extrair o mínimo que fosse de racionalidade da casca mística do pensamento hegeliano. Mas levantei, contudo, algumas questões a respeito da recepção de Marx, sugerindo que ele não apenas representou mal a interpretação de Hegel sobre certos assuntos, mas que, em determinados casos, a abordagem de Hegel sobre preocupações comuns pode ser superior à marxiana. Qualquer que seja o veredito, a relação entre os dois pensadores é claramente rica e amplamente variegada, e seu estudo intensifica nossa compreensão de cada teórico individualmente e, ao mesmo tempo, lança luz sobre questões centrais do pensamento social e político.

12
Hegel e o existencialismo

David Ciavatta

A filosofia de Hegel esteve bastante presente nas mentes dos pensadores existencialistas de finais do século XIX e do começo do XX. Ele se sobressaía não apenas como um dos raros pensadores da tradição cujos textos e ideias receberam atenção explícita, substancial, nos escritos da maior parte dos existencialistas[104]; sua obra também pariu diversas linhas de questionamento, estruturas conceituais e tensões filosóficas que prepararam, diretamente, o cenário no qual muitos dos existencialistas desenvolveram e articularam algumas de suas mais originais e influentes perspectivas. Merleau-Ponty chegou a declarar, em 1946, que fora Hegel, acima de todos os demais, quem dera início à tarefa filosófica de vir a termos com as dimensões irracionais da existência, eixo de todo pensamento existencialista. E muito embora Merleau-Ponty observasse que existiam "vários Hegels" – a depender, por exemplo, se a orientação primária viesse de seu livro inicial, a *Fenomenologia do espírito*, ou do mais tardio, a *Ciência da Lógica* – ele manteve que todas as antíteses dos filósofos contemporâneos "podiam ser encontradas naquela vida específica e em sua obra" (MERLEAU-PONTY, 1964: 63).

Tal reconhecimento explícito da dívida para com Hegel, no entanto, é relativamente incomum entre os próprios pensadores existencialistas, posto que a maioria deles mirou mais naquilo que rejei-

104 A exceção mais notável é Nietzsche; é duvidoso, em verdade, se ele chegou a se envolver em um estudo extenso, de primeira mão, dos textos hegelianos. Não obstante, considerando-se o argumento de Gilles Deleuze, não apenas algumas correntes rivais da interpretação hegeliana teriam sido familiares a Nietzsche como não é possível entender apropriadamente a importância total de suas contribuições filosóficas sem vê-las à luz de seu desafio expresso a certos compromissos centrais hegelianos (DELEUZE, 1983).

tava do filósofo do que no que lhe devia. Kierkegaard, por exemplo, o criticou celebremente em *Temor e tremor* por não fazer justiça à relação singular e irredutível do indivíduo com aquilo que lhe conferiu a existência, seu sentido último (KIERKEGAARD, 1985). Todavia, o relato que ele desenvolve dessa singularidade irredutível parece soldado às tensões entre singularidade e universalidade que o próprio Hegel trouxera à vanguarda em sua narrativa a respeito da consciência moral – e que Kierkegaard conhecia intimamente (cf. STEWART, 2010: cap. 7). Ele reconheceu que nossa relação com os imperativos morais é inevitavelmente mediada pela nossa relação com nossos eus singulares – isto é, nossas próprias consciências, entendidas como nossa "solidão interior mais profunda" e fonte última da convicção pessoal – para que não deixássemos de reconhecer a reivindicação da consciência sobre ter o que dizer na determinação do sentido último e do significado de nossos atos e modo de vida (*PR* § 136). Hegel, contudo, também percebeu que, sendo singular, a consciência é, inerentemente, em desacordo com a igualmente premente demanda (inseparável, por sua vez, à afirmação da própria consciência em ser justificada perante os outros) de que nós, agentes racionais, precisamos reconhecer e aderir a certos princípios universais e comunicáveis (*PR* § 140). Como é possível interpretarmos a palavra final de Hegel sobre essa tensão é matéria de alguma controvérsia, mas seja como for, sua obra foi claramente relevante para trazer à baila essa tensão, a qual, por sua vez, foi claramente produtiva para Kierkegaard, mesmo que ele viesse, ao final, a discordar de Hegel.

No texto que se segue, meu objetivo é focar em certas continuidades-chave entre o pensamento de Hegel e o existencialismo, e não tanto nas maneiras como os existencialistas buscaram se distanciar do filósofo alemão. O primeiro tema amplo que abordarei tem a ver com a relação básica entre subjetividade e objetividade, isto é, entre o domínio da experiência e da prática humanas – o reino do ser que é essencialmente vivo em relação à própria existência e ao seu lugar no mundo – e o domínio das coisas objetivas em si mesmas. Para Hegel, o reino objetivo não é, em última análise, externo e independente da subjetividade; assim sendo, o "saber" para ele não é uma simples questão de subjetividade conformada a um mundo que é anterior e indiferente a ela. Pelo contrário, o domínio da vida concreta subjetiva - a esfera de desejo, sentimento, percepção, ação, palavra, fala, pensamento, rituais religiosos e da produção artística - possui um papel essencial na realização daquilo que Hegel chama de "espírito", o contexto vivo e concreto em relação a que ocorre algo como verdade, ou sentido, em primeiro lugar, e que somente em virtude dele as coisas podem efetivamente aparecer e, de fato, verdadeiramente acontecer, pois estão verdadeiramente. Essa ênfase no papel do espírito em permitir ao mundo que atinja seu sentido e verdade, afirmo, possui vínculos fundamentais com as críticas ao objetivismo e à visão de mundo científica que encontramos em todos os existencialistas mais importantes.

O segundo tema mais amplo de que tratarei concerne ao impensado, o não autoconsciente, e o papel que desempenham *na* esfera da subjetividade. Cada um dos existencialistas correu risco ao pôr em questão o ideal racionalista - como podemos encontrar articulado em Descartes, Espinosa ou Kant, por exemplo - de um sujeito autorreflexivo e racional que é capaz, em princípio, de transcender sua contingência e finitude por via do cristalino pensamento racional, de modo a medir a si mesmo e à sua situação em termos inteiramente universais e objetivos. A filosofia de Hegel é amiúde caracterizada como estando francamente dentro dessa tradição racionalista e, talvez, até mesmo nos oferecendo uma de suas versões mais extremas - *grosso modo*, é dessa maneira que Kierkegaard o retrata, e também Heidegger, que oferece uma versão dessa crítica em sua leitura estendida da *Fenomenologia do espírito* (HEIDEGGER, 1970). Ainda assim, sugiro que há muito da obra hegeliana que antecipa a crítica existencialista ao primado do sujeito autotransparente e racional, e o projeto de Hegel, nesse particular, tem muito mais continuidades com o existencialismo do que é comumente reconhecido.

A subjetividade e seu mundo

Os existencialistas divergiram da noção de que a realidade é, em último caso, composta pela totalidade de objetos autocontidos e inteiramente determinados, cada um deles com suas inteligíveis identidade e verdade. Da mesma forma, tenderam a resistir à implicação (particularmente operativa em ciências como a psicologia) de que nós mesmos devemos ser incluídos e investigados como mais um dentre muitos objetos. Tal ideal objetivista não é, de modo algum, tratado como ponto de partida autoevidente e inquestionável; antes, é representado como a excrescência de uma problemática instância existencial de nossa parte, instância essa que rejeita seu próprio e concreto papel em conferir sentido e forma às coisas. A natureza última das coisas, afirmaram, é mais indeterminada e ambígua do que esse ideal admite, e nossos próprios engajamentos com o mundo – percepções, ações, discurso, interpretação, produção artística – longe de serem mero objeto, dentre outros, da investigação científica, possuem, de fato, um papel ativo a desempenhar em *habilitar* o mundo a aproximar-se em sua verdade. Mesmo Nietzsche e Heidegger – os quais, em face de uma visão de mundo científica que afirmava desvelar todos os mistérios da natureza, buscavam demonstrar que a natureza era, em sua essência, *ocultada de* nós, mostrando, portanto, os limites do nosso conhecimento – enfatizam aqueles modos de vida que são indispensáveis por habilitarem essa ocultação fundamental da natureza a ser exibida e apreciada como tal. Nietzsche olha para uma certa afirmação exuberante de finitude e multiplicidade em toda sua anarquia, enquanto Heidegger observa um tipo de abertura poética, viva às nuanças escondidas operando em nossa linguagem (cf. NIETZSCHE, 2001; HEIDEGGER, 1971). Ou seja, o "acontecimento da verdade", nas palavras de Heidegger, sempre ocorre na, e por meio da, nossa capacidade de resposta a ser – mesmo se a verdade em questão concernir uma recalcitrância por parte do ser em ser trazido ao conhecimento cristalino, e mesmo se nós mesmos não formos suficientemente vivos à significância ou implicações de como nossa própria capacidade de resposta recebe esta verdade.

Nessa seção, exploro alguns modos-chave pelos quais Hegel tenta, igualmente, pôr em causa o ideal de uma totalidade completamente externa e objetiva, independente da subjetividade. Concentro-me, em particular, no método que ele emprega em sua *Fenomenologia do espírito* para demonstrar como a aparentemente rígida dicotomia entre sujeito e objeto é discutível desde o comecinho desse projeto. Na sequência, argumento que o conceito central de espírito, como surgido especificamente na *Fenomenologia do espírito*, chama a atenção para maneira como algumas de nossas próprias práticas agem e concretamente realizam a suspensão dessa dicotomia, e ao fazê-lo iluminam nosso papel ativo em trazer à luz a verdade última das coisas.

Na *Fenomenologia do espírito*, Hegel investiga diferentes "formas do saber" em seus próprios termos; cada uma delas opera com seu próprio padrão autônomo de determinação, não apenas daquilo que conta como conhecimento para si, mas também o que vale como objeto apropriado do seu saber. E, embora cada forma do saber aja como se possuindo a palavra final sobre o que realmente são a natureza do conhecimento e seus objetos, Hegel nos mostra que quando nos afastamos e testemunhamos como essas formas efetivamente operam na prática, discrepâncias começam a aparecer entre aquilo que o conhecimento considera ser seu objeto e aquilo que seu objeto efetivamente é no ato de ser conhecido (*PS* § 84-85).

Destarte, a forma que Hegel chama de "certeza sensível", por exemplo, que corporifica a afirmação de que aquilo que sabemos mais puramente, a mais absoluta e imediata presença do singular "isso", vem a colidir consigo mesma, pois no ato mesmo de conhecer o singular como um singular isso, a certeza sensível necessariamente afirma saber, também, algo universal – nomeadamente, a forma mesma da "qualidade de ser isso"[105], indistintamente empregável (ou "mediador") a todas as experiências sensíveis particulares que possui. Assim, o *verdadeiro* objeto do seu conhecimento – o que, por si mesmo, está verdadeiramente engajado com "na prática", por

105 Hecceidade [N.T.].

assim dizer – torna-se mais complicado do que aquilo que seu objeto precisa para ser: está, na verdade, comprometido com algo universal, que se manifesta somente em e pelas imediações singulares. Na prática, ele mesmo toma este universal como essencial à verdade do seu objeto, embora não o confesse (*PS* § 110).

Tendo demonstrado que o objeto com o qual está engajada a certeza sensível é, em verdade, mais complexo do que esta o julga, consideremos então os contornos do saber, aos quais Hegel chamou de "percepção" – um universal que se manifesta em e por meio de uma multitude de propriedades sensíveis, chamadas aqui de "coisa" (*PS* § 110-111). Ele prossegue ao exame dessa nova e distinta forma de saber segundo seus próprios termos, e, similarmente, descobre que seu objeto não é aquele que pensava ser, estimulando, assim, a mudança para uma nova forma de saber, e assim por diante.

Parte do que esse método dialético revela é que a natureza da subjetividade – concebida aqui, mais basicamente, como a análise interna do conhecimento sobre si mesmo, aquela consciência-de--si constitutiva pela qual o conhecimento se percebe como a forma distinta de conhecimento que é – e a natureza do objeto com o qual se engaja estão inextricavelmente vinculadas uma à outra, reciprocamente determinadas no âmbito do mesmo processo. Não se trata somente de que essa análise interna se prove de tal modo inadequada em face de um objeto imutável e de existência independente que, confrontada por essa inadequação, a subjetividade precise revisar-se na esperança de melhor corresponder a algo completamente externo a si. Antes, o verdadeiro objeto é um sentido importante imediatamente dentro de si, implicitamente operativo no *espaço* de sua relação existente consigo mesmo. Como vimos no caso da certeza sensível, o novo objeto que aparece no horizonte – a "coisa" – não surge do vazio: nada mais é do que o tipo particular de objeto com o que a experiência da certeza sensível, em seu distinto caráter *como* certeza sensível, já estivera desavisadamente engajada todo o tempo. Se o conhecimento não tivesse sido constituído como certeza sensível especificamente, a coisa não teria vindo à cena como verdade real. A forma mesma da certeza sensível é pois, por sua própria conta, atormentada desde o âmago, e a *verdade* mesma da coisa é gerada, precisamente, nesse reconhecimento da própria *tensão* interna. Como disse Hegel, o "novo objeto verdadeiro" não advém de outro lugar que não "o movimento dialético que a consciência exercita em si mesma" (*PS* § 86).

Quanto aos existencialistas no geral – e em particular com o existencialismo fenomenológico de Heidegger, Sartre, Beauvoir e Merleau-Ponty – vemos que, para Hegel, a verdade do objeto reside não num domínio completamente *transcendente* da experiência e de sua análise viva de si mesmo, mas sim precisamente *dentro* da própria experiência vivida. Para os existencialistas, a tarefa da filosofia não é, de alguma forma, *escusar-se* dessa experiência, e sim explorar o desenvolvimento de sua relação consigo mesma desde o seu interior.

À medida que a *Fenomenologia do espírito* avança, encontramos formas de conhecer mais sofisticadas, mais adequados, não apenas em relação aos seus objetos, mas em relação a si mesmas. Parte daquilo que torna uma forma de conhecimento mais adequada tem a ver com a extensão até a qual o sujeito do conhecimento toma consciência de que a natureza do objeto que confronta não é, em verdade, simplesmente externa e independente de sua relação constitutiva consigo mesma enquanto objeto, mas sim que as naturezas de sua subjetividade e objetividade são determinadas conjuntamente, como parte de um mesmo movimento. Ou seja, enquanto progridem as formas de conhecimento, elas se tornam mais adequadas ao movimento do processo dialético que, como vimos, está operando implicitamente nelas desde o início.

Assim sendo, em uma das maiores transições do livro – do capítulo da "Consciência" para o da "Consciência-de-si" – movemo-nos daquelas formas mais "objetivas" ou "realistas" do saber (aí incluídas a certeza sensível e a percepção), as quais tomam a verdade do objeto como algo completamente independente do nosso sabê-lo e a subjetividade como algo *prescindível* ao objeto conhecido, àquelas formas de conhecimento que tratam, expressamente, a verdade e a essência do objeto como dependentes da relação do eu consigo mesmo (*PS* § 166). Como exemplo dessa última forma, Hegel toma o "desejo" como uma forma de saber em seu próprio direito; em sua postulação, desejar é, em verdade, nada mais do que aceitar a verdade do objeto que vejo diante de mim como consistente em seu ser-para-mim; dessa maneira, pensar o objeto se apresenta, inicialmente, como independente e separado de mim; aceitá-lo por via do meu desejo – por exemplo, comê-lo quando tenho fome e estar insatisfeito até que ele entre em seu "verdadeiro estado" (aquele de estar assimilado em mim) – é verdadeiramente demonstrar que aquilo que vi o tempo todo no objeto era uma mera "realidade negativa", nada além de sua possibilidade de tornar-se eu (*PS* § 167). Aqui, nada que não seja do interesse direto da perspectiva desejosa – em outras palavras, nada que não aproveite a oportunidade de afirmar-se como o eu que é – sequer chega a tomar a forma de um objeto.

Claro, essa forma do conhecimento prova-se igualmente limitada, e enquanto no capítulo da "Consciência" era a subjetividade em si que era problematicamente considerada prescindível à verdade das coisas, na "consciência-de-si" o problema se encontra, geralmente, em não se dar ao *objeto* o devido crédito: se, no desejo, eu me afirmo como a subjetividade que sou por via da negação do objeto que aparece diante de mim, há que existir lá esse objeto, para que seja negado, de modo que à sua presença mesma, "aquela que existe para ser negada", é preciso garantir algum peso autônomo, de seu próprio direito, que o desejo é incapaz de reconhecer (*PS* § 175). À medida que esse capítulo segue, eventualmente encontramos uma forma de conhecimento que, embora ainda considere a verdade última das coisas como correlata a uma forma definida de autorrelação, veio a enxergar como única forma genuína de autorrelação aquela que envolve o movimento de total autonegação ou autossacrifício em face do seu objeto, agora considerado como um Outro absoluto. Sua única esperança em travar contato com o que está "além" é negar ativamente, e de uma só vez, seus próprios, e finitos, poderes de conhecer e alcançar, entregando-se então àquilo que é infinito (*PS* § 209). O problema agora é que mesmo esse ato de autossacrifício envolve uma afirmação da agência do próprio eu, posto que o sacrificado não pode deixar de tratar seu próprio ato singular de sacrifício como essencialmente ele mesmo, de modo a implicitamente orgulhar-se de sua habilidade de alcançar a verdade (*PS* § 222). Hegel antecipa a famosa discussão de Sartre em que todas as tentativas do eu de entregar-se a alguma causa objetiva ou profissão são desmentidas pela sua própria consciência de si mesmo *enquanto* se entrega (SARTRE, 1956: 101-112).

Eventualmente, no capítulo VI (sobre o Espírito), Hegel vem a considerar as formas de conhecimento nas quais a dicotomia suprema entre subjetividade e objetividade é, enfim, suspensa de uma vez por todas e que nenhum "momento" particular detém privilégio sobre o outro. Aqui, os processos operantes na moldagem do domínio concreto da experiência e da prática humanas são percebidos como os mesmos que permitem aos próprios objetos obter sua própria verdade e sentido, e ao respondermos a essas experiências e práticas estamos, de uma só vez, respondendo à realidade em si (*PS* § 439). Nossa atenção não se concentra mais, primordialmente, nos sujeitos individuais, finitos, e nos objetos que encontram externamente, mas sim em "mundos" inteiros; ou seja, o foco está no contexto total de uma vida com sentido, que incorpora em si não apenas aquilo que os *sujeitos* efetivamente vivenciam, dizem e fazem, mas também um domínio de *objetos* culturais e naturais que, por si mesmos, oferecem os devidos correlatos dessas práticas. Por óbvio, ninguém é capaz de compreender inteiramente práticas humanas concretas sem entender o mundo objetivo que fornece as condições materiais que as possibilitam. Quando chegamos ao capítulo sobre o "Espírito", descobrimos que a afirmação oposta é tão verdadeira quanto, qual seja: ninguém é capaz de compreender inteiramente o mundo objetivo – inclusive a natureza – como aquilo que verdadeiramente é sem, ao mesmo tempo, entender o corpo desenvolvido das práticas humanas pelas quais essa natureza é apropriada e tornada significativa.

Essa última afirmação, que repercutiu claramente no pensamento existencialista posterior, é, talvez, mais conspicuamente abordada na discussão de Hegel sobre a "substância ética", que ele associa ao mundo dos antigos gregos e, em particular, ao representado na peça *Antígona*, de Sófocles (*PS* § 446-476). A personagem-título se sente obrigada a enterrar o corpo do seu falecido irmão traidor, em que pese a ordem de Creonte para deixá-lo exposto. Para ela, está em jogo nesse ato a mais alta das obrigações humanas, que prevalece sobre quaisquer outras preocupações, e Hegel lê nesse chamado nossa capacidade, como agentes, de transformar um processo natural que, de outro modo, carece de sentido ou objetivo - vividamente exemplificado na maneira brutal, inconsciente, com que os animais inferiores da terra teriam destroçado o cadáver exposto, sem qualquer apego à sua integridade ou à vida humana que ali se manifestara - em algo significativo, que não viola, e portanto nega, a consciência-de-si, a autoafirmação e o esforço (*PS* § 452). Claro, tendo sido enterrado ou não, os vermes eventualmente chegarão ao corpo, mas o rito funerário serve para garantir que esse processo natural tenha lugar conforme termos *humanos*.

O que *Antígona* traz, de fato, à tona é um mundo de sentido e lembrança no qual a ação humana e a autodeterminação são possíveis, e que nossas ações deixam uma marca real e duradoura ao determinar o que efetivamente se mantém como verdade e as situações nas quais nossas autoafirmações sofrem um inevitável curto-circuito, ou são simplesmente obliteradas, por um mundo natural, indiferente, que se coloca em fundamental oposição a nós. Antígona não buscou *apagar* a morte do seu irmão, mas sim trazer esta morte - a derradeira indiferença da natureza para com nossos projetos, sua mais conclusiva negação da livre autoafirmação - para a esfera dos assuntos aos quais humanos são capazes de dar respostas significativas e, portanto, afirmar. Para Hegel, Heidegger e os existencialistas tardios, as formas como nos comportamos perante a morte - compreendida como nossa negação mais insuperável e sem sentido - fornecem a chave para a compreensão mais profunda da relação com a realidade em geral. Além disso, Antígona representa para Hegel a forma distintivamente espiritual de comportamento em relação à morte, que opera conforme os termos da apreciação da unidade fundamental entre *subjetividade e objetividade*, espírito e natureza. Para ela, a natureza pode apresentar-se como uma ameaça ao espírito – como anunciado, de modo mais vívido, em sua ameaça de obliterar o corpo sem testemunhas ou cerimônia – somente sob a condição de que a prática do enterramento já seja estabelecida e duradoura, em outras palavras, à medida que houver algo que *possa ser feito* quando diante dessa ameaça. Assim, a oposição entre natureza objetiva e o espírito não se torna a última palavra, mas só se apresenta com a condição de que o mundo objetivo, num nível mais fundamental, *permita* à ação espiritual que lance nele suas raízes e, assim sendo, está aberto a participar dos nossos projetos (*PS* § 452). Como Heidegger propôs, a Terra não é apenas aquilo que se fecha para nós em segredo, mas também o que torna possível, primeiramente, às capacidades especificamente humanas do cuidado e do habitar aparecerem (HEIDEGGER, 1971).

Os existencialistas tenderam a conceber a agência humana da mesma forma, em seu concreto entrelaçamento com o mundo, um tipo de cadinho no qual o sentido e a verdade das coisas primeiramente aparecem – tema esse, talvez, mais pronunciado na filosofia sartriana. Considere-se, por exemplo, a seguinte provocação: "*é o homem* que destrói suas cidades por meio dos sismos ou diretamente, destrói suas embarcações por meio dos ciclones ou diretamente" (SARTRE, 1997: 49). Para Sartre, as ações humanas servem, acima de tudo, para declarar que as coisas importam, e que em certo sentido essas ações as fazem importar de maneira diversa graças à sua presença. Os atos humanos de construção e preservação de cidades e navios, portanto, tornam reais o significado e as identidades integradas de tais entidades, e é apenas sob tal condição que um evento destrutivo – evento esse gerador uma negação real, palpável de tal identidade – pode, de fato, existir. Logo, na ausência dos atos humanos de construir e preservar cidades, um terremoto poderia restringir-se a um mero rearranjo da matéria – com toda a matéria positiva preexistente permanecendo após a sua ocorrência, somente numa forma superficial diversa – e não a destruição de uma identidade vital, integrada e frágil chamada "cidade" (observe-se que o mesmo pode ser dito do cadáver, sua deterioração significando nada além de uma indistinta reorganização da matéria). Nesse sentido, eventos e negações de relevância só podem ocorrer *no, e por meio do*, reino das práticas e preocupações humanas – ao qual Hegel chamaria de reino do espírito – e ainda que a natureza possa incorrer neste campo de maneiras inesperadas, destrutivas até, em si mesma só alcança eficácia significativa nesse, e por meio desse, campo, nos, e por meio dos, projetos livres e decisões presentes em meio ao desenrolar.

Hegel sobre a finitude e o inconsciente

A discussão hegeliana sobre a ação ética, como apresentada especialmente em seu envolvimento com o ato funeral de Antígona, salienta uma ideia basal ao projeto filosófico de Hegel como um todo, qual seja, de que a subjetividade, ou espírito, é o que é exclusivamente no, e por meio do, seu concreto e prático entrelaçamento com o mundo natural, na, e por meio da, sua tentativa de produzir algo significativo e duradouro a partir das contingências finitas e mutáveis da natureza. Encontramos esse tema sendo abordado logo no início de seu relato da consciência-de-si, na *Fenomenologia do espírito*, com seu construto do desejo como a forma mais básica da consciência-de-si. Diferentemente do eu cartesiano ou kantiano, que possuem um conhecimento *a priori* de si anterior a qualquer experiência com o mundo, a consciência-de-si desejosa está apta a atingir uma relação consigo mesma *como* subjetividade somente por via de sua negação do seu outro, de modo que o desejo é, num sentido crucial, dependente desse outro. Tal inescapável dependência a deixa fundamentalmente vulnerável à possibilidade de *não ser bem-sucedida*, de perder-se no outro e, dessa forma, de alienar-se enquanto eu. Essa chance de fracasso, em particular no que se refere à estruturação do relato de Hegel da vida intersubjetiva – em que o "outro" com o qual me preocupo desafia meu controle e está sempre livre para não me reconhecer como eu sou (uma tensão também discutida extensamente em SARTRE, 1956: 471-534) – é, para Hegel, condição inerradicável da individualidade, o que coloca sua visão sobre a subjetividade à parte da tradição iluminista da qual ele próprio, bem como os existencialistas, se distancia.

A possibilidade trágica da alienação também desempenha importante papel na teoria estética hegeliana. Ele privilegia os dramas humanos às histórias sobre os deuses precisamente porque estes últimos encontram-se nas profundezas, serenamente invulneráveis às contingências do mundo natural, finito, de modo que em seus negócios o risco não é, jamais, alto – não existem dramas genuínos (*LFA* 176-179). No caso da ação humana, porém, o espírito se entrega completamente ao reino da finitude e pode "retornar a si" – ou seja, afirma-se como sujeito e agente livre – apenas sob a condição (nunca previamente garantida) de que a dada circunstância não venha, em última instância, provocar um curto-circuito em sua empreitada, e que o mundo o proveja da possibilidade real de gerar algo significativo e redentor. Hegel observa ainda que embora na arte (em que a autoafirmação do espírito tende a prevalecer no final sobre a indiferença e a falta de sentido da natureza) seja possível encontrarmos a redenção em uma forma ideal, o mesmo não se dá na vida real (*LFA* 148-150). Édipo, quando menos, estava destinado a saber o que havia feito – em outras palavras, o espírito "*refletiu-se de volta*" em si mesmo – e, nesse sentido, foi capaz de aceitar e, de certa forma, afirmar ou admiti-lo, em todo seu horror. Quanto a nós, agentes reais e finitos, não compartilhamos desse destino cósmico, e vivemos, pois, na desolação da possibilidade efetiva de *jamais* nos reconciliarmos com o que nossas vidas realmente representam.

Destarte, a filosofia da ação de Hegel busca incorporar essa noção de que nós, agentes individuais, estamos inevitavelmente imersos em assuntos que excedem nossas habilidades para compreendê-los e controlá-los. Trancafiados no seio de nossas perspectivas individuais, finitas, somos necessariamente cegos à importância total e às consequências daquilo que estamos fazendo e do que nos espera adiante, no percurso da ação pela qual optamos. Ainda assim, em que pese tal cegueira, não podemos deixar de agir, pois mesmo a inação é uma maneira determinada de lidar com a situação (cf. *PS* § 642-643). Hegel salienta que, nessa situação de ineludível finitude, os agentes não podem simplesmente isentar-se dos resultados sob pretexto de não os terem sabido ou intencionado, pois embora as intenções declaradas de um agente sejam relevantes para determinar a natureza de sua ação, esta ação em si está dotada de um certo sentido objetivo, uma vontade própria da qual ele não pode dissociar-se completamente (cf. *PR* § 117-120; *LFA* 188). Conscientizações desconfortáveis do tipo "quer dizer, foi isso que eu estive fazendo todos esses anos?" são coisas das quais jamais podemos nos proteger antecipadamente. Como as "formas do conhecimento" que Hegel estuda na *Fenomenologia do espírito*, nós, como agentes, sempre acabamos por nos comprometer com algo a mais, ou além, do que inicialmente declaramos. E mais uma vez como aquelas formas, estamos numa posição de o percebermos somente até o ponto em que colocamos em prática nossas afirmações; precisamos esperar para saber o que nossos eus futuros, e outros eus, farão delas.

A investigação de Hegel a respeito da cegueira da agência vem à tona, dentre outros, em seu relato da substância ética, e uma vez mais ele foca particularmente no dilema de Antígona. Ele afirma que embora a prática defendida pela personagem – o enterro dos mortos – fosse já estabelecida, tratava-se de uma "lei não escrita", de modo que, em contraste com o caráter abertamente público, institucionalizado e objetivo das leis da pólis, era algo "obscuro", "pessoal", "subjetivo", cujo poder fundamenta-se inteiramente nas compulsões internas e imediatas dos sujeitos individuais (*PS* § 457). Além disso, era algo que nem ela nem ninguém poderia entender completamente: como a experiência de Abraão com o comando de Jeová, Antígona experimentou o imperativo de enterrar como imediatamente autoritativo, ainda que não entendesse, nem pudesse entender, por completo sua racionalidade, e o obedeceu mesmo diante do fato de que todos ao seu redor, incluindo sua própria irmã, consideravam-na louca. Ao menos em parte, Hegel está preocupado em demonstrar que leis como essas, inconscientes, "subterrâneas", não são, em última análise, consistentes com nossa total liberdade de agentes racionais, posto que, ao fim e ao cabo, todos precisamos de leis que sejam, elas mesmas, transparentes, logo, que possam ser seguidas, não cegamente, mas por serem compreendidas. Sua clara admiração por figuras como Antígona, bem como pelos grandes vultos da história que lideram o avanço da causa da liberdade sem levar em consideração a dimensão completa daquilo que estão fazendo (HEGEL, 1956: 29-37) – sugere, porém, que ele via esse tipo de experiência inconsciente de si mesmo como uma característica importante, irredutível até, de nossa condição humana.

A irredutibilidade da dimensão inconsciente da experiência também está presente na antropologia hegeliana (HEGEL, 1978), na qual se dirige a muitos dos temas que se tornaram centrais à exploração existencialista dos sentidos em jogo nas dimensões mais imediatas e aparentemente irracionais da experiência humana, tais como: temperamento, fantasia, doença mental, emoção, sensação e a relação com o próprio corpo. No relato hegeliano, tais aspectos de nossa experiência não são tão desenvolvidos e autônomos quanto as habilidades mentais que exibimos ao pensar. Não obstante, ele não descarta simplesmente esses aspectos, seja tomando-os como meros fenômenos objetivos e sem sentido, seja reduzindo seu sentido àqueles da expressão imperfeita e confusa de supostos julgamentos ou conceitos. Antes, Hegel percebe essas formas da experiência como tendo um significado distinto *per se*, "estético", que não pode ser simplesmente reduzido aos tipos de sentidos conceituais alcançados pelo pensamento; ele argumenta que mesmo as sensações das cores ou dos sons não são qualidades brutas, sem sentido, mas sim corporificam sentidos espirituais mais profundos que provamos, sentimos e efetivamos (HEGEL, 1978: 179-181). Da mesma forma, Hegel defende que certos fenômenos corpóreos não são puramente fisiológicos, mas sim inerentemente significativos e expressivos, por expressarem determinadas formas espirituais de absorver o mundo: por exemplo, o usual retraimento do mundo que experimentamos com o profundo pesar tende a se manifestar em enfermidades abdominais precisamente porque o abdômen é a parte do "retorno a si" do animal (HEGEL, 1978: 189-191). Destarte, Hegel antecipa a influência psicanalítica dos relatos do corpo vivido trazidos por Sartre e Merleau-Ponty – ambos buscando demonstrar, também, que o corpo humano não é simplesmente um objeto dentre muitos no mundo natural, e como tal completamente suscetível a uma descrição objetiva e fisiológica; ele exige uma análise distintamente "existencial", que o trate, antes e acima de tudo, como representação de determinadas instâncias em direção ao mundo (SARTRE, 1956: 404-470; MERLEAU-PONTY, 2012).

Em face da crítica existencialista a Hegel como um arquirracionalista, percebemos que há muitas formas pelas quais a subjetividade é, para ele, irrevogavelmente ferida desde o âmago por sua própria finitude e pelas forças que excedem à sua apreensão conceitual. É fato que o projeto a que Hegel se dispôs na *Ciência da Lógica* – nomeadamente, a tentativa do puro pensamento, impulsionado exclusivamente pelas exigências inteligíveis e conceituais, para oferecer uma análise compreensiva e sistemática segundo a qual conferimos sentido à realidade – levanta a questão sobre se, em último caso, ele está fundamentalmente comprometido com a visão de um sujeito racional capaz de, finalmente, transcender as fronteiras de sua finitude e desfazer todos os dilemas que vier a confrontar. Qualquer que seja nossa compreensão sobre a *Ciência da Lógica* – e certamente há leitores existencialistas da obra que questionaram a leitura estrita, "racionalista", que acabei de esboçar (cf. MARCUSE, 1989; HYPPOLITE, 1997) – claro está que, nos outros textos de Hegel, encontramos *insights* de alcance mais amplo a respeito da rica textura de nossa experiência vivida enquanto seres finitos, os quais não apenas anteciparam, mas em muitos casos inauguraram, o tipo exato de análise existencial da finitude de que se ocuparam os existencialistas mais tardios.

13
Hegel e o pragmatismo

Paul Redding

Ainda que a filosofia profissional, como praticada no mundo anglófono durante os últimos cem anos, tenha sido, em sua maior parte, hostil a Hegel e ao "idealismo alemão", é possível encontrar exceções na tradição pragmatista norte-americana. Dentre os seus fundadores, temas fortemente hegelianos podem ser encontrados nas obras de John Dewey (1859-1952), George Herbert Mead (1863-1931) e, até certo ponto, Charles Sanders Peirce (1839-1914). Em meados do século XX, contudo, a influência do pragmatismo "clássico" na filosofia havia enfraquecido, enquanto a abordagem "analítica", cuja história pode ser traçada até personagens fundantes como Bertrand Russell, George Edward Moore e Ludwig Wittgenstein e que se tornava institucionalmente predominante em boa parte do mundo de fala inglesa. A filosofia analítica havia começado como uma reação contra o hegelianismo, de modo que a influência de Hegel parecia ter chegado ao fim; recentemente, contudo, uma orientação em geral mais favorável *vis-à-vis* a filosofia hegeliana veio novamente à tona em meio ao "pragmatismo analítico" associado ao filósofo norte-americano Wilfrid Sellars (1912-1989). O próprio Sellars foi, na melhor das hipóteses, ambivalente no que toca a Hegel, e alinhou sua própria filosofia mais à abordagem de Kant, a cujo "idealismo transcendental" tentou conferir um contorno "científico-realista"[106]. Dentre os seus seguidores, no entanto, Richard Rorty tentou promover a dimensão "hegeliana" discernível no trabalho de Sellars, ex-

106 Sellars, por um lado, referiu-se a seu influente trabalho *Empirismo e filosofia da mente* (*Empiricism and the Philosophy of Mind*) como suas "incipientes *Meditations Hegeliènnes* [sic]" (cf. SELLARS, 1997: § 20). Por outro, ele tentou resistir aos caminhos que o levaram desde Kant até Hegel (cf., p. ex., SELLARS, 1992: cap. 1, 2).

traindo-a das aspirações "realistas" dele, às quais criticou com base no pragmatismo anterior de William James[107]. Robert Brandom, por sua vez, profundamente influenciado por Rorty, desenvolveu as ideias de Sellars de modo que pudessem ser usadas para reconstruir uma interpretação mais sistemática de Hegel a partir de um ponto de vista "sociopragmatista"[108]. Tais versões pragmáticas têm sido criticadas pelas principais correntes de intérpretes de Hegel, e a questão sobre qual a relação – se é que existe alguma – entre a sua filosofia e a dos pragmatistas provavelmente continuará a ser debatida indefinidamente. Ainda assim, observar a filosofia hegeliana desde a perspectiva pragmatista e das ferramentas que traz consigo pode ajudar a elucidar aspectos desse pensamento que, de outra feita, poderiam ser perdidos ou mal interpretados.

O pragmatismo

Numa palestra em 1906, William James declinou as características daquilo que chamou de "pragmatismo" – "um novo nome para velhas formas de pensar" (JAMES, 1995). O termo, disse, proveio da palavra grega para ação, "*pragma*", e a posição filosófica por ele descrita foi primeiramente colocada como tal por Charles Sanders Peirce, o qual desenvolvera, crucialmente, uma forma alternativa de pensar a respeito de conteúdos mentais como as crenças, tratando-os como "regras para a ação". Questionar o sentido de um pensamento é questionar a "conduta que está destinado a produzir" (JAMES, 1995: 4). Logo, o pragmatismo era, basicamente, uma ferramenta filosófica para a análise do sentido dos estados mentais: "para obter a perfeita clareza em nossos pensamentos de um objeto", disse James, parafraseando Peirce, "devemos considerar apenas quais os efeitos concebíveis, de natureza prática, o objeto é capaz de envolver – quais sensações esperamos dele, quais reações devemos preparar. Nossa

107 Rorty lê Hegel predominantemente como um historiador historicista que destruiu a ideias kantianas de filosofia como ciência e criou um "gênero literário" (cf. RORTY, 1982: 139-159).

108 Cf. esp. Brandom (2002: cap. 1, 6, 7).

concepção desses efeitos, sejam imediatos ou remotos, é, portanto, para nós a totalidade da nossa concepção do objeto, até o ponto em que aquela concepção possuir uma significância positiva, qualquer que seja ela" (JAMES, 1995: 4).

O próprio James concebeu a abordagem do pragmatismo muito diversa da filosofia de Hegel, mas Dewey e Mead, ambos profundamente influenciados por professores que tomaram parte na redescoberta hegeliana do terço final do século XIX, eram mais simpáticos àquilo que pensavam ser o campo comum entre as abordagens de Peirce e Hegel[109]. O caso específico de Peirce é um tanto mais complicado: ele foi fortemente influenciado por Kant e explicitamente crítico de Hegel, especialmente em termos de lógica, mas sua declarada antipatia parecia acobertar diversos pontos de convergência entre os dois pensadores[110]. Ambos eram particularmente críticos da visão "cartesiana" dos conteúdos mentais como "ideias" acessíveis privadamente, cognoscíveis com certeza pelos indivíduos cujos estados eles são, mas radicalmente incognoscíveis para os demais[111]. O critério de Peirce "do sentido pragmático", segundo o qual o sentido das crenças de uma pessoa *poderia* ser entendido a partir da perspectiva de uma outra – nomeadamente, como o "campo" inferido de suas ações observáveis – fora levantado como uma alternativa. Abordagens similares do pensamento tomado como expresso em ações podiam ser encontradas em Hegel, que tendia a advogar uma visão da mente não individualista e socialmente baseada. Tanto no caso de Peirce quanto no dos sellarsianos, o caminho até Hegel passara pelas ideias de Immanuel Kant, de modo que observar a relação entre os dois filósofos alemães pode ajudar a compreender como a filosofia de Hegel poderia encontrar aliados dentre as fileiras pragmatistas.

109 Dewey foi influenciado pelo seu professor na Johns Hopkins, G.S. Morris, e Mead por Josiah Royce, seu professor em Harvard.

110 Para uma boa descrição das complexas relações entre Hegel e Peirce, cf. Stern (2009: 209-344).

111 Cf., p. ex., *Questions Concerning Certain Faculties Claimed for Man* em Peirce (1992), publicado originalmente em 1868.

O ataque "copernicano" de Kant ao realismo metafísico

Kant é conhecido por sua "revolução coperniacana", cuja intenção era derrubar a metafísica como até então era conhecida. Em *A crítica da razão pura*, ele proclamou celebremente que, com respeito à ciência da metafísica, ao invés de pensarmos que "toda nossa cognição precisa conformar-se aos objetos", deveríamos "assumir que os objetos precisam conformar-se à nossa cognição" (*CPR* Bxvi). Essa intrigante afirmação deveria ser vista contra o pano de fundo de sua concepção metafísica que tem em mente, fundamentalmente *aristotélica*, dos objetos em questão. Para Aristóteles, as substâncias primárias que povoavam o mundo em seu nível mais básico não eram simples pedaços de "matéria" os portadores materiais das "*formas*" ou "*essências*". E como a forma ou essência de uma coisa é responsável por ela ser o tipo de coisa que é e pela maneira como se comporta, o conhecimento dessa coisa envolverá a compreensão de sua essência. Além disso, ao ligar o conhecimento a uma experiência perceptível, Aristóteles efetivamente pensou a percepção como um processo no qual a forma da coisa conhecida passa para a mente do conhecedor (ou uma parte da mente, o "*nous*") na qual vinha a existir sem conexão com a matéria que possui na coisa.

Kant pretende reverter aspectos-chave desse retrato. Ao invés de ser passivamente impresso no *nous* desde o objeto *qua* matéria formada, a "forma" possuída por estes objetos enquanto experiências e conhecida era vista agora como um produto das próprias atividades formo-criativas do conhecedor. No entanto, ser um "idealista", ou um não realista, sobre a forma não significava ser um não realista sobre a matéria, como o foi Berkeley. A mente ativa obviamente não *cria* o objeto, e sim "determina" a forma que torna possível seu conhecimento e avaliação; mas isso parece implicar, por seu turno, que aquilo que pode ser conhecido não é a "coisa em si mesma" – ou seja, a coisa com a forma que possui "haja o que houver" – mas sim a coisa absorvida em *relação à* mente constituinte do conhecedor. No jargão kantiano, o que se conhece é a coisa como "aparência" ou "fenômeno", não "a coisa em si mesma", ou "*noumenon*". É esse foco fundamental na atividade do conhecedor, em que algo a respeito do objeto é "determinado", e a resistência à metafísica como tradicionalmente conhecida que provêm a moldura mais ampla dentro da qual é possível reconhecer paralelos entre idealismo e pragmatismo.

Para Kant, a vantagem decisiva desse "idealismo transcendental" residia no fato dele tornar inteligível como é possível conceber--nos enquanto agentes livres no âmbito de um mundo causalmente determinístico. Em suma, a determinância causal poderia agora restringir-se aos eventos no mundo das aparências, contornando assim o mundo "em si mesmo". Se pudermos então pensar nossas ações *como* as ações do nosso eu noumenal, será possível sermos livres para concebê-las. Muitos foram atraídos por essa tentativa de solucionar o difícil problema da livre agência, mas a verdadeira solução de Kant foi amiúde sentida como refletindo um intolerável sentido de alienação do mundo empírico em geral e do próprio corpo em particular. E por causa disso, muitos dos pós-kantianos buscaram, de alguma forma, reunir os reinos das "aparências" e do "em si mesmo" que ele havia tão rigidamente distinguido, mas o fizeram no espectro do que pensavam ser um espírito kantiano ampliado, explorando a concepção do *self* em Kant que parecia eludir a dicotomia aparência/coisa em si mesma. A primeira emergência inequívoca desse tema pragmatista pode ser encontrada na abordagem de J.G. Fichte (1762-1814), um filósofo que seria uma figura-chave para o "idealismo absoluto" de Hegel.

Em uma passagem bem conhecida em sua *Ciência da Lógica*, Hegel postula que "um dos mais profundos e verdadeiros *insights* que podem ser encontrados na *Crítica da razão pura* é que a unidade que constitui a natureza da *noção* é reconhecida como a unidade sintética original da *apercepção*, como unidade do *eu* penso, ou consciência-de-si" (*SL* 584). Kant havia introduzido a ideia de que cada ser racional finito precisa ter uma determinada concepção de si mesmo como o que está a fazer o pensamento. Na atividade mesma de representação do mundo da aparição, preciso tomar a mim *como* o "eu" que está representando – o "eu penso" que precisa "acompanhar todas as minhas representações" (*CPR* B131). Como um ser racional, preciso ter a concepção de um "eu" – uma "unidade transcendental da consciência-de-si" (*CPR* B132). Conquanto aquilo que Kant afirmou sobre a consciência-de-si seja frustrantemente pouco, Fichte partiu daí e o desenvolveu na doutrina do eu "*autodeclarado*" ativo. Seria igualmente a ideia, como a citação acima sugere, que estaria por trás do desenvolvimento da própria forma de idealismo hegeliano, baseada na peculiar estrutura lógica "da noção".

De Kant e Fichte a Hegel

Para Fichte, essa concepção do eu "*autodeclarado*" não deveria ser confundida com aquela de uma entidade empírica; o "eu" não nomeia o corpo de alguém *qua* objeto empiricamente cognoscível, mas tampouco nomeia alguma entidade imaterial que porventura exista independentemente do corpo, tal como, digamos, a alma imaterial de Descartes. O eu de Fichte, simplesmente, não é uma entidade de qualquer sorte, material ou imaterial, mas sim é concebido como um *processo* corporificado em um animal vivo, capaz de identificar a si mesmo por meio desse conceito. Importante destacar que, seguindo Herder, Fichte havia explorado a ideia da posse da linguagem como aquilo que permitiu o pensamento articulado (FICHTE, 1996). Tendo sido a linguagem considerada como expressiva das estruturas conceituais nas quais o eu e o outro estão "*declarados*", o retrato de Fichte dos humanos como "sujeitos *autodeclarados*" começa a se parecer com a concepção dos humanos descrita por Charles Taylor: "animais autointérpretes" (TAYLOR, 1985).

Poderíamos naturalmente pensar na ação prática como um tipo de cuidadoso "determinativo" do mundo: eu pretendo que a porta fechada seja aberta, eu a abro e a partir de então um estado do mundo vem caber em minha intenção. Desde o ponto de vista kantiano, porém, algo assim *também* é aplicável à ação "teórica" per se: no conhecimento perceptivo posso pensar sobre meus estados mentais como provocados causalmente pelo objeto percebido, embora essa causa não seja encarada como explicativa do meu conhecimento. Dessa forma, Kant criticou o conflito de Locke sobre a relação entre o saber, que visa absorver *corretamente* a coisa, e a ideia dos estados mentais como meros *efeitos causais da coisa*[112]. Em meados do século XX, Wilfrid Sellars usaria essa análise em sua própria crítica ao "mito do dado" empirista, seguindo as linhas gerais da crítica anterior de Peirce ao cartesianismo. Em Hegel, muito dessa mesma distinção havia sido feita em termos da diferença entre a "certeza" falível da primeira percepção mental do mundo e a "verdade" que emerge do resultado do pensar *por meio* de contradições da mente, que vêm à tona quando se reflete sobre a "certeza" (*PS* cap. 1). Em Fichte, essa ideia é encontrada em sua análise das atividades teóricas e práticas da mente, de como sempre luta para ir além daqueles estados imediatos nos quais se encontra, tentando libertar-se de ser determinada por outra coisa que não ela mesma. Tal fato confere à filosofia de Fichte uma atitude protopragmática em relação ao conhecimento, sugerindo uma infraestrutura prática para toda cognição teórica: "toda reflexão é baseada na luta; na ausência da luta não pode haver reflexão" (FICHTE, 1982: 258). "Não é que o fato da faculdade teórica torne possível a prática, e sim o contrário, é a prática que primeiro torna possível a teórica" (FICHTE, 1982: 123).

As posições de Hegel em relação a Fichte eram complicadas. Estudante no seminário de Tübingen entre 1788 e 1793, ele se tornou amigo de dois outros alunos que provocariam impactos igualmente profundos na cultura alemã: Friedrich Hölderlin e Friedrich Schelling. Na década de 1790, enquanto os amigos mantinham um tipo de colaboração constante, a filosofia de Fichte tornou-se proeminente, e na segunda metade da década Hölderlin e Schelling desenvolviam suas próprias críticas simpáticas à concepção do eu "autodeclarado".

Na influente versão de sua *Doutrina da ciência* (*Wissenschaftslehre*) de 1794-1795, Fichte havia esboçado, ainda que em nível estratosférico de abstração, uma descrição daquilo que podemos pensar hoje como a estrutura "intencional" da consciência. Primeiro, ele se dirige à mais básica característica de um objeto qualquer (verdadeiro ou possível) em termos de sua autoidentidade: para todo A, A = A. Conforme o idealismo formal kantiano, porém, uma

112 Kant (*CPR* A86-87/B119), assim, criticou a "derivação fisiológica" das ideias de Locke.

propriedade *formal* do objeto como essa precisa ser entendida como fundada na unidade do *eu penso*, de modo que a autoidentidade de qualquer coisa precisa estar "no eu e declarada pelo eu, pois é este eu quem julga" (FICHTE, 1982: 258). Na abreviatura de Fichte, A = A há que depender do I = I, sendo esta última fórmula seu primeiro princípio, o "princípio da identidade". Nas duas seções seguintes, ele estabeleceu outros princípios que são "reciprocamente baseados" no primeiro (FICHTE, 1982: 120). O "princípio da oposição" diz respeito à *diferença* ou *oposição* entre o sujeito consciente e o seu objeto (o não eu); mas um não eu "dado" à consciência implica uma consciência que é, como vimos, *determinada* pelo não eu, perturbando sua autoidentidade abstrata. Precisa-se então de um terceiro princípio, que reconcilie os dois primeiros: o eu precisa declarar-se *tanto* a si mesmo *quanto* ao não eu *como* opostos.

Reagindo a Fichte, ainda que profundamente influenciados por ele, Hölderlin e Schelling negaram que a unidade inicial, da qual os opostos eu e não eu emergiram, deveria ser, ela mesma, considerada como um "eu". Antes, o eu e seu mundo de objetos manifestaram-se a partir de uma unidade primal mais assemelhada à "*natura naturans*" panteística de Espinosa do que a um Deus antropomórfico e autoconsciente, ou a um eu infinito[113]. Também Hegel desafiaria o primado da ideia fichtiana da racionalidade como a luta pela autoidentidade de um "eu", mas não à maneira dos seus antigos amigos, a proposta de naturalismo de tipo espinosiana: o contexto para a emergência do "eu" finito está menos no reino objetivo e mais no do social, "espiritual". Uma das expressões dessa transformação de Fichte pode ser encontrada naquele que é considerado o texto mais conhecido de Hegel: sua narrativa das pré-condições sociais da consciência-de-si, alinhavada na famosa dialética senhor-escravo de sua *Fenomenologia do espírito*, de 1806/1807 (OS cap. 4), em que claros temas pragmatistas vem à tona.

113 P. ex., no fragmento *Judgment and Being*, Hölderlin (1988) descrevera a capacidade finita do eu para a utilização de conceitos ou para o julgamento (*Urteil*) como condicional sobre uma separação original (uma *Ur-Teilung*) dentro da unidade primordial do "ser". Assim, como utilizar o conceito é característico do eu, a condição do eu é impropriamente atribuída *anterior* à separação entre o eu e o não eu.

A estrutura pragmática da dialética senhor-escravo e mais além

Em um seminal ensaio originalmente publicado em 1967, Jürgen Habermas chamou a atenção para o tratamento hegeliano dos temas de *linguagem* e *labor* no episódio do senhor-escravo, uma abordagem, afirmou, que antecipou o *pragmatismo* declarado de George Herbert Mead no começo do século XX (HABERMAS, 1974), e ao fazê-lo descreve Mead como repetidor do *insight* de Hegel "ainda que sob a pressuposição naturalística do pragmatismo – de que a identidade do 'eu' somente pode constituir-se na aquisição prática dos papéis sociais, ou seja, no caráter complementar das expectativas comportamentais com base do mútuo reconhecimento" (HABERMAS, 1974: 297n. 11).

Como Kant e Fichte, Mead rejeitou o tipo de concepção "passiva" da formação dos objetos de consciência, típica do empirismo tradicional, e ligou a consciência destes a padrões de interação prática com estes objetos:

> Até o ponto em que nossa conduta física envolva movimentos em direção a, ou afastando-se dos objetos e de sua manipulação, quando entramos em contato com eles percebemos todas as coisas em termos de sensação de distância – cor, som, odor – que indicam serem duros ou macios, grandes ou pequenos, objetos de formas variadas, revelados pelo contato efetivo.
>
> Nossa conduta em movimento e manipulação, com seus estímulos e respostas, fornece a estrutura geral dentro da qual surgem os objetos da percepção – conduta essa, até agora, responsável pela organização do nosso mundo físico (MEAD, 1912: 401).

A conduta humana, entretanto, não envolve somente ações em direção a objetos *qua* meras coisas físicas. Ações humanas incluem, igualmente, gestos e ações direcionadas a outros *humanos*, e até o ponto em que objetos físicos terminam enredados na teia desses comportamentos sociais, devem ser compreendidos como "objetos sociais", definidos "em termos de conduta social, da mesma forma que definimos o objeto físico em termos de nossas reações aos objetos físicos" (MEAD, 1912: 403). Objetos sociais são objetos físicos, mas investidos das propriedades derivadas das peculiaridades do seu funcionamento nas interações sociais: uma nota de dez dólares, por exemplo, é um objeto físico (um pedaço de papel, plástico etc., com cores diversas), mas suas propriedades (o fato de poder trocá-la por, digamos, duas latinhas de cerveja, ou por um par de meias) não podem ser explicadas por essas propriedades físicas. Para Hegel, objetos que adquirem tal sorte de propriedades obtém, portanto, um *status* "espiritual"[114]. Importante: para Mead, aquilo que distinguia o domínio do tipo de repertório comportamental, de que somos capazes os humanos, das ações de animais não humanos era a linguagem articulada[115], ideia essa encontrada em Fichte, Hegel e outros tantos largamente influenciados por J.G. Herder[116].

O capítulo IV da *Fenomenologia do espírito* é, dentre outras coisas, dedicado à análise do tipo de consciência-de-si que Fichte desenvolvera com base em Kant. Hegel esboça um cenário em que um simples modelo de vida política entre um senhor e seu escravo pode ser visto como resultante da resolução de uma batalha inicial na qual um antagonista capitula e aceita ser escravizado pelo outro. É possível ver Hegel nesse capítulo como, um pouco como Mead, tentando entender as condições necessárias para que um animal seja um agente autoconsciente disposto; para tanto, ele considerará a existência no âmbito de um reino social em que as interações comportamentais são mediadas pelo "social", e não meramente objetos "físicos", mas em contraste com o naturalismo de Mead, derivará essas condições de um ponto de partida reconhecidamente fichtiano, no qual a consciência-de-si possui dois momentos. No primeiro, "a alteridade está para ele na forma de um ser", enquanto na segunda a consciência-de-si está ciente de sua própria unidade consigo mesma – segundo Hegel, e apelando para Fichte, é o momento em que "eu sou eu"

114 Para um compreensivo relato das ideias de Hegel sobre os símbolos, cf. Magnus (2001).

115 "Que [...] a consciência de um eu como um objeto tivesse em algum momento surgido no homem não fora o mecanismo do falar consigo mesmo, penso haver todas as razões para se duvidar" (MEAD, 1912: 405). Cf. tb. *The Social Self* (1913), de Mead.

116 Cf., p. ex., Forster (2010) e, com respeito a Hegel, Surber (2006).

(*PS* § 167). Desses dois momentos, o último é considerado como a "verdade" da "certeza" do primeiro. O objeto, então, corresponde ao momento finito e condicionado da consciência que precisa mediar qualquer consciência-de-si. Nesse modelo, a agência está baseada no desejo *autoconsciente*, e como tal não pode ser reduzida ao desejo natural. Hegel descreve esse modelo fichtiano de consciência-de-si como "desejo [ou apetite, *Begierde*] em geral" (*PS* § 167).

A consciência, como vimos, é um ingrediente central do modelo fichtiano de consciência-de-si, incluída aí a consciência-de-si prática, ou seja, a disposição. Estar consciente de mim mesmo como dotado de um desejo é estar consciente de mim mesmo como determinado por algo além de mim, quer dizer, pelo objeto ao qual se dirige o meu desejo. E ao invés de ser algum tipo de consequência causal do desejo naturalmente concebido, a ação, segundo o modelo fichtiano, é uma tentativa de restabelecer a autoidentidade essencial empenhando-se na *negação* (suplantar a influência determinante sobre mim) do objeto. Eis, portanto, a versão fichtiana da autonomia que Kant havia equiparado à razão prática *qua* moralidade. Para Hegel, porém, tal modelo da consciência-de-si como apetite "generalizado" não se suporta, é autocontraditório. O eu consciente precisa lutar contra seu objeto, o não eu, do mesmo jeito que o organismo apetitivo luta contra o objeto do seu apetite tentando consumi-lo. Mas da mesma forma que a satisfação de um apetite tanto remove o objeto quanto abole o apetite, também a consciência-de-si, nesse modelo, deveria ser autodestrutora, pois *se requer* um objeto resistente para um indivíduo que define a si mesmo como uma consciência-de-si *empenhada*.

Enquanto Hölderlin e Schelling tentaram encontrar as condições para a emergência da consciência em algum "ser" primordial unificado, anterior à separação, Hegel situa o agente *conscientemente desejoso* contra o pano de fundo da vida social – o reino do "espírito" objetivo, diferenciado da *vida pura e simples* pelos processos constitutivos dos atos de utilização de conceitos de "reconhecimento" nos quais cada um, implicitamente, reconhece o outro como ocupante de algum papel normativo, assim como o escravo reconhece seu senhor como *seu senhor* no ato mesmo de obedecer os seus comandos. Na manifestação dessa relação de reconhecimento, porém, encontramos uma consciência como "a consciência independente, cuja natureza essencial é existir para si mesma", enquanto a outra é "a consciência dependente, cuja natureza essencial é simplesmente viver ou ser para o outro" (*PS* § 189). E ainda assim, o senhor é, na verdade, dependente, para sua identidade como senhor, do reconhecimento do escravo – a "*consciência-de-si atinge sua satisfação apenas na consciência-de-si de outrem*" (*PS* § 175). Ao não reconhecer a independência do seu escravo, o senhor está, portanto, privando a si mesmo das condições pelas quais ele pode ser propriamente autoconsciente. Como uma forma de espírito objetivo, tal sociedade não pode efetivar as características essenciais à consciência-de-si: razão e liberdade.

A despeito dessas limitações, como modelo das condições de consciência-de-si e consciência, enxergamos nele elementos que serão levados adiante em sucessivos estágios que lhe conferem um sentimento "pragmático" a muitas das ideias centrais de Hegel. Pode haver padrões hierárquicos de vida social entre animais que não usam a linguagem, mas não pode existir, podemos dizer, uma forma de vida social com a *instituição* da escravidão com seus convencionalmente definidos papéis sociais e padrões de interação. Desde um ponto de vista linguístico, podemos pensar nos respectivos papéis do senhor e do escravo como diferenciados pelo tipo de *ato discursivo* que cada um emprega. De modo mais simples, somente o senhor pode proferir imperativos como "cozinhe um peixe para mim" – em outras palavras, performar o ato social e, como consequência, o receptor atua do modo especificado pelas palavras expressas na sentença[117]. Contudo, o funcionamento dessas interações linguísticas depende claramente da posse de capacidades não linguísticas para que possa *agir* de maneira apropriada, como quando ordenado a cozinhar um

117 Dessa maneira, podem ser encontrados claros paralelos com o relato quase pragmatista de Wittgenstein, o "construtor de linguagem", em que o "jogo de linguagem" articula uma forma de vida para dar a um modelo do funcionamento da linguagem os meios para contestar as tradicionais teorias linguísticas da "nomeação" (1953: 2).

peixe. Primeiramente, e isso é óbvio, o escravo em questão precisa dominar as técnicas culinárias e, além delas, outras instrumentalmente relacionadas para alcançar tais objetivos – pescar, acender o fogo, e assim por diante. E as habilidades podem ser empregadas com sucesso somente em relação a certos tipos de conhecimento – onde encontrar um peixe, como saber se já está cozido etc. Desse ponto de vista, somos encorajados a pensar os conceitos por meio da apreensão dos seus sentidos pelos papéis funcionais que eles desempenham nesses padrões de ação e interação entre os interlocutores entre si, por um lado, e entre os interlocutores e o mundo, por outro.

É no contexto desse tipo de formas de vida, vividas por meio de conceitos que podem ser logicamente vinculados por sua expressão na linguagem, e que permite aos sujeitos agirem em direção aos objetos e aos outros, que o relato hegeliano da infraestrutura prática e da razão teórica na dialética senhor-escravo lembra o pragmatismo de Dewey e Mead. Mas há ainda outros temas ao longo da *Fenomenologia do espírito* que se parecem mais com as formas de pragmatismo em Sellars e Brandom – e em Peirce antes deles. Para Hegel, a *assimetria* das formas de interação entre senhor e escravo garantiu o colapso final dessa forma de relação social. Relações sociais mais *simétricas*, pensemos, poderiam envolver interações que não mais se assentassem em outras assimétricas, como a força ou a dominação (ou o hábito jamais questionado, que seja), mas na aceitação *racional* do interlocutor do discurso do outro quando lhe são dadas *razões* para aceitá-lo. Peirce, por exemplo, esboçou diferentes formas em que diferentes sociedades poderiam estabelecer a necessária "fixação" das crenças conforme as quais os indivíduos agiriam necessariamente para assegurar a integração daquelas ações no seio da vida social[118], e, como apontaram Robert Pippin e Terry Pinkard, da maneira como Hegel a interpreta está sugerindo que a *sociedade moderna em particular* buscou justificar tais práticas des-

118 Cf. "The Fixation of Belief" em Peirce (1992). Existe já uma pista forte dessa orientação quase política da fixação da crença na seção final da *Crítica da razão pura*, de Kant, a "Doutrina transcendental do método".

sa maneira[119]. Nos trabalhos de Brandom, encontramos uma abordagem quanto ao sentido e à mente, construída a partir de Sellars, na intenção de vincular de forma sistemática o pragmatismo e o idealismo hegeliano.

Nem todos os leitores de Hegel encontrarão no pragmatismo a chave para destrancar os "segredos" de sua versão de idealismo, mas muitas das notoriamente opacas afirmações de Hegel podem ser iluminadas por meio da comparação entre suas ideias e aquelas do pragmatismo.

Agradecimento

Sou grato a David Macarthur pelos prestativos comentários e sugestões à versão anterior deste capítulo.

119 Cf., p. ex., Pippin (1989) e Pinkard (1996), ambos estabelecendo ligações com a abordagem de Sellars da normatividade da razão. De sua parte, Habermas desenvolveu sua própria abordagem pós-metafísica da filosofia social, fundada na pragmática da comunicação. Cf., p. ex., *On the Pragmatics of Communication* (HABERMAS, 1998).

14
Hegel e a filosofia analítica

Russell Newstadt
Andrew Cutrofello

Existe ainda pouco consenso, em que pesem as muitas décadas de autoescrutínio, sobre o que é a filosofia analítica[120]. Até recentemente, contudo, havia um quase universal entendimento sobre aquilo que ela não era: o que quer que Hegel e os hegelianos estivessem aprontando. Segundo seu mito fundador, a filosofia analítica emergiu das reações de Bertrand Russell e George Edward Moore ao hegelianismo britânico. Considerava-se que Hegel demonstrara que a única abordagem viável para a categoria tradicional da lógica era a dialética, cujo método permitia a observação de que todas as afirmações filosóficas, fossem sobre sentidos ou coisas, equivaliam a verdades parciais que poderiam convergir na direção de uma única *verdade* concernente ao absoluto. Contrários a tal proposição, Russell e Moore argumentaram que a filosofia deveria ter a forma da análise conceitual, guiada por uma lógica nova e quantificada, que permitia ver como indivíduos e expressões referentes entravam em fatos e sentenças, respectivamente. O objetivo da análise, assim compreendida, seria resolver as complexidades proposicionais aos seus constituintes atômicos mais básicos. Russell inicialmente aplaudira Hegel por revelar as limitações inerentes da lógica categórica, e uniu-se a ele ao abraçar a contradição, mecanismo da dialética, como meio para suplantá-las, mas tendo começado a aplicar as lições da lógica quantificada na resolução de problemas filosóficos, considerou que abandonar a lei da não contradição fora um lamentável engano, em parte porque levou diretamente a um holismo conceitual e ontológi-

120 Cf., dentre muitos, Dummett (1993), Biletzki e Mater (2002), Stroll (2000) e, esp., Hylton (1990).

co que ele e Moore rejeitavam frontalmente. Da maneira como via, a nova lógica sugeria que o mundo consistia em fatos e coisas discretas, uma ontologia que o compromisso de Hegel com a estrutura básica da lógica tradicional simplesmente o prevenia de enxergar.

Russell promulgou entre os filósofos analíticos uma visão segundo a qual a filosofia hegeliana seria ou incompatível com a empreitada analítica ou, ainda pior, não seria sequer uma empreitada filosófica. Ainda assim, houve, desde o início, considerável coincidência entre as preocupações de Hegel e as da filosofia analítica, como muitos filósofos de amplo recorte analítico têm recentemente começado a reconhecer. A interpretação polêmica de Russell obscureceu o fato de que Hegel não abandonara a lei da não contradição – quando muito, redirecionara o seu uso. Ele é mais bem compreendido como estando envolvido em uma variedade de análises conceituais não distintas, e certamente mais completas, daquelas nas quais Russell viria a embarcar posteriormente. Além disso, a lógica hegeliana é mais propriamente considerada como um conceito lógico que a *Begriffsschrift* (*Conceitografia*) de Gottlob Frege, o sistema de lógica quantificada cuja forma proposicional tornou-se canônica na tradição analítica. Ela certamente se afasta mais decisivamente do que as lógicas de Frege ou de Russell do modelo sujeito-predicado do qual todos os três queriam se ver livres. A apreciação da genialidade filosófica de Hegel e seu significado, entretanto, não chegaria à filosofia analítica até muitos anos depois de ter começado a refletir sobre problemas inerentes à sua própria noção de análise lógica, incluindo diversos paradoxos lógicos e a dificuldade de dar conta da unidade de proposições (incluídos aí aqueles que são verdadeiros, que Moore e Russell equivaleram aos fatos).

Confrontar esses problemas propeliu, desde o início, Russell e seus seguidores a desenvolver abordagens mais holísticas, mas ainda não dialéticas, para a semântica e a ontologia. Em meados do século XX, podiam até creditar a Hegel, conquanto relutantemente, o reconhecimento dos erros do empirismo *naïf* e do atomismo lógico, mas esse reconhecimento parcelado pouco fez para reabilitar sua reputação de lógico desorientado e metafísico obscurantista. Com o abandono recente ou o questionamento de várias ortodoxias analíticas originais, incluindo a bivalência e os muito debatidos "dogmas do empirismo", tem havido lapsos de uma reaproximação com Hegel, corrente liderada por filósofos como Robert Brandom, John McDowell, Graham Priest e Robert Pippin, que acreditam que os holismos semânticos e lógicos de Willard Van Orman Quine, Wilfrid Sellars e Donald Davidson tornaram as doutrinas hegelianas mais atrativas e relevantes. Cada um deles encontrou em Hegel uma frutífera abordagem *vis-à-vis* um tópico de preocupação filosófica corrente, tais como a natureza do sentido, verdade, racionalidade ou subjetividade, e seus trabalhos são geralmente reconhecidos como um importante desenvolvimento no âmbito da filosofia analítica, embora permaneçam em sua periferia, uma indicação da continuada suspeita que a tradição alimenta em relação a Hegel e de sua inescapável conexão com ele.

Um significante, ainda que negligenciado, aspecto dessa conexão é o elo entre as concepções iniciais de lógica tanto de Hegel quanto de Russell – qual seja, que o propósito da lógica é garantir acesso à estrutura ontológica do mundo. Recuperá-lo, sugerimos, representa o caminho filosoficamente mais promissor para a reconciliação entre Hegel e a filosofia analítica. O que torna insuficientes os esforços atuais é a tendência prevalente, segundo Alfred Tarski, de abordar a lógica como um puro sistema formal, desconsiderando seus fundamentos metafísicos. Aquilo que Russell objetava na lógica hegeliana não era sua ligação metafísica *per se*, mas seu intrínseco idealismo metafísico. Se o idealismo hegeliano é mais bem interpretado como uma forma de metafísica holística (como pensava Russell) ou como um tipo de idealismo conceitual mais próximo do platonismo (como somos inclinados a entendê-lo) é uma questão que deixaremos de lado. O ponto central é que, ao rejeitar a lógica de Hegel, Russell não adotou, como seria de se esperar, a visão de que a lógica é metafisicamente neutra; pelo contrário, ele concordou com Hegel em que a tarefa do inquérito lógico era providenciar um retrato metafisicamente correto do mundo. Acreditando então que o "atomismo platônico" de Moore (conforme Peter Hylton) provia tal imagem, ele aplicou-se a identificar sua lógica correspondente (HYLTON, 1990: 105-275, passim).

Conforme nossa perspectiva, as características salientes da concepção hegeliana de lógica e verdade são seu tratamento da forma lógica como uma expressão da consciência *e* do conceito, e sua famosa exigência de que, ao compreendermos um conceito, compreendemos, em última análise e ainda que imperfeitamente, "a verdade, não apenas como *substância*, mas igualmente como *sujeito*" (*PS* 10). Parte do que isso implica é que os atos da articulação conceitual são os primeiros portadores da verdade, no sentido específico de *realização* mais do que uma mera *representação* da realidade ou do mundo, uma posição fundamentalmente em desacordo com as perspectivas analíticas prevalentes, as quais consideram proposições, sentenças, declarações ou mesmo crenças (tidas como representações) como *locus* primário da verdade. Uma indicação curiosa dessa dificuldade pode ser encontrada na mal-afamada noção de Frege da asserção, ou antes, a força assertórica que, como esperamos demonstrar, constitui um ponto profícuo de contraste e intersecção com a noção hegeliana de conceito especulativo como tanto forma quanto ato de engajamento cognitivo. Esperamos mostrar também que existem boas razões para revisitar o debate Russell/Hegel, não apenas porque a prevalente visão de lógica diz-se igualmente contra o idealismo hegeliano e o atomismo platônico; talvez seja possível provocar uma perspectiva viável de lógica que tanto um quanto o outro compartilhem, uma que não tenha início puxando o tapete sob os pés de suas respectivas concepções de lógica metafísica.

A história da relação de Hegel com a filosofia analítica é, histórica e filosoficamente, mais rica do que podemos fazer justiça no espaço limitado de um capítulo. Acreditamos, porém, que a melhor forma de se chegar ao tópico é retornar às questões lógicas fundamentais que primeiro levaram à divergência entre Hegel e a filosofia analítica e que continuam a mantê-las afastadas. Bem à moda hegeliana, dividimos a história dessa relação em três estágios, ou momentos dialéticos:

1) A negação abstrata, ou o simples repúdio da filosofia hegeliana como tal;
2) A negação determinada, ou a incorporação implícita de doutrinas hegelianas repudiadas; e
3) A negação da negação, ou uma reconciliação com a posição hegeliana como um campo determinado do projeto analítico propriamente concebido.

Conquanto examinemos esses momentos de acordo com sua sucessão histórica, eles também precisam ser pensados sincronicamente, ou seja, como os elementos estruturais que definem essa relação.

A negação abstrata de Hegel pela filosofia analítica

Para Hegel, a negação abstrata de uma coisa trata a coisa que nega (seja um objeto, conceito ou proposição) como simples falsidade, ou *nada*. Essa foi a primeira reação de Russell contra Hegel. Estudante em Cambridge, ele havia sido treinado por hegelianos britânicos que o haviam ensinado a pensar que nada abaixo de uma ideia absoluta – que ou correspondesse à verdade como um todo, ou se fundisse com ela – poderia ser verdade. Sob a influência de F.H. Bradley e J.M.E. McTaggart, Russell buscou demonstrar a relativa falsidade de cada um dos ramos especializados da ciência e da matemática: em *An Essay on the Foundations of Geometry* (publicado inicialmente em 1897), ele se arvora a identificar contradições inerentes à concepção geométrica de espaço, as quais só podem ser resolvidas, afirmou, a partir da perspectiva mais abrangente de um estudo cinemático da matéria em movimento. Bem no final do livro, ele sugere que a cinemática dá azo a contradições posteriores que precisam ser resolvidas desde a perspectiva ainda mais abrangente da "Dinâmica e física" (RUSSELL, 1996: 197), e tomou como seu objetivo programático pessoal revisar o enciclopédico relato de Hegel da hierarquia dialética das ciências.

Russell jamais cumpriu esse programa. Mais tarde, ele caracterizaria um dos seus ensaios não publicados desse mesmo período

("*On the Relations of Number and Quantity*") como "Hegel não adulterado"; ou (equivalentemente!) como "rematado lixo" (RUSSELL, 1995: 31-32). Na época em que publicou seu revolucionário *Principia Mathematica* (1903), ele repudiara a lógica dialética em favor de uma concepção de análise conceitual proposta inicialmente por Moore. A análise seria chamada para ponderar, igualmente, coisas e pensamentos: as primeiras poderiam ser analisadas como partes constituintes ou propriedades, nenhuma das quais dependentes de qualquer outra para ser o tipo de conceito que era. Nenhum desses constituintes atômicos poderia ser internamente contraditório, dado que cada um era filosófica ou metafisicamente simples; tampouco poderiam, coletivamente, abranger todos contraditórios. A análise conceitual tornou possível demonstrar que as contradições derivadas dos lógicos dialéticos eram meramente aparentes. Não vinha ao caso se a geometria estava eivada de contradições que só poderiam ser solucionadas pela cinemática; tampouco se a cinemática gerava contradições que teriam de ser resolvidas na dinâmica e na física. As contradições aparentes seriam genuínas se coisas e pensamentos fossem inerentemente interdependentes, como pensava Hegel. E para demonstrar que elas não eram, Russell propôs um novo conceito de relações.

Para Russell, Hegel e seus seguidores subscreviam a "doutrina das relações internas", cujas implicações lógicas e metafísicas haviam sido proferidas inicialmente por Leibniz. Nessa perspectiva, as relações nas quais as coisas e os conceitos se colocam para outras coisas e conceitos são internas a elas. De onde, ou nenhuma das substâncias numericamente distintas podem ter quaisquer relações reais (ou seja, não representacionais) com outra, como Leibniz parece ter defendido, ou, conforme Espinosa e o próprio Hegel supostamente sustentaram, já que tudo é o que é em relação a todo o resto, só pode haver uma única substância ou conceito absoluto, do qual tudo o mais é um aspecto ou modo. As contradições surgem sempre que um aspecto particular da realidade é tratado como se fosse separável da realidade como um todo, e desaparecem quando reconhecemos que as relações que coisas específicas estabelecem entre si são *externas* a elas: "todos os argumentos hegelianos para condenar as coisas com as quais a matemática e a física lidavam dependiam do axioma das relações internas" (RUSSELL, 1995: 48). A essa tese ontológica, Russell incorporou a afirmação epistemológica de que é possível tornar-se "familiar" com qualquer objeto (seja concreto ou abstrato, particular ou universal) sem nada saber a respeito das suas relações com outros objetos (cf., p. ex., RUSSELL, 1997), e conclui que o holismo dialético e lógico de Hegel deveria ser desprezado em favor da nova lógica da análise proposicional.

A negação abstrata russeliana a Hegel inspirou-se tanto no realismo proposicional de George Edward Moore quanto nas doutrinas lógicas que Gottlob Frege passara décadas desenvolvendo na Universidade de Jena. Como o próprio Hegel, ele estudou e ensinou na instituição, e quando de seu ingresso, em 1869, o outrora dominante paradigma hegeliano já havia sido quase que completamente eclipsado pelo empirismo, o materialismo e pelas escolas de pensamento neokantianas (cf. SLUGA, 1980). Educado nesse *milieu*, Frege tomou como certo que questões lógicas sobre a natureza da matemática não deveriam ser respondidas de maneira dialética[121]; em 1902 Russell descobriu que ele antecipara seus próprios esforços para reduzir as leis da aritmética às leis da lógica. O paradoxo tinha a ver com predicados que não podem ser, consistentemente, predicados de si mesmos, ou (equivalentemente ao pensamento de Russell) com classes que não podem ser, consistentemente, membros de si mesmas. Ironicamente, o paradoxo de Russell representou o mesmo tipo de contradição hegeliana que ele, anteriormente, havia considerado ser endêmico ao inquérito lógico, mas agora sua visão sobre a matéria estava completamente diversa: nos *Principia Mathematica*, confessou que não sabia resolver esse paradoxo, mas expressou confiança que, em princípio, a solução pudesse ser alcançada com os recursos da lógica quantificada.

Frege não estava assim tão seguro, mas Russell seguiu adiante, e junto com Alfred North Whitehead desenvolveu a logicamente so-

121 "Diferentemente de Russell e Moore, Frege não estava, de modo algum, preocupado em derrubar o hegelianismo" (SLUGA, 1980: 176).

fisticada "teoria dos tipos" e a teoria das funções proposicionais, ambas pensadas para bloquear o paradoxo. A solução de Russell, antecipada pela hierarquia dos conceitos de Frege, restringe o alcance aos quais os predicados de uma lógica particular poderiam ser atribuídos. Qualquer classe de classes deveria pertencer a um tipo lógico mais elevado do que as classes das quais se compunha. A classe daquelas classes que não são membros de si mesmas é de uma ordem lógica mais elevada do que a dos seus membros, de forma que não se trata, simplesmente, de uma candidata à inclusão ou à exclusão de si mesma. Estabelecer os detalhes dessa teoria exigiu a edificação de uma verdadeira fortaleza (ou como diria Hegel, um "verdadeiro ninho" cf. *PS* 374) de dispositivos técnicos, mas Russell não considerou suas inovações como expedientes artificiais. Pelo contrário, acreditou que o novo sistema lógico descreveria aproximadamente a efetiva estrutura dos pensamentos e das coisas. Posteriormente, os filósofos analíticos teriam uma visão mais liberal, representando os sistemas formais como convenientes esqueletos simbólicos cujos axiomas poderiam ser especificados fora dos sistemas propriamente ditos. A despeito de tais abordagens divergentes, o advento dos *Principia Mathematica* (1910-1913) marcou o estabelecimento definitivo da estrutura analítica. Ao mitigar, quando não suprimir, seu paradoxo potencial, Russell e seus herdeiros tentaram prevenir que o fantasma de Hegel voltasse para assombrá-los.

A negação determinada de Hegel pela filosofia analítica

Ao invés de excluir do todo algo tido como falso, uma negação determinada incorpora a coisa que nega. A negação abstrata de Hegel pela filosofia analítica foi logicamente transformada em determinada quando as fissuras nos *Principia Mathematica* começaram a aparecer. A despeito da aparente contenção do paradoxo de Russell, Kurt Gödel demonstrou que o sistema era incapaz de alcançar completude e consistência, e como apontou Peter Hylton, embora tal fato não tivesse transtornado Russell, que não considerava *Principia Mathematica* um sistema formal, demonstrou a impossibilidade de continuar o programa lógico em qualquer linguagem restrita (HYLTON, 1990: 287n.). Tarski mostrou como o sistema de Russell não poderia dar conta da natureza da verdade sem recorrer a uma distinção meta-nível entre sintaxe e semântica. Nenhum dos lógicos de meados do século XIX que lidaram seriamente com tais assuntos consideraram que a lógica hegeliana poderia ter algo a contribuir às suas investigações. Em que pese suas falhas, os *Principia Mathematica* permaneceram pontuando a agenda para uma lógica "normal", ainda que a devida forma de tal lógica seguisse controversa[122].

Houve outros desafios à agenda analítica: embora continuasse a pensar a análise como o método adequado à investigação científica, Russell reconheceu que os "fatos atômicos", ou "proposições atômicas", do tipo que Ludwig Wittgenstein havia proposto talvez simplesmente não existissem. O próprio Wittgenstein abandonou a análise lógica em prol do escrutínio cuidadoso das práticas linguísticas diárias, e por volta da mesma época Quine convenceu muitos filósofos analíticos de que a verdade das sentenças ou proposições consistia não em corresponderem a estados individuais de negócios ou fatos, mas sim em constituírem um *corpus* inteiro de crenças ou teoria científica, uma inovação que tornou a abordagem holística da verdade aparentemente menos implausível do que Russell a havia afirmado ser. Tal concessão, porém, não conseguiu levar Quine à direção do retorno a Hegel (ou a Bradley ou McTaggart), da mesma forma que o paradoxo de Russell não convencera Frege ou Russell a fazer o mesmo, mas abriu a porta para uma eventual reavaliação. Na epistemologia, Quine e Sellars reformularam as críticas ao empirismo que Hegel havia apresentado na *Fenomenologia do espírito*: em sua obra *Empiricism and the Philosophy of Mind*, Sellars dá crédito a Hegel – "aquele grande inimigo da imediação" (SELLARS, 1997: 14) – por antecipar aspectos de sua própria crítica ao "mito do dado". Mesmo para ele, porém, Hegel permanecia um interlocutor menos relevante do que Kant, cuja "analítica transcendental" não

122 Como pontuou Peter Hylton (1990: 391), a filosofia analítica jamais atingiu "o análogo filosófico daquilo que Kuhn chama de ciência normal" porque "a discussão raramente deixa o controverso nível programático".

dialética poderia ser mais facilmente reconhecida como abordando problemas filosóficos similares àqueles perseguidos por filósofos analíticos. Desenvolvimentos ulteriores nas lógicas proposicional e modal pareceram armar Sellars e outros filósofos analíticos com ferramentas poderosas para reformular e resolver problemas filosóficos tradicionais (i. é, pré-dialéticos). Mesmo que o novo paradigma não mais repousasse sobre relatos unificados de verdade, sentido, conhecimento etc., havia concordância geral de que os conteúdos de sentenças declarativas (consideradas verdadeiras, planejadas, conhecidas etc.) eram os primordiais portadores da verdade, e que o trabalho filosófico há que ser retomado na avaliação de argumentos para este ou aquele argumento de acordo com as regras e as leis de inferência da lógica proposicional. Argumentos filosóficos tradicionais podiam provar sua determinação apenas e tão somente por meio da reformulação conforme tais termos – uma tradução a que os argumentos dialéticos de Hegel claramente resistiam. Embora Wittgenstein e os filósofos por ele influenciados tenham desafiado essas suposições, permaneceu como um lugar comum analítico que enquanto as doutrinas filosóficas pré-hegelianas eram amiúde logicamente confusas, nenhum outro filósofo conseguiu ser mais *i*lógico que Hegel (uma acusação primeiramente assacada por Schopenhauer).

A negação da negação de Hegel pela filosofia analítica

Depois do trabalho pioneiro de Russell e Moore, a filosofia analítica desenvolveu-se em diversas direções. Sob influência do *Tractatus Logico-Philosophicus* de Wittgenstein, os lógicos positivistas rejeitaram a metafísica em favor de uma semântica verificacionista e uma concepção empírica da ciência. Filósofos da linguagem ordinários, em parte inspirados pelo Wittgenstein tardio, foram mais além e tentaram eliminar, ao invés de resolver, os problemas filosóficos. Contrariamente a essas modas deflacionárias, desdobramentos na lógica modal e nas teorias linguísticas da referência trouxeram de volta a boa reputação da metafísica para alguns círculos analíticos.

Cada um desses movimentos alterou o sentido coletivo dos filósofos analíticos daquilo que, se é que existia, unificava seus respectivos projetos, mas ninguém promoveu, de início, uma consideração séria do legado hegeliano; quando tal reavaliação eventualmente teve lugar, foi facilitada pela corrente pragmática, que jamais havia desaparecido dos departamentos de filosofia norte-americanos. No pragmatismo conceitual de Brandom, um aluno de Richard Rorty, encontramos uma conversação regular com Hegel, a negação da negação da filosofia hegeliana.

A semântica inferencialista de Brandom dá sequência à de Frege, mas está enraizada naquilo que ele chama de *pragmatismo semântico* de Hegel: ao desenvolver um ponto proposto por Gilbert Harman, ele salienta a diferença entre as "relações inferenciais" e o "processo inferencial", ou seja, entre as relações logicamente estáticas de implicação mantidas entre proposições e as práticas de inferência, isto é, das proposições endossantes e as relações implicativas às quais estão comprometidas. Para Brandom, o realismo objetivo hegeliano consiste em fundamentar a "estrutura objetiva conceitual do mundo" em práticas e compromissos inferenciais historicamente exemplificados. Nessa narrativa da metafísica hegeliana, o mundo acaba por ser não uma "taça de gelatina" homogênea, como Russell vividamente representara, mas um conjunto de estados de coisas inferencialmente vinculados, algo relativamente diverso do modelo preferido pelo próprio Russell de um "balde de chumbo", e talvez mais próximo a um *prato de espaguete*. O Hegel visto por Brandom é um holista *conceitual* até o ponto em que compromissos assertóricos estão inferencialmente ligados entre si, posição essa que não implica um holismo nem de fatos nem de coisas.

O pragmatismo semântico de Brandom enfatiza corretamente a relação crucial entre prática e forma lógica, mas para nós sua invocação da posição de Harman oculta um importante *insight* compartilhado por Hegel e Frege, a que podemos chamar de "posição de Jena", ou seja, que as relações inferenciais *somente o são* até o ponto em que são explicitamente empreendidas ou realizadas. Hegel e Frege pensam dessa forma não por desprezarem a distinção entre implicação e inferência (em outras palavras, entre relações inferenciais e processos inferenciais), mas por considerarem tal distinção ilusória: ainda que certamente possamos especificar relações implicativas sem empregá-las, sem consciência (Hegel) ou asserção (Frege) as deduções ou provas nada mais são do que sequências arbitrárias carentes de relação. Para ambos os filósofos de Jena, as relações inferenciais dependiam do engajamento semântico: *asserção* para Frege, *negação consciente* para Hegel (explicaremos mais adiante o porquê de a negação ser a forma primária de determinação conceitual para Hegel). Para Hegel, o engajamento semântico é parte da forma lógica (*Gestalt*) da proposição *especulativa*. Nos termos preferidos por Russell, a relação entre uma proposição e sua asserção é mais interna que externa; todavia, a principal forma de engajamento para Hegel não é a *asserção*, mas sim a *negação* ou *divisão* (ou seja, a composição do sujeito e do predicado negativo). Se o idealismo hegeliano for lido platonicamente, então aquilo que Brandom chama de "estrutura conceitual objetiva do mundo" há que ser pensado como descoberto ou acessado, mais do que constituído pragmaticamente, mesmo se as deduções utilizadas para explorar tais estruturas forem, de fato, matéria da prática inferencial. Se, pelo contrário, lermos Hegel como um holista, e não como um realista platônico, podemos continuar a pensar a maneira na qual os sentidos são finitamente expressos em julgamentos como essencialmente históricos, cuja significância repousa não primariamente em suas relações materiais implicativas, mas sim em sua mútua expressão/reflexão do absoluto. De uma forma ou de outra, a metafísica hegeliana subscreve uma posição diversa daquela do pragmatismo conceitual.

O que está em jogo aqui pode ser mais claramente visto quando olhamos para a maneira como Brandom lida com as duas noções hegelianas centrais, da negação determinada e do conceito "infinito". De início, ele identifica a primeira com o que chama de incompatibilidade material, permitindo-o estabelecer uma conexão entre as relações inferencial e conceitual. Em suas próprias palavras, "relações de incompatibilidade material induzem relações de consequência material modalmente robustas" (BRANDOM, 2002: 181).

Tal formulação não percebe o fato de que as relações dedutivas que Hegel analisa (em termos silogísticos) *entre* conceitos são, antes de qualquer coisa, relações *dentro* dos conceitos (um ponto corretamente observado por Russell quando atribui a Hegel a doutrina das relações internas). Para Hegel, os conceitos não são estabelecidos pragmaticamente, pelo "uso", por meio de suas parcialmente situadas e descobertas incompatibilidades com outros conceitos, mas sim determinados (seja em um sentido platônico ou histórico) por via da negação interna.

Considere o caso de um conceito empírico tal como o da cor vermelha. Brandom argumenta que por estar Hegel comprometido com a "individuação relativa simétrica", ele implicitamente toma "a propriedade vermelho" como individuada no que tange a todo um conjunto de propriedades de cores, e não "assimetricamente" individuada com respeito à propriedade negativa de "não vermelho" (BRANDOM, 2002: 184). Em ambos os relatos, contudo, a posse do conceito "vermelho" deve ser entendida em termos das propriedades inferenciais que essa posse sanciona. Em nossa interpretação, a autonegação, assim como a assimetria, é primária. O conceito começa (abstratamente) e termina (absolutamente) com a negação, e as relações simétricas estabelecidas com os conceitos adjacentes são consequências externas da determinação daquele conceito. Os recursos inferenciais são, da mesma forma, intrínsecos ao conceito, ainda que as linhas dedutivas específicas desenvolvidas dependam do contexto histórico e local da expressão. A essa altura, a dimensão pragmática é uma característica externa, contextual, da articulação conceitual[123]. O alvo da lógica dialética é revelar contradições desse tipo "resolvendo-as" dentro de outra; a ideia subjacente é que, sendo atos de consciência, os conceitos são propositalmente concebidos em *negação*, de onde seu conteúdo é holístico de modo especial – não somente

123 No caso específico do conceito de vermelho, precisaríamos olhar com mais vagar a maneira pela qual Hegel compara favoravelmente a teoria das cores de Goethe em relação à de Newton. Uma indicação especialmente evocativa da contingência da elaboração inferencial pode ser encontrada na divertida referência de Hegel à inferência sofística de Anaxágoras, segundo a qual como a neve é feita de água, e a água é preta, "a neve é preta" (HEGEL, 2006: 308).

até o ponto em que coletivamente subscrevem as relações implicativas de julgamentos dos quais são constituintes, mas até na medida em que funcionam como partes mutuamente contraditórias de um todo, cuja identidade, ou antes, *unidade*, coletivamente determinam. Assim sendo, não é por traçarmos relações de consequência entre julgamentos que constituímos o conteúdo de nossos conceitos; o ponto é, de fato, que ao traçarmos as relações negativas dentro e entre conceitos (ou, como prefere Hegel, os aspectos "do" conceito) geramos o conteúdo dos nossos julgamentos. Aqui Hegel está claramente em confronto com Frege (e Kant), pois rejeita o assim chamado "princípio do contexto", segundo o qual os julgamentos detêm prioridade semântica sobre os conceitos. Para Hegel, os conceitos conduzem os julgamentos em que, direta e inferencialmente, são empregados, embora (ao menos numa leitura realista platônica) essa seja uma questão de descoberta ou "restauração", mais do que de constituição, ponto esse que Hegel apresenta de modo sucinto em termos silogísticos: "o silogismo é o resultado da restauração [*Wiederherstellung*] do *conceito no julgamento* e, consequentemente, a unidade e a verdade dos dois" (HEGEL, 2010: 588 = *SL* 664).

Sobre o *infinito absoluto* ou *bom*, Brandom mais uma vez interpreta Hegel a contrapelo: numa discussão sobre o argumento para identificar consciência com consciência-de-si, ele leva Hegel a conjecturar, de maneira analógica e fraca, a partir do fato de que os objetos intencionais da consciência possuem estrutura (ou infinitude) igual ou semelhante à da própria consciência – levando-se em consideração que aqui se está falando, intencionalmente, de consciência-de-si. Consideramos que esse processo foi feito para desconstruir a noção hegeliana do verdadeiro infinito, a estrutura da consciência como pura negatividade e o caráter holístico que une a ambos. O argumento de Hegel é que objetos intencionais sempre têm suas diferenças reconciliadas no interior da própria consciência, ou dentro "do" conceito pelo qual o sujeito consciente pensa. A consciência torna-se consciência-de-si quando reconhece que seus objetos intencionais são aspectos diferenciados de si mesma; nessa transição para a consciência-de-si, tanto a consciência quanto seu objeto adquirem a estrutura de um verdadeiro infinito, em oposição a um infinito potencial ou aditivo (ou "mau"). Ao reduzir a consciência-de-si ao domínio cognitivo do sujeito da atividade inferencial, Brandom efetivamente representa sua infinitude como nada mais do que a capacidade para realizar uma quantidade infinita de movimentos inferenciais.

A leitura pragmática de Brandom põe de lado, então, o lado holístico e/ou platônico da metafísica de Hegel, do mesmo modo que a interpretação intuicionista de Michael Dummett busca livrar Frege de suas inclinações platônicas. Ao nosso ver, é precisamente nisso que Brandom, e igualmente Dummett, se perde. Hegel e Frege, ambos, situam o engajamento semântico no centro de suas respectivas lógicas, mas como já começamos a ver, eles também divergem nesse ponto. Em primeiro lugar, a metafísica de Hegel é centrada na realidade, na verdade do conceito em último caso, enquanto a de Frege é definida pela independência ontológica das proposições, ou o que ele eventualmente chama de *pensamentos* (*Gedanken*). Em segundo lugar, como sugerimos, para Hegel o ato mais fundamental de um engajamento lógico e cognitivo é a *negação*, compreendida no sentido escolástico da decomposição ou separação entre sujeito e predicado, enquanto para Frege é a *asserção*, ou manutenção da *verdade*, como aplicada àquilo que se considera como os únicos portadores apropriados da verdade (as proposições). O que é, portanto, endossado por Frege são os pensamentos, conteúdos de sentenças propriamente formadas; já para Hegel, é o próprio conceito que é "afirmado", mesmo quando extrapolado e retraído pelas proposições nas quais está sequencialmente expresso. Isso explica por que Frege pode aderir à posição de Jena ainda que, não obstante, rejeite inteiramente as reduções psicológicas dos pensamentos a atos de julgamento. A asserção, para ele, encontra-se fora da proposição e, portanto, do *locus* da verdade. Para Hegel, contrariamente, a negação é interna à proposição, dado que gera sua forma, e como tal, o engajamento consciente permanece como o *locus* devido da verdade (finita).

Opondo-se à asserção fregiana, que deixa a verdade, por assim dizer, do jeito que a encontrara, a negação hegeliana acaba por retrair as formas finitas do julgamento que inicia, e ao fazê-lo delimita-lhes a verdade e mostra-as como autodestrutivas. É essa característica da lógica hegeliana que Russell percebeu como essencial, embora não conseguisse entender que o objetivo final de Hegel não era destruir todas as proposições ou afirmações, mas substituir a proposição abstrata e sua asserção pela composição, decomposição e compreensão conceituais. Tal aspecto da lógica hegeliana só pode ser apreciado quando se compreende que o julgamento tem início com a negatividade do conceito, e que a verdade, que pertence propriamente mais ao conceito do que à proposição, *chega* por meio do circuito finito de infinitos ou determinantemente negados julgamentos. A verdade, para Frege, pertence aos pensamentos e está ainda mais distante, algo testemunhado ou reconhecido mais do que alcançado.

Uma base alternativa para a reaproximação com Hegel pode, talvez, ser encontrada na obra de Graham Priest, cujo desenvolvimento do *dialeteísmo*, a doutrina de que alguns pares de sentenças contraditórias são ambos verdadeiros; em seu trabalho de lógica paraconsistente, que preserva a não trivialidade das relações de implicação, ainda que aceite o dialeteísmo, encontramos o que pode ser considerado como a incorporação de determinados elementos da dialética hegeliana em um sistema formal – basicamente as mesmas duas características às quais Brandom deu ênfase: a inerência da contradição e a noção do infinito absoluto. Quanto à primeira, Priest aceita um espaço circunscrito para as contradições, afirmando que "Hegel estava certo: nossos conceitos, ou pelo menos alguns deles, são inconsistentes" (PRIEST, 2006: 4). Mas ele nada diz a respeito do que é, possivelmente, o aspecto mais importante, ou difícil, da negação hegeliana, qual seja, o *determinativo* de todos os nossos conceitos, no sentido de que as contradições geradas no interior de um dado conceito são superadas e contidas no *conceito absoluto*, para o qual a dialética, eventualmente, aponta. Isso não quer dizer que todos, ou alguns, dos nossos conceitos sejam inconsistentes ou contraditórios, e sim que eles só chegam a ser conceitos por via das relações contraditórias que mantêm consigo mesmos e com os demais conceitos. Priest admite que considera a função determinativa da negação como uma parte por demais obscura da dialética hegeliana para garantir atenção, mas as águas só parecem barrentas, afirmamos, a partir da perspectiva externa da lógica formal. Como colocou Hegel (*EnLogic* 82), não há outra maneira de aprender a nadar que não caindo na água!

Priest reconhece que Hegel antecipou a descoberta do real, ou o que chamou de "gerado", em oposição à infinitude potencial, ou "ruim", e ao fazê-lo proveu um relato admiravelmente lúcido da passagem dialética da finitude para sua negação e, finalmente, para a suplantação dessa negação. Apesar disso, ele parece tratar o processo dialético como gerador em si do conceito do infinito genuíno, enquanto nós o consideramos inversamente para Hegel: o conceito do infinito genuíno gera os momentos de sua extrapolação dialética. Além disso, Priest trata o relato hegeliano como um *insight* circunscrito à noção do infinito, sem importância metafísica. Ele não lida com a ideia de que aquilo a que esse infinito se aplica, própria e exclusivamente, é à verdade, ou ao conceito designado para articulá-la. Seu dialeteísmo parece se prestar melhor ao Hegel de Brandom do que ao de Jena, que vimos tentando promover. Quer possam as contradições locais ser toleradas em sistemas lógicos formais, quer não, talvez seja assunto filosoficamente menos importante do que a questão sobre se uma lógica dos conceitos deveria ou não ser suplantada por uma outra de proposições. Por razões similares, podemos ser indiferentes à discussão a respeito de se a análise lógica deveria ser encarregada de ponderar sobre proposições atemporais, sentenças temporalmente limitadas ou amontoados de compromissos pragmáticos. Seja qual for o caso, o significado de pensar racionalmente é avaliar a verdade das proposições conforme a sintaxe e as leis de inferência da lógica proposicional.

Brandom se aproxima mais de Hegel do que Priest ao aplicar o *insight* de Frege, de que o sentido de uma proposição depende dos contextos inferenciais nos quais é empregado. Afirmamos, contudo, que ele se distancia tanto de Frege quanto de Hegel ao pensar que isso é tudo o que o compromisso metafísico representa. Fosse possível sondar uma alternativa genuinamente hegeliana à posição de Brandom, ela procederia do lugar no qual Hegel, Frege e Russell (e Wittgenstein, brevemente) concordam, qual seja: a lógica revela a estrutura do mundo. Ao observar que a ambição de Sellars era trazer a filosofia analítica de seu estágio humeano[124] (em outras palavras, positivista) para um kantiano, Rorty dá crédito ao seu antigo aluno por tê-la levado desde a fase kantiana até a "hegeliana" (RORTY, 1997: 8-9). Ao advogar a posição de Jena, é nossa paradoxal pretensão trazer a filosofia analítica à altura do seu estágio fregiano-russeliano, quer dizer, ao estágio em que sua afirmação fundadora em favor da primazia da proposição possa ser filosoficamente avaliada, de modo a questionar interpretações-padrão de Hegel, Frege e Russell.

Aqueles que aceitam a ideia de Brandom, de que a maneira para reclamar Hegel para a filosofia analítica é lê-lo como um inferencialista, tendem a representar as metafísicas de Hegel, Frege e do Russell inicial como uma bagagem abandonada em favor de alguma forma de naturalismo filosófico – armadilha em que John McDowell e Robert Pippin, dentre outros, caem de um jeito ou de outro. McDowell, que reconhece a influência dos seminários de Brandom sobre Hegel, descreve o livro *Mind and World* como "prolegômenos para a leitura da *Fenomenologia* [*do espírito*]" (MCDOWELL, 1996: ix). Em uma série de altercações com Stephen Houlgate, ele defendeu sua leitura de Hegel como um naturalista que, como o próprio McDowell, detesta apelos filosóficos a coisas "assustadoras"[125]. Em uma vereda similar, embora menos comprometida com o inferencialismo filosófico, também Pippin lê Hegel como um naturalista para quem o "espírito" se refere a nada mais do que a capacidade coletiva dos seres humanos em determinar-se a si mesmos racionalmente. Paul Redding (2007) segue Brandom e McDowell ao refletir que Hegel era um holista lógico, para quem julgamento e inferência permaneciam a atividade da lógica propriamente dita, embora pareça re-

124 Relativo a David Hume, filósofo, historiador e escritor britânico [N.T.].

125 Para as altercações entre Houlgate e McDowell, cf. *The Owl of Minerva* 41 (1/2), p. 13-60, e McDowell (1996: 82).

conhecer que, para Hegel, lógica e ontologia estejam fundamentalmente ligadas, mesmo quando simplesmente não coincidem.

Neste capítulo, concentramo-nos naqueles aspectos da lógica e da metafísica hegelianas que se provaram mais incômodos para os filósofos analíticos, bem como nas questões nas quais consideramos que se desviaram. Ainda assim, é digno de nota que cada um dos filósofos cujo trabalho discutimos fizeram avançar substancialmente nossa compreensão da relação entre Hegel e a filosofia analítica[126]. É possível que o caminho adiante possa nos levar não apenas a Cambridge e Jena, mas também à divisão analítico-continental entre Paris e Friburgo.

126 Um excelente trabalho recente inclui os ensaios reunidos em Nuzzo (2010).

15
Hegel e a hermenêutica

Michael Baur

Tomado *lato sensu*, o termo "hermenêutica" pode referir-se à teoria e/ou prática de qualquer interpretação destinada a revelar o sentido de qualquer expressão, não importando se tal expressão foi produzida por fonte humana ou não humana. Em sentido mais estrito, pode remeter a uma corrente específica de pensamento, que diz respeito a uma teoria e/ou prática interpretativa desenvolvida majoritariamente por teóricos de fala alemã de finais do século XVIII até o século XX. Em sua acepção mais ampla, a "hermenêutica" remonta, no mínimo, até os gregos antigos, e vincula-se etimologicamente à antiga deidade mitológica helênica Hermes, de quem se dizia entregar e interpretar as mensagens dos deuses para os mortais. Em seu sentido mais estreito, a "hermenêutica" emergiu em finais do século XVIII e começos do XIX, dedicada inicialmente a lidar com problemas de interpretação dos textos clássicos e bíblicos, e mais tarde para articular uma teoria mais "universalizante" da interpretação geral. Este capítulo acompanha o seu desenvolvimento em seu sentido estreito, por meio das obras de Friedrich Daniel Ernst Schleiermacher (1768-1834), Wilhelm Dilthey (1833-1911), Martin Heidegger (1889-1976) e Hans-Georg Gadamer (1900-2002), concluindo, então, com algumas observações sobre o pensamento hermenêutico do próprio Hegel e o que poderia significar *vis-à-vis* este desenvolvimento.

Friedrich Daniel Ernst Schleiermacher

Hegel e Schleiermacher não apenas foram contemporâneos como também ensinaram ao mesmo tempo na mesma instituição, a Universidade de Berlim, durante um período de treze anos (1818-1831), embora as relações pessoais e profissionais entre ambos não fossem exatamente amigáveis. Por volta de 1816, Schleiermacher – já então um conhecido teólogo na Universidade de Berlim – deu apoio à vinda de Hegel para Berlim, mas somente no intuito de impedir que outro filósofo (J.F. Fries) obtivesse o cargo de professor. Quando, mais tarde, Hegel pediu admissão para a Academia de Ciências de Berlim, Schleiermacher manobrou, e conseguiu, vetar sua entrada (CROUTER, 1980). Nenhum dos dois trabalhou sistematicamente com a obra do outro, mas era ponto pacífico que Schleiermacher desconfiava do que considerava uma sistematização abertamente idealista e abstrata de Hegel, o qual, por sua vez, era crítico do que pensava ser a confiança indefensável de Schleiermacher na "intuição" e no "sentimento".

Foi a reflexão sobre religião que levou Schleiermacher ao trabalho com a hermenêutica: teólogo, percebeu a necessidade de desenvolver um relato rigoroso das condições e cânones da interpretação válida, dado que o conteúdo específico da religião cristã depende, crucialmente, da interpretação de textos como os Evangelhos. Antes de sua época, era comum àqueles que exerciam a prática hermenêutica considerar que diferentes tipos de textos (tais como antigos textos clássicos, as sagradas escrituras ou a poesia contemporânea) exigiam diferentes, e eventualmente incompatíveis, cânones interpretativos. A inovação de Schleiermacher foi começar a desenvolver uma hermenêutica "universal" ou "generalizada", uma teoria interpretativa desenhada não para um tipo específico de expressão significativa, mas sim para a articulação de cânones e condições para a interpretação de qualquer expressão significativa, qualquer que fosse ela.

Ao desenvolver essa teoria mais geral, Schleiermacher distinguiu dois momentos no trabalho de interpretação, aos quais chamou de interpretação "gramatical" ou "linguística" (por um lado) e "psicológica" ou "técnica" (por outro). Para ele, nenhum desses momentos era adequado, em si, para a tarefa de revelar o sentido das expressões significativas. No momento da interpretação gramatical, o intérprete foca nas características e regras comuns e compartilhadas (incluindo aquelas filológicas, sintáticas e etimológicas) que governam o uso das palavras no âmbito do texto a ser interpretado. Já no momento da interpretação psicológica, o intérprete se atém às características individuais, exclusivas, do autor que produziu o texto a ser interpretado. A interação entre esses momentos torna possível ao intérprete revelar a maneira como o reino "interior" do autor individualizado, uma pessoa única, pode vir a expressar-se no reino "exterior" de uma língua comum e compartilhada.

O operativo nesses dois momentos da interpretação é o que Schleiermacher considera ser um tipo inescapável de circularidade, envolvido em todas as interpretações, que desde então veio a ser conhecido como o "círculo hermenêutico", e que diz respeito ao fato de que um intérprete não pode entender as partes individuais daquilo que está a ser entendido a não ser que compreenda o todo mais amplo, do qual elas são partes. Ao mesmo tempo, todavia, o intérprete é incapaz de entender esse todo mais amplo a não ser que compreenda as partes individuais. No momento da interpretação gramatical, por exemplo, não se pode entender uma passagem textual específica sem que se haja entendido o todo mais amplo (como o texto inteiro, ou todo o gênero literário, ou a linguagem em geral) do qual a passagem é uma parte; concomitantemente, porém, é impossível entender o texto inteiro, ou todo o gênero literário, ou a linguagem em geral, a não ser por meio das passagens individuais. Da mesma forma, no momento da interpretação psicológica, não se pode entender um pensamento individual, ou uma ideia expressa pelo autor, sem compreender sua vida ou visão geral de mundo; ao mesmo tempo, porém, não é possível entender a vida de um autor ou sua visão geral de mundo sem entender seus pensamentos individuais ou as ideias por ele expressas.

Para Schleiermacher, a interpretação rigorosa depende de um movimento de ida e volta, "oscilante", entre as partes e o todo para ser compreendida; igualmente, depende de um movimento oscilante análogo entre os momentos gramatical e psicológico de interpretação: há que se entender os pensamentos interiores e ideias (psicológico) de um autor à luz das suas expressões exteriores (gramatical) na linguagem; por sua vez, há que se entender as expressões exteriores do autor à luz da personalidade "interior" que as produziu. A tarefa hermenêutica de oscilar entre os momentos gramatical e psicológico é infinita, logo nenhuma interpretação de um autor ou texto pode ser total e completa (SCHLEIERMACHER, 1998: 11). Uma interpretação total e completa, para Schleiermacher, seria muito mais um ideal regulatório que um objetivo alcançável, e a prática hermenêutica é muito mais arte do que ciência.

Para Schleiermacher, a singular personalidade interior, ou vida mental, de um autor está disponível para o intérprete somente via mediação, pelas características não singulares da linguagem exterior, ou pública, que ele compartilha com sua comunidade (ou comunidades) linguística. Significativamente, os pensamentos do autor – como expressas e, portanto, em busca de interpretação – serão inevitavelmente moldados pela linguagem e pela herança linguística por meio da qual expressa seus pensamentos; conforme o mesmo atributo, a própria linguagem do intérprete, e sua herança linguística, dará forma também à sua vida mental e pensamentos, incluindo aqueles destinados a interpretar os outros. Logo, um intérprete engajado em uma prática hermenêutica rigorosa começará partindo da suposição de que incompreensões ocorrerão durante o processo, e que é preciso tomar bastante cuidado para evitá-las. Segundo Schleiermacher, as incompreensões acontecem, seja porque o intérprete é por demais apressado em seus julgamentos, ou (e mais importante) porque está preso às suas predileções ou vieses (*Befangenheit*). Para que possa chegar a uma interpretação válida, ele precisa minimizar seus próprios preconceitos e lutar para se colocar no lugar do autor (SCHLEIERMACHER, 1998: 23-24).

Muito embora existam inúmeras diferenças a separar o intérprete do autor a ser interpretado (inclusive linguísticas, culturais e psicológicas), permanece possível, afirma Schleiermacher, ao intérprete chegar a uma interpretação válida do sentido do autor, já que existe uma natureza humana comum que os une a ambos e permite ao intérprete, portanto, superar as várias diferenças e os obstáculos interpretativos. De fato, chega a ser possível a um intérprete entender um autor melhor do que ele mesmo, pois a interpretação cuidadosa e rigorosa o permite reconstruir processos criativos que estavam operativos apenas em termos inconscientes no autor, trazendo-os, portanto, à presença consciente.

Wilhelm Dilthey

Wilhelm Dilthey não somente escreveu uma biografia sobre Schleiermacher como também comentou fartamente a respeito de suas contribuições filosóficas. Como seu biografado, ele se interessava profundamente pela possibilidade de uma "hermenêutica universal", mas diferentemente dele não era motivado por preocupações teológicas ou religiosas, mas sim por um desejo de estabelecer fundações metodológica e filosoficamente sólidas para investigação das ciências humanas (*Geisteswissenschaften*) em geral. Seguindo o trabalho daquilo que veio a ser conhecido como a Escola Histórica Alemã (que incluía especialmente as obras de Leopold von Ranke e Johann Gustav Droysen, famosos por suas tentativas de desenvolvimento de uma narrativa não hegeliana da história), Dilthey buscou introduzir uma sensibilidade histórica mais elevada às suas reflexões hermenêuticas, e resistindo ao que considerava tendências demasiadamente idealistas do trabalho de Schleiermacher, argumentou que seria "não histórico" pensar a existência uma "natureza humana" subjacente, que permanecia "autoidêntica" em sua formação religiosa e ética" e "somente limitada pelo espaço e pelo tempo de modo meramente exterior" (1972: 239). Com sua ênfase intensificada na história e na historicidade de toda realidade humana, Dilthey pode ser compreendido como tendo expandido radicalmente a ideia do "círculo hermenêutico": com ele, o todo dentro do qual as expressões seriam compreendidas não era mais o todo de um texto, de um gênero literário, ou mesmo da linguagem em si, mas sim o todo da história[127].

127 Dessa maneira, Hans-Georg Gadamer (1992: 198-199) sugere que devemos entender Dilthey como tendo transposto o círculo hermenêutico ao aplicá-lo ao "contexto universal da história".

Contra o que considerara como excessivamente racionalista e metafísica construção da história por Hegel, Dilthey insistiu em conceder o devido peso à infinitude e à irracionalidade da concreta existência humana. Além disso, como o curso de história jamais está completo (eternamente inacabado, ao menos enquanto existir alguém ainda vivo e capaz de realizar qualquer forma de interpretação), temos que nenhuma interpretação pode ser final ou completa, exatamente como Schleiermacher havia dito (embora com Dilthey, a razão para tal inescapável incompletude esteja, agora, mais diretamente ligada a uma discussão a respeito da história humana e da historicidade).

Um exemplo bastante sugestivo de como Dilthey tentou "historicizar" a hermenêutica de Schleiermacher pode ser encontrado no tratamento da doutrina do *Keimentschluss* (que pode ser aproximadamente traduzido como "solução germinal"), que para Schleiermacher dizia respeito à ideia original ou à intenção inicial com a qual o autor está comprometido (ainda que inconscientemente) quando começa a trazer pensamentos interiores para a expressão exterior. É precisamente o *Keimentschluss* que está implicitamente operativo no início dos esforços do autor, e que implicitamente anima suas decisões e escolhas posteriores ao trazer o pensamento à expressão; igualmente, guia a reflexão do autor sobre a unidade interna e a coerência do seu trabalho, permitindo, portanto, ao intérprete entender passagens individuais situando-as dentro do contexto de uma intenção geral, unificadora, que circunscreve o trabalho. Essa ideia, desde o ponto de vista de Dilthey, significava uma teoria insustentável, a-histórica e "pré-formacionista" do sentido e da interpretação (1966: 781). Para ele, a unidade que pertence a uma obra a ser interpretada não tem que ser entendida como vinculada ao *Keimentschluss* ou a "qualquer outro impulso produtivo original do todo"; ela poderia muito bem "ser provocada por algo que é adicionado de fora"; aquilo que for adicionado de fora poderia ser uma decisão posterior e retrospectiva do autor, ou até mesmo do intérprete (DILTHEY, 1966: 781).

Com sua crítica à doutrina do *Keimentschluss*, Dilthey começou – embora sem que estivesse inteiramente ciente disso – a transformar o que se entende pela ideia de que um intérprete é capaz de compreender um autor melhor que o próprio autor; a possibilidade de tal "compreensão melhor" não mais está necessariamente ligada à ideia schleiermacheriana de que o intérprete pode trazer à presença consciente aqueles processos criativos em operação somente inconsciente no autor. Com Dilthey, sugere-se que a "melhor compreensão" é possível apenas porque a interpretação ocorre dentro de um contexto especificamente *temporal* e especificamente *histórico*, o que significa dizer que ocorre após o autor ter se expressado.

Mas ainda que Dilthey tenha começado a "historicizar" o pensamento de Schleiermacher, ele permaneceu de muitas formas comprometido com as linhas básicas daquela hermenêutica, de modo que reteve a ideia de que a interpretação válida (mesmo que incompleta) é alcançada até o ponto em que o intérprete minimiza os efeitos potencialmente deformadores de sua própria circunstância histórica, produzindo a "reconstrução" (*Nachbildung*) de uma forma de vida, de outro modo inacessível e alienígena, a ser interpretada.

Martin Heidegger

A obra de Dilthey exerceu enorme influência no pensamento emergente do jovem Martin Heidegger, o qual, de fato, observou que elementos-chave de seu trabalho em *Ser e tempo* surgiram "do processo de apropriação das obras de Wilhelm Dilthey" (1962: 449). O pensamento hermenêutico heideggeriano, contudo, marcou também um radical afastamento do pensamento de Dilthey. Para Heidegger, a interpretação não consiste, primordialmente, na atividade de "reconstruir" uma forma de vida alienígena até ser entendida, como para Dilthey, mas sim na atividade de tornar-se o tipo de ser autointerpretativo que se é em primeiro lugar. Os seres humanos, quer estejam conscientes disso, quer não, são desde sempre seres autointerpretativos, isso porque em meio a todos os seus envolvimentos com coisas e pessoas diferentes de si mesmos, preocupam-se, antes de qualquer coisa, com seu próprio ser, e assim permanecem, mesmo quando seus envolvimentos com outros seres os induzem a negligenciar ou até mesmo negar esta verdade mais básica a seu respeito.

O próprio Dilthey chegou a tocar dessa verdade mais básica ao reconhecer que a "vida" como tal é sempre reinterpretar. Para Heidegger, no entanto, esse relato do caráter essencialmente autointerpretativo do ser humano (ou "vida") era inadequado e distorcido, posto que não se fazia acompanhar de uma narrativa ontologicamente adequada do ser humano como tal. Contra Dilthey, ele argumentou que tal relato ontologicamente adequado revelaria que o ser humano preocupa-se com seu próprio ser, mas não como algo presente e sim como algo que (ainda) está por vir: o ser sobre o qual o ser humano mais se ocupa (o seu próprio) é potencialmente vir-a--ser (e assim sendo, jamais algo a ser encontrado ou feito presente); e é tão somente por causa dessa preocupação com o próprio ser como potencialmente vir-a-ser (ou futuro) que ele é capaz de ocupar-se de (e encontrar sentidos em) coisas ou pessoas presentes em seu mundo. É, portanto, enganoso encarar o ser humano como um tipo de entidade (ou mesmo uma instância da "vida") capaz de ser encontrado ou feito presente em meio a outras entidades; ele é mais bem compreendido, acima de tudo, como o "lugar" não presente, ou "*locus*" para a presença-por-vir de qualquer ser ou entidade. Heidegger lança mão de um neologismo para demonstrar o que é, para ele, um relato ontologicamente adequado do ser humano que, sendo um autointérprete, há que ser entendido como "*Dasein*", termo que significa literalmente "*Ser-aí*", e que se presta a transmitir o sentido de que seres ou entidades vêm à presença, ou se mostram a si mesmos, no mundo apenas no "aí" onde está (*Dasein*) o ser humano, um ser ocupado com seu próprio ser.

A virada ontológica de Heidegger na hermenêutica tem, ao menos, três implicações importantes. Primeiro, segundo ele, é impossível compreender a atividade do *Dasein* como um intérprete sem que se compreenda a sua radical temporalidade. Para Heidegger, *Dasein* é um ser que está primordialmente ocupado com seu próprio poder-ser, e para quem seu próprio poder-ser está o tempo todo em questão. Da mesma forma, todos os seus envolvimentos com coisas e pessoas em seu mundo são o que são apenas enquanto "projetos" para o *Dasein* que, dessa maneira, é desde sempre "projetivo" ou "adiante de si mesmo", logo é desde sempre futuro. Mas além disso, seu ser "adiante de si mesmo", ou futuralidade, depende dos "sinais do passado" (*pastness*), ou de ter sido "jogado" no mundo. De modo crucial, o mundo em que o *Dasein* foi jogado não é uma coleção de coisas dentre as quais ele se encontra enquanto uma entidade dentre outras. Da mesma forma que ser adiante de si mesmo não significa, de modo algum, estar em direção a nada presente ou real, também o ser jogado do *Dasein* não representa ser jogado em um mundo como um real estado de coisas (ou empiricamente dado). Em certo sentido, esse ser jogado é apenas ser jogado no tipo mesmo de ser que é, tanto que precisa sempre estar à altura do desafio de confrontar seu próprio ser como uma questão, mas precisa fazê-lo a depender dos sentidos que é capaz de encontrar em seu engajamento com outros seres que não ele mesmo. A análise heideggeriana da temporalidade finita e radical do *Dasein* o levou às suas conclusões revolucionárias sobre ser e tempo: para ele, a presença do Ser dos seres é disponibilizada para o *Dasein* precisamente por causa da temporalidade (ou passado futuro) que caracteriza o seu ser. É essa sua temporalidade – seu passado futuro ou sua projeção lançada – que o abre à presença do Ser dos seres em primeiro lugar: "o presente emerge na unidade da temporalização da temporalidade, do futuro e do ter sido. [...] À medida que o *Dasein* temporaliza a si mesmo, assim também o mundo" (HEIDEGGER, 1962: 417). Em resumo, nenhum ser poderia "se apresentar" como tal no mundo do *Dasein* sem que este não estivesse ocupado com seu próprio ser no âmbito da estrutura de sua temporalidade finita ou projeção lançada.

Em segundo lugar, a análise ontológica heideggeriana da temporalidade finita do *Dasein* leva a uma narrativa radicalmente nova de interpretação: como Dilthey e Schleiermacher, Heidegger afirma que não pode haver interpretação livre de pressuposições, ou seja, não condicionada de todo pelas ideias e preocupações vivas que animam a própria forma de vida do intérprete. Mas diferentemente dos outros dois, em Heidegger é o próprio conjunto de ideias e preocupações do intérprete (fundado, conforme o *status* do *Dasein*, em um ser radicalmente finito, temporal e, portanto, histórico) que *torna possível* toda interpretação: o sucesso da interpretação não depende de "construir pontes" sobre quaisquer abismos ontológicos entre intérprete e interpretado, ou "reconstruir" uma vida, de outra forma estranha, que se quer interpretar. Depende, sim, da temporalização que caracteriza o *Dasein* em si, que se agarra à questão de seu poder-ser ao sacar sentidos de coisas que não ele mesmo, e de expressões que não as suas próprias. Para Heidegger é enganoso encarar o *Dasein* como uma entidade *no* tempo, ou *na* história; seria mais acurado pensá-lo como abertura ou horizonte, constituição mesma da temporalidade ou da história, e sobre a qual a presença ou a autorrevelação dos seres é projetada em primeiro lugar. Daí que a "verdade" de qualquer interpretação não se trata de matéria de simples "precisão" ou "correspondência" entre aquilo que está dentro da mente do intérprete e o que está fora (*Dasein*); ela sempre envolve algum tipo de descoberta ou revelação que, inescapavelmente, acontece no contexto do horizonte finito e temporalizante que é o *Dasein*. Logo, o acontecimento da verdade jamais é um "tudo ou nada" ou "tudo de uma vez"; ela sempre se apresenta em graus, e cada expressão e interpretação é "mais" ou "menos" reveladora do assunto sendo expresso ou interpretado. Do mesmo modo, toda instância de verdade, ou de relativa revelação, é também uma instância de inverdade, ou de relativa ocultação; sendo assim, toda instância de verdadeira expressão ou de verdadeira interpretação exige mais expressão, mais interpretação, mais revelação e, por sua vez, engendram mais ocultação – *ad infinitum*.

Em terceiro lugar, o relato de Heidegger transforma fundamentalmente o sentido do círculo hermenêutico, pois para ele o problema com Schleiermacher e Dilthey era que ambos discutiam o círculo como se sua significância fosse limitada às partes e todos de objetos teoricamente conhecíveis do discurso proposicional (tais como textos, gêneros literários, linguagens, as vidas dos autores ou mesmo a história). Para Heidegger, a importância do círculo hermenêutico é primordialmente entendida se se pensa em termos da própria estrutura temporal do *Dasein* como projeção lançada: ele chega a uma compreensão do sentido de seu próprio poder-ser (como um todo) somente ao compreender os sentidos revelados por coisas e pessoas específicas (partes) em seu mundo; por sua vez, contudo, o *Dasein* chega a esse entendimento dos sentidos revelados por coisas e pessoas específicas (partes) somente compreendendo-os no contexto de sua preocupação primordial com seu próprio poder-ser (como um todo). Esse ponto pode ser ilustrado pela noção do questionamento: não existe algo como uma pergunta livre de pressuposições; a colocação de qualquer questão genuína pelo questionador pressupõe que este já tenha entendido ao menos alguma coisa a respeito da matéria em questão, e este conhecimento prévio é, por sua vez, animado e informado pela própria preocupação do questionador sobre seu poder-ser. Agora, o conhecimento prévio que permite ao questionador fazer perguntas sobre um qualquer assunto específico não pode ser, ele mesmo, imediata, diretamente, ou "de uma vez só", ser posto em questão no ato do questionador de questionar aquele assunto específico[128], mas é possível para as respostas obtidas por meio de um questionamento específico do questionador levá-lo a revisar, *após o fato*, o entendimento prévio (e autoentendimentos prévios) que tornaram possível aquele questionamento específico em primeiro lugar. Dessa maneira, o círculo hermenêutico heideggeriano é autorrevisor, sempre "em movimento", por assim dizer, e por ser fundado na própria temporalidade finita do questionador, opera sem qualquer reivindicação de acesso privilegiado a uma "meta-narrativa" abrangente que proveria um contexto final e um sentido final a todos os eventos e expressões da história humana. Esse relato do círculo hermenêutico ajuda a explicar a incorrigibilidade da doutrina de *Keimentschluss* de Schleiermacher: a compreensão inicial de um intérprete sobre o que constitui a "essência" guia, ou cerne, de uma expressão particular está permanentemente sujeita a ser revisada ou, até mesmo, abandonada à luz das respostas dadas às questões tornadas possíveis por aquela mesma compreensão ini-

128 Um dos primeiros colaboradores de Hegel, F.W.J. Schelling, defendeu algo similar em seu *Sistema de idealismo transcendental* (1978: 54) quando observou que o humano conhecedor não pode intuir diretamente um objeto que não seja ele mesmo e, ao mesmo tempo, intuir-se diretamente como intuição do objeto.

cial. É sempre possível que aquilo que um intérprete tomou como a mensagem "essencial" de uma outra expressão se torne "incidental" (e que o incidental venha a se tornar essencial) à luz de novas perguntas e respostas. Isso também ajuda a explicar por que é possível para um intérprete compreender um autor melhor do que este compreendia a si mesmo: não é porque o intérprete traz à consciência presente aquelas ideias que operam apenas inconscientemente na mente do autor, mas antes porque o intérprete surge *após o fato*, sendo assim capaz de "esperar e ver" o que o sentido do autor é capaz de revelar sobre si mesmo.

Gadamer sobre Hegel e a hermenêutica hegeliana

Segundo Heidegger, Hegel estava impedido de apresentar um relato genuíno do ser humano (Dasein) como interpretativo e autointerpretativo porque seu pensamento se baseava num conceito "ordinário" e "vulgar" de tempo derivado das entidades presentes no mundo do Dasein, e não na estrutura temporal originária do próprio Dasein (HEIDEGGER, 1962: 480-486). Um dos seus mais influentes alunos e exegetas, Hans-Georg Gadamer, parece ser mais generoso em sua avaliação: ele reconhece que o pensamento hermenêutico de Hegel é superior ao de Schleiermacher por haver percebido que a interpretação verdadeira não depende de preencher uma lacuna entre intérprete e interpretado, ou da "reconstrução" de uma forma de vida alienígena, mas sim da "mediação cuidadosa" entre passado e a vida contemporânea, e que tal mediação não significa qualquer tipo de "relação externa" (GADAMER, 1992: 168-169). Ainda assim, Gadamer critica Hegel por não ter conseguido oferecer um relato inteiramente adequado da interpretação: ele teria erroneamente pensado que a radical finitude do nosso conhecimento temporalmente condicionado poderia ser superada na mesma medida em que a própria história poderia ser "superada" pelo "saber absoluto" (GADAMER, 1992: 231), ou seja, pela completa unificação da compreensão do todo da história humana "em uma consciência-de-si presente" coincidente ao término da filosofia sistemática hegeliana (GADAMER, 1992: 234).

Mas será que a última palavra sobre Hegel deveria pertencer a Gadamer? Talvez não. Como Heidegger e Gadamer, Hegel reconheceria prontamente que o ser humano, em meio a todos os seus envolvimentos com outros seres, é primordialmente centrado em seu próprio não presente e não apresentável poder-ser (ou não) o tipo de ser que é. Por volta de 1800, ele já havia desenvolvido uma narrativa da existência humana segundo a qual a liberdade do ser humano não deve ser entendida em termos de ser ou não ser dessa ou daquela entidade em seu mundo, mas sim em termos de ser ou não ser o eu mesmo do ser humano (e, portanto, o ser ou não ser do mundo inteiro que existe para o eu humano) (HEGEL, 1975c: 89)[129].

Como Heidegger e Gadamer, Hegel também reconheceria prontamente que a atividade do ser humano de interpretar coisas que não ela mesma está sempre ligada a, e tornada possível por, pela atividade primordial do ser humano, a autointerpretação (mesmo quando esta última permanece desconsiderada ou opaca). Para expressar a matéria numa terminologia tirada da própria linguagem hegeliana pós-kantiana, não pode haver nenhum objeto *para* um sujeito se o sujeito não for *para si mesmo*, e nenhum sujeito para si mesmo se não houver um objeto *para* o sujeito. Alternativamente, a consciência-de-si ergue-se em toda consciência dos objetos, e a consciência dos objetos ergue-se em toda consciência-de-si[130]. Contudo, se Heidegger, Gadamer e Hegel parecem concordar nesse ponto básico, o que leva este último a conclusões a que os dois primeiros, ao fim e ao cabo, desejam resistir?

Podemos começar a responder esta questão considerando o resumo (ainda que simplificado em demasia) a seguir, sobre o argumento básico da *Fenomenologia do espírito*: segundo Hegel, um

129 Como Heidegger, Hegel (1975c: 91) afirmou que o ser humano confronta a sua própria liberdade em seu sentido radical (existencial) somente quando esta confronta a possibilidade do seu mais absoluto não ser (sua própria morte).

130 Como Gadamer prestativamente reconhece, quando conhecemos nosso caminho ("*Sichverstehen*" em alemão), logo, quando sabemos como lidar com as coisas em nosso mundo, assim o fazemos porque entendemos a nós mesmos: "todo esse tipo de entendimento é, igualmente, autoentendimento" (GADAMER, 1992: 260).

determinado sujeito conhecedor (ou seja, finito ou situado) pode possuir conhecimento sobre um determinado objeto cognoscível apenas porque a determinação constituinte da própria atividade do sujeito conhecedor enquanto tal é adequada e, na verdade, torna possível a determinação que provém o objeto cognoscível como tal. Um objeto possui a determinação particular, logo a cognoscibilidade particular que possui *para* um sujeito conhecedor, apenas porque o sujeito conhecedor possui, por sua vez, o tipo de determinação (reciprocamente adequada) que possui. Se o sujeito conhecedor e o objeto cognoscível não fossem entre si reciprocamente codeterminados e adequados dessa maneira, não representariam nada um para o outro *qua* sujeito e objeto, mas nesse caso seria impossível para o sujeito conhecedor deter conhecimento sobre o objeto conhecido, ou mesmo reconhecê-lo como cognoscível por princípio. Agora, Hegel argumenta que nenhum sujeito conhecedor determinado (ou seja, finito ou situado) pode prover um relato inteiramente adequado do papel que sua própria atividade determinada desempenha na constituição, bem como na provisão, do objeto cognoscível que verdadeiramente conhece. Logo, a determinação no sujeito determinado que torna possível a determinação e, assim, a cognoscibilidade do objeto determinado, é uma determinação que escapa, necessariamente, à completa compreensão do sujeito determinado, engajado no ato do conhecimento determinado[131]. Trata-se de uma determinação que pode ser tematizada e, portanto, feita em um objeto de compreensão teórica somente *para um outro objeto*. É por essa razão, diz Hegel, que a jornada do saber que tem lugar na *Fenomenologia* há que se desdobrar com base numa distinção metodológica entre consciências "observadora" e "observada": "nós, observadores filosóficos" contemplamos no intuito de ver como a consciência "ordinária" ("observada") encontra vários objetos dados, e como tenta (ainda que inadequadamente) produzir um relato do seu conhecimento sobre tais objetos. A jornada da *Fenomenologia* se completa

131 Uma vez mais, é esse o ponto que Schelling (1978: 54) defende quando observa que o conhecedor humano não pode intuir diretamente um objeto que não seja ele mesmo e, ao mesmo tempo, intuir-se diretamente como intuição do objeto.

em "absoluto conhecimento" quando "nós, observadores filosóficos", (a) percebemos que tais tentativas (inadequadas) da "consciência ordinária" se exauriram e que (b) percebemos que a "consciência ordinária" que nós filósofos vimos observando (a consciência ordinária que conta como o "objeto" das *nossas* observações) é, em verdade, não uma entidade alheia, fora de nós, mas de fato uma história (inadequadamente articulada) de nosso próprio vir-a-ser como observadores filosóficos que somos.

O resumo visto aparentemente dá algum crédito à objeção de Gadamer, de que Hegel buscara, em última análise, "suplantar" a finitude humana via uma proposta de compreensão da história humana conceitual e final, na "consciência-de-si presente" do "saber absoluto". Mas é possível haver uma outra maneira de entendê-lo: talvez, um elemento essencial ao seu relato da coincidência da consciência ordinária e da consciência filosófica não seja apenas a *compreensão* da primeira por esta última, mas também a *dívida* desta para com aquela. Para Hegel, a consciência filosófica pode ser o que é, mas somente até o ponto em que venha à cena *depois* que seu outro (a consciência ordinária) tiver se expressado e, assim, realizado sua aparição como um *objeto para* a consciência filosófica, a qual se engaja na atividade do "saber absoluto" quando supera a aparência de alteridade entre si mesma e o seu objeto (consciência ordinária). Tal superação, porém, se dá menos porque acomoda o outro em si, e muito mais porque acomoda a si no outro; menos porque internaliza o outro que a precedera, e mais porque encontra a si mesma em dívida para com aquele outro que a precedera. Hegel descreve a emergência do "saber absoluto" como consistindo em um tipo de "renúncia" ou "abandono", pois é somente quando o conhecedor renuncia à "caracterização subjetiva" de suas ações e, portanto, abandona a ideia de que sua ação de saber é completamente determinada por si mesmo, que se torna capaz de ingressar na atividade do "saber absoluto" (*PS* 407-108). Envolver-se na atividade de internalização (*Erinnerung*) – ou seja, no saber absoluto – é recordar (*erinnern*) de sua própria dívida (ou "condição de ter sido lançado").

Mas existe ainda uma outra forma na qual a consciência filosófica coincide com a consciência ordinária no saber absoluto. Da mesma forma que a atividade do conhecedor filosófico depende daquilo que *ocorrera previamente* (na consciência ordinária), ela depende também do que *ocorre posteriormente*, e isso se dá porque cada instância da consciência filosófica (incluindo a hegeliana) precisa realizar sua aparição como a expressão determinada de um ser humano finito e situado; a consciência filosófica não perde sua determinação ao engajar-se no saber absoluto. Mesmo se a consciência filosófica da *Fenomenologia* viesse a ser bem-sucedida na compreensão do seu objeto (a consciência ordinária da *Fenomenologia*) precisaria, por sua vez, aparecer diante dos outros (nós incluídos) como instância de uma consciência ordinária – ou seja, como um objeto mais bem e completamente entendido por instâncias subsequentes da consciência filosófica (incluindo a nossa própria). Contrário àquilo que Gadamer parece pensar, o sucesso da consciência filosófica de Hegel em compreender o seu próprio objeto não implica ser essa consciência filosófica inteiramente transparente para si. Ocorre, em verdade, basicamente o oposto: se a filosofia hegeliana contivesse uma articulação determinativa completamente autotransparente e final do seu próprio significado, seria então letra morta para nós, dado que seu significado já estaria inteiramente exaurido pela própria autointerpretação de Hegel. Se assim fosse, a filosofia hegeliana não faria nenhuma diferença para nós, já que qualquer ato dessa natureza pertenceria *somente* a nós (e não à herança hegeliana em nós). Não obstante, se nossa própria consciência (filosófica, observante) e a de Hegel (ordinária, observada) estivessem relacionadas entre si em tal maneira indiferente e externa, seria então literalmente impossível para nós saber o que significa saber absoluto para Hegel, posto que para ele o saber absoluto é a coincidência *sabida* entre as consciências filosófica e observante (nesse caso, nossa própria consciência) e a ordinária e observada (nesse caso, aquela expressa por Hegel); tal consciência *sabida*, porém, é sabida precisamente pela atividade da consciência realizada pelo observador (os quais, nesse caso, seríamos nós como intérpretes de Hegel). Em outras palavras, nosso próprio entendimento daquilo que o "saber absoluto" é precisamente, no próprio sentido do termo hegeliano, depende que nossa compreensão subsequente de Hegel seja melhor do que a que ele possuía de si mesmo.

Certa feita, Hegel observou (em seus *Fragments of Historical Studies*) que "ninguém jamais performou completamente uma ação", pois uma ação só é verdadeiramente realizada quando trazida à consciência como um todo, e tal consciência jamais está presente no indivíduo que age (HEGEL, 2002: 102). Ele reconheceria que tal observação se aplica igualmente bem ao seu próprio relato do saber absoluto na *Fenomenologia*. Como seu próprio relato deve aparecer aos outros como uma expressão daquilo que é (para esses outros) uma instância de consciência ordinária, Hegel percebeu que devia deixar aos outros a tarefa de melhor compreender sua própria filosofia, e de atualizar (exatamente por meio dessa melhor compreensão) o que ele mesmo quis dizer com "saber absoluto". Em suma, seu relato implica que ele mesmo não poderia ter a última palavra com respeito àquilo que quis dizer. Observe-se, finalmente, que o relato hegeliano do saber absoluto implica uma certa circularidade: a consciência filosófica se encontra em dívida com a consciência ordinária, e quando a consciência filosófica expressa a verdade que havia aprendido sobre a consciência ordinária e sobre si mesma torna-se, por sua vez, uma outra instância da consciência ordinária a ser interpretada e mais bem entendida por instâncias subsequentes da consciência filosófica. Talvez de modo crucial, o pensamento de Hegel antecipe o posterior, e radical, de Heidegger referente ao círculo hermenêutico.

16
Hegel e o pós-estruturalismo francês

Brent Adkins

A influência hegeliana sobre o pós-estruturalismo francês pode ser considerada ampla, mas não totalmente, negativa. Embora muitos desses pensadores tenham caracterizado seus projetos como anti-hegelianos, essa disposição assume diversas formas, desde o confronto direto até a negação frontal. A razão por trás dessa rejeição reside na percepção de que a filosofia de Hegel é totalizante, logo não há um ponto fora do seu sistema a partir do qual é possível criticá-lo e menos ainda organizar uma resistência, seja política ou de qualquer outra natureza. Como resultado, o pós-estruturalismo francês uniu-se em torno das noções de "diferença" e "alteridade" como se ambas não pudessem subordinar-se a um sistema mais amplo de pensamento, formando, portanto, o *locus* da resistência. O presente capítulo discutirá as várias formas pelas quais o pós-estruturalismo francês usou aquelas noções no intuito de confrontar estrategicamente ou evitar o legado de Hegel na França do pós-guerra.

Hegel na França

Depois da Primeira Guerra Mundial, houve pouco apetite pela filosofia alemã, qualquer que fosse ela, na França, e Hegel parecia particularmente suspeito, dada a percepção que se tinha dele como um apologista do Estado prussiano. A publicação, em 1929, de *Le Malheur de la conscience dans la philosophie de Hegel*, de Jean Wahl, marca um isolado, mas definitivo, ponto de mutação para a recepção de Hegel na França, mas os dois pensadores a quem se pode creditar a abertura de um espaço para Hegel no horizonte intelectual francês são Alexandre Kojève (1902-1968) e Jean Hyppolite (1907-1968)[132].

Kojève, um imigrante russo que fora aluno de Karl Jaspers na Alemanha antes de vir estudar em Paris, em 1927, ministrou um seminário sobre Hegel entre 1933 e 1939, cujos participantes incluíram muitos dos que haveriam de tornar-se faróis da história intelectual francesa, tais como Raymond Aron, Georges Bataille, André Breton, Jacques Lacan e Maurice Merleau-Ponty. Além destes, embora Jean-Paul Sartre não tomasse parte nesse seminário, também ele foi fortemente influenciado pela leitura de Kojève sobre Hegel (cf. SCHRIFT, 2006: 20-31).

A extensão da influência de Kojève deriva em parte do fato de que não havia visões alternativas de Hegel com as quais pudesse ser comparada. Além disso, entretanto, a leitura de Kojève demonstrou, de modo convincente, que a filosofia hegeliana poderia ser utilizada para dar conta tanto do dia a dia quanto da experiência política de poder e dominação. Ele argumentou (incorretamente) que na dialética senhor/escravo, este último emerge triunfante – vitória essa que considerou como o pivô do pensamento e da história, e percebeu que a mais importante das análises de Marx já estava, *in nuce*[133], lá contida (cf. BARNETT, 1998: 1-7).

A influência de Hyppolite na recepção de Hegel é ligeiramente posterior à de Kojève, e por razões ligeiramente diversas (cf. HECKMAN, 1974: xv-xli). Enquanto o seminário do segundo preencheu um vácuo dos estudos hegelianos, a influência de Hyppolite vem à tona com a sua tradução da *Fenomenologia do espírito* (dois volumes: 1939-1941), seu comentário sobre esse livro (*Genèse et structure de la Phénoménologie de l'esprit de Hegel, 1946*) e pelas posições institucionais que ocupou na Sorbonne e na *École Normale Supérieure*, nas quais ensinou e supervisionou as pesquisas de quase todos os pensadores pós-estruturalistas que examinaremos mais

132 Alexandre Koyré também pode ser citado aqui, mas Kojève e Hyppolite permanecem como as mais importantes fontes para a introdução de Hegel na França.

133 Em suma [N.T.].

adiante, incluindo Michel Foucault, Jacques Derrida, Gilles Deleuze e Alain Badiou[134].

Hyppolite estava muito menos interessado na relação entre Hegel e Marx que Kojève, e além disso não considerava que a chave para a compreensão da filosofia hegeliana jazia na dialética senhor/escravo. Em seu comentário inicial à *Fenomenologia*, ele segue Jean Wahl e foca na figura recorrente da consciência infeliz, o que lhe permitiu lidar com muitos dos temas existenciais e fenomenológicos dominantes no cenário intelectual francês imediatamente seguinte à Segunda Guerra Mundial. Em 1952, Hyppolite desviou sua atenção para as obras da lógica hegeliana e publicou *Logique et existence*, livro no qual conecta as questões da linguagem e da diferença que se tornaram centrais ao pós-estruturalismo francês (cf. DELEUZE, 2004: 15-18).

O estruturalismo na França

O termo "estruturalismo" foi cunhado em 1927 pelo linguista russo Roman Jakobson, que havia recentemente descoberto o linguista suíço Ferdinand de Saussure. O *insight* fundamental que tirou do *Curso de linguística geral*, de Saussure, é que a linguagem se trata de um sistema diferencial sem termos positivos, ou seja, que o sentido é produzido pela relação diferencial entre os termos, e não por qualquer sentido positivo inerente ao termo em si. Desse modo, "gato" adquire seu sentido não do fato desse grupo de letras possuir um sentido qualquer em si mesmo, mas sim pela razão de "gato" ser diferente de "bato", "mato" ou "fato". O sentido emerge do sistema como um todo, não das partes individuais (SAUSSURE, 1959: 120). Foi Jakobson quem apresentou a linguística saussuriana a Claude Lévi-Strauss, que revolucionou a antropologia ao aplicar a noção de estrutura diferencial às relações de parentesco. Também Jacques Lacan foi apresentado à linguística saussuriana por Jakobson, utilizando-a para reinterpretar os textos de Freud e, subsequentemente, transformar a prática da

134 Para o papel desempenhado pelas instituições na educação francesa, em especial pela École Normale Supérieure, cf. Schrift (2006: 188-208).

psicanálise. Roland Barthes fez o mesmo com a literatura, e Louis Althusser com Marx. Junto a esses líderes do pensamento estruturalista, Maurice Merleau-Ponty foi instrumental na introdução das ideias do estruturalismo no discurso filosófico.

Conquanto a ascensão do estruturalismo certamente precipitou o fim do existencialismo na França, sua relação com o estudo de Hegel é mais ambígua. De fato, os estruturalistas encontraram muito de prolífico nas obras de Nietzsche, Marx e Freud, e o avanço desses três na França levou à (necessidade da) redução do *status* tanto da fenomenologia quanto de Hegel. Não obstante, diferentemente do existencialismo, existem recursos no hegelianismo que facilitam a reflexão não somente sistemática, mas também diferencialmente; de todos os pensadores pós-estruturalistas, quem percebe esse fato mais agudamente é Jacques Derrida, e é ele, consequentemente, quem expende mais tempo com os textos de Hegel. Além disso, quando fala de um "anti-hegelianismo generalizado" no Prefácio de *Diferença e repetição*, não fica imediatamente claro a qual Hegel está se opondo (DELEUZE, 1994: xix).

Como veremos mais adiante, cada um dos pensadores com os quais lidamos reagirão a um componente específico do pensamento hegeliano. No mais das vezes, a reação será negativa, embora com Derrida ela seja um tanto equilibrada, e com Žižek majoritariamente positiva. A maior parte dos pensadores (mais uma vez, Žižek é uma exceção) reconhecem o Hegel de Hyppolite como o padrão, e pouco fazem para questionar as suposições que ele trouxe ao texto. Ao mesmo tempo, porém, a experiência da França ocupada, das guerras coloniais e dos protestos estudantis parecem ter inculcado em todos eles a suspeita das estruturas totalizantes, sejam elas filosóficas, políticas, econômicas ou pedagógicas. A dificuldade com o pensamento totalizante parece tornar impossíveis a resistência e a mudança, e tanto Hegel quanto o estruturalismo caem vítimas dessa desconfiança no pensamento pós-estruturalista, enquanto os pensadores tentavam demonstrar que tal totalização é impossível a partir dos textos hegelianos – movimento que Derrida, Žižek e, de certa forma, Irigaray perfazem. Outros tentam trabalhar fora do texto hegeliano, no intuito de produzir uma teoria que, em princípio, resista à totalização – os trabalhos de Badiou, Foucault e, principalmente, Deleuze.

O pós-estruturalismo

O pós-estruturalismo não pode ser considerado um movimento, pois não agrupa pensadores da maneira como o "marxismo" faz, nem aponta para uma metodologia comum do modo como a "fenomenologia". O que ele faz, porém, é indicar uma virada histórica: o "pós" do pós-estruturalismo deveria ser considerado no sentido próprio de "depois", o qual não indica que as pessoas deixaram o estruturalismo de uma vez por todas, e sim que elas começaram a teorizar de uma forma que não era completamente determinada pela metodologia estruturalista. Uma das questões que marcou o movimento de cisão com o estruturalismo nos anos de 1960 é a da mudança: a depender do pensador, ela pode ser tratada como uma diferença como tal, como mudança histórica ou resistência política. A razão pela qual a mudança tornou-se uma questão para os pós-estruturalistas é que o estruturalismo, como método, tende a focar naquilo que não muda (i. é, na estrutura do que está sendo analisado). Para muitos, estava faltando uma narrativa de como a estrutura surge e se desenvolve em primeiro lugar, preocupação essa que amiúde tem sido retomada pelos pós-estruturalistas como "o evento". Como um todo, porém, os intelectuais treinados no estruturalismo começaram a sentir nele uma rigidez que o tornava incapaz de dar conta da rápida transformação que ocorria à sua volta.

Nesse ponto, é tentador imaginar o porquê de Hegel não ter voltado a cair nas graças, pois é relativamente fácil demonstrar que ele pensava bastante sobre a relação entre estrutura e mudança, e que chegou até a prover um método para dar conta da origem e do desenvolvimento das estruturas, a negação determinada. O que incomodava os pós-estruturalistas no método hegeliano era a preocupação sobre o ponto de chegada do pensamento hegeliano; a maioria considerava que seu método era teleológico e, em última análise, subordinado à estrutura. Assim sendo, segundo a proposição pós-estruturalista, Hegel possui os mesmos problemas do estruturalismo, e havia chegado a hora de ir além de ambos.

No que se segue, observaremos alguns dos mais importantes pensadores pós-estruturalistas para entender melhor as maneiras específicas pelas quais eles foram influenciados por Hegel. Como vimos, a influência é frequente, mas não exclusivamente, negativa. A ordem em que aparecem reflete, grosso modo, aquela na qual as audiências anglófonas tomaram conhecimento deles. Infelizmente, limitações de espaço nos proíbem de observar alguns importantes filósofos pós-estruturalistas, como Jean-François Lyotard e Judith Butler[135].

Michel Foucault (1926-1984)

É sabido que, em discurso em honra a Hyppolite, Foucault expressou preocupação com seu próprio anti-hegelianismo e com o "anti-hegelianismo generalizado" de que trata Deleuze. Ele teme que "nosso anti-hegelianismo seja, possivelmente, um dos truques de Hegel dirigidos contra nós, ao fim do qual ele, impassível, nos espera" (FOUCAULT, 1972: 235). Ao longo de sua carreira, Foucault abordou o desafio hegeliano de várias maneiras.

A carreira de Foucault é tipicamente dividida em três períodos – arqueológico, genealógico e ético – e muito embora Hegel jamais tenha sido o foco da análise em nenhum deles, está claro que se ocupou mais do autor alemão em sua primeira fase, a arqueológica, caracterizada por uma análise das formações discursivas e seu desenvolvimento. Interessa particularmente a Foucault a mudança nas formações discursivas que coincidem com o advento das novas ciências; desse modo, em *As palavras e as coisas* ele demonstra que o surgimento da moderna biologia só foi possível quando a estrutura discursiva que fala em termos de uma homologia entre macro e microcosmos foi abandonada e substituída por outra estrutura discursiva inteiramente diversa (FOUCAULT, 1970: 335-340).

135 Mas cf., p. ex., Lyotard (1984; 1992) e Butler (1987; 2000).

Não obstante, e é nesse ponto que Foucault e Hegel divergem crucialmente, a relação entre as duas estruturas discursivas não é marcada por progresso, crescentes perfeição ou liberdade: para Foucault não há ligação dialética entre as estruturas discursivas, e mais além, não há a história continuada, de que as várias estruturas discursivas seriam espécies. Sua relação é contingente e descontínua, algo que ele deixa explícito em *A arqueologia do saber*, quando escreve: "a série descrita, os limites fixados, as comparações e correlações feitas [ou seja, o objetivo de seu próprio trabalho] não se baseiam em velhas filosofias da história, e sim pensadas para questionar teleologias e totalizações" (FOUCAULT, 1972: 15-16). Um dos seus alvos é, inquestionavelmente, Hegel, ainda que não o mencione explicitamente.

Se o Foucault do período arqueológico encara diretamente a discussão da formação discursiva – e, portanto, é levado a confrontar tanto o estruturalismo quanto o hegelianismo – o dos períodos genealógico e ético é bem mais circunspecto no que tange a tais questões, em parte graças ao crescente distanciamento do estruturalismo institucional no qual fora treinado. Mais do que isso, ocorre uma marcada mudança, na qual Nietzsche se torna um interlocutor muito mais relevante. Além disso, e talvez por causa dessa virada metodológica, o objeto de estudo foucaultiano move-se das estruturas discursivas para as relações de poder entre os corpos no espaço. Foi esse movimento, em particular, que lhe permitiu evitar o confronto direto com Hegel e, assim, tornar-se uma instância de anti-hegelianismo já abordada na dialética. Antes, ele afirma que o poder é produtivo, e produz tanto os sujeitos quanto as práticas discursivas, sem que sejam necessárias nem a dialética nem a teleologia (FOUCAULT, 1977: 22-31).

Jacques Derrida (1930-2004)

Para Derrida, a única maneira de evitar a armadilha de Hegel era confrontá-lo diretamente, algo especialmente pronunciado em seus trabalhos iniciais, tais como *O poço e a pirâmide* e *Glas*, e mesmo em posteriores, nos quais lida diretamente com os textos de Hegel, o filósofo alemão permanece uma presença constante. De perspectiva de Derrida, a razão de tal fato é óbvia: Hegel é o pensador *par excellence* da diferença: nenhum outro demonstrara tão bem até que ponto o próprio pensamento é, necessariamente, pensar a diferença, algo deixado claro pelo próprio Derrida quando diz que "jamais encerraremos as leituras e releituras de Hegel, e, de certa forma, não faço nada além de tentar me explicar nesse ponto" (DERRIDA, 1982b: 77).

Claro está que Derrida não é, a rigor, um hegeliano. Em seu trabalho existem também fortes tendências estruturalistas, fenomenológicas e psicanalíticas; além disso, seu projeto não é defender Hegel, mas lê-lo contra Hegel e demonstrar os limites da metafísica ocidental. Para Derrida, a metafísica ocidental opera criando totalidade, que funciona na base de oposições binárias que tornam possível a concepção-formação, de modo que não se pode formar um conceito de "bem" sem, ao mesmo tempo, formar um conceito de "mal". A tarefa de um texto filosófico é, a um só tempo, situar e rigorosamente manter tal distinção. A desconstrução de um texto mostra como a manutenção rigorosa dessa distinção (usualmente por uma metáfora privilegiada) torna-se impossível naquele texto mesmo que tenta mantê-lo[136].

Até agora, parece haver muito em comum entre a análise textual de Derrida e o relato hegeliano de como funciona o pensamento. É precisamente por essa razão que Derrida considera que jamais terminará de ler Hegel, pois há muito de prolífico nessa obra para que ela seja ignorada. Ao mesmo tempo, contudo, o trabalho de desconstrução não está terminado quando mostra que uma distinção crucial não pode ser mantida. Para Derrida, o passo seguinte é demonstrar as condições para a possibilidade da oposição binária em primeiro lugar, e é precisamente aqui em que ele e Hegel tomam caminhos diversos. Conforme a leitura que Derrida faz de Hegel, essas oposições binárias são parte de uma totalidade conhecida como o

136 Cf. Derrida (1982c), p. ex., em que ele explicita sua metodologia.

"espírito" ou a "ideia", e o progresso do pensamento e da história é a negação de todas essas oposições em um todo inescapável sem qualquer ponto externo. Em contraste, Derrida propõe que essas oposições binárias sejam feitas possíveis e impossíveis por uma estrutura diferencial sem termos positivos (à la Saussure). O resultado é que a diferença é continuamente reintroduzida e, por fim, não pode ser totalmente absorvida pela totalidade.

Luce Irigaray (1930-)

Irigaray nasceu na Bélgica, e muito de sua formação inicial voltou-se para a literatura, linguística e psicanálise. Ela frequentou o seminário de Lacan, mas sua publicação *Espelho da outra mulher* (1974) foi percebido de tal maneira hostil à psicanálise que ela foi expulsa da *École Freudienne* de Paris, de Lacan, e despedida do seu cargo no Departamento de Psicanálise na Universidade de Paris VIII-Vincennes (SCHRIFT, 2006: 139-140).

Metodologicamente, a Irigaray inicial é a mais próxima a Derrida e, como ele, estava focada no modo como o conceito-formação é dependente de oposições binárias e, ao mesmo tempo, exclui um dos termos do binário. Em seu caso específico, ela pensava a oposição homem/mulher, e particularmente suas funções na psicanálise. Ao traçar essa oposição ao longo do pensamento ocidental, porém, ela afirma que a figura da mulher é sempre o dublê desalojado e refletido[137] do homem, e é nesse contexto que Irigaray primeiro lida com Hegel. No *Espelho da outra mulher*, ela justapõe a discussão hegeliana sobre diferença sexual da filosofia da natureza à sua apropriação da *Antígona*, de Sófocles. Nessa leitura, Hegel permanece sendo um pensador totalizante que devora a diferença – nesse ponto específico, a diferença devorada é a mulher (IRIGARAY, 1985: 214-226).

137 Optamos pelo verbo refletir para uma compreensão mais fácil da sentença, mas o autor usa o termo *"specular"*, especular em português, não no sentido de reflexão, teorização, mas sim como referente ao espelho (*speculum* em latim) e às suas propriedades [N.T.].

Em seus trabalhos mais recentes sobre política, é possível perceber em Irigaray como retornando à noção hegeliana de sociedade civil como forma de mediação das preocupações dos indivíduos no Estado. Para ela, a diferença sexual é natural, e essa naturalidade deveria estar refletida nas leis sociais. Sua esperança nessa reestruturação da família e da sociedade é que ambas se tornassem mais justas (STONE, 2002: 24-36).

Aquilo que ela continua a rejeitar em Hegel é uma política do reconhecimento advinda reconhecimento desigual da dialética senhor-escravo. A dificuldade primeira de uma política dessa natureza é não abrir espaço para que uma subjetividade feminina diferenciada aflore. A leitura hegeliana da *Antígona* já sugere essa necessidade, mas foi incapaz de capitalizar sobre aquilo que seu próprio texto sugere. O trabalho mais tardio de Irigaray visava, precisamente, dar apoio a essa subjetividade feminina por meio de propostas políticas concretas.

À medida que o pensamento de Irigaray desenvolveu-se ao longo dos anos, ela parece ter-se afastado de sua análise crítica de Hegel como um pensador totalizante, especialmente no que diz respeito ao gênero. Ela busca, agora, o que acredita ser útil nele para refletir sobre o feminino e, ao fazê-lo, começou no mesmo lugar em que a maior parte dos outros pós-estruturalistas, mas seu pensamento mais tardio se tornou mais conciliatório com certos aspectos de Hegel.

Gilles Deleuze (1925-1995)

Os trabalhos iniciais de Deleuze foram, primordialmente, monografias sobre pensadores individuais, e embora haja muitos filósofos em meio a essas monografias, como Hume, Nietzsche e Kant, há também figuras literárias como Proust e Sacher-Masoch. Uma conspícua ausência é Hegel, em especial dada a proximidade de Deleuze com o trabalho de Hyppolite, e ainda que eventualmente surja em algumas análises mais extensas de *Diferença e repetição*, no geral está ausente da obra de Deleuze.

Nesse particular Deleuze difere tanto de Foucault quanto de Derrida, pois não se preocupava com a possibilidade do seu anti-hegelianismo ser um truque para torná-lo mais hegeliano – ele simplesmente recusou a dialética. Pela mesma razão, ele não pensou, como Derrida havia feito, que Hegel deveria ser delimitado internamente – o que, mais uma vez, garantiria um excesso de Hegel desde o exterior. Diante de tais condições, é melhor dizer que Deleuze foi um não hegeliano, e não um anti-hegeliano.

Ainda assim, é possível apontar algumas questões gerais com respeito a como Deleuze responderia a Hegel, pois como observa tanto em *Diferença e repetição* quanto em *Nietzsche e a filosofia, seu problema com Hegel é que este último tenta pensar a diferença por meio da dialética*, significando que a diferença só se torna concebível quando elevada ao grau da contradição, algo falho em pelo menos três níveis. Primeiro, a contradição é um tipo bastante específico de diferença, não indicativa da diferença em geral. Segundo, a diferença da contradição só pode ser a diferença entre dois, não entre múltiplos[138], e Deleuze está tentando pensar a diferença entre múltiplos, e não entre dois termos opostos. Terceiro, à luz de Deleuze, a filosofia em geral (aí incluído Hegel) tendeu a abandonar o difícil trabalho de pensar em termos de forças pré-pessoais que (temporariamente) constituem formas e sujeitos para pensarem, elas mesmas, em termos de formas e sujeitos. Nesses termos, o problema com Hegel reside no fato dele estar ocupado com a relação dialética dessas formas e sujeitos, enquanto Deleuze, em contraste, propõe que o pensar pode ser realizado em termos de *assemblages*[139] que são, em si mesmas, temporariamente constituídas por uma interseção de forças pré-pessoais, contingencialmente conectadas entre si, mas não necessariamente por meio da contradição[140].

Observe-se também que diferentemente de Foucault e Derrida, Deleuze não parece estar tão preocupado com a putativa natureza totalizante do pensamento hegeliano. Ele se ocupa da diferença,

---

138 Sobre esses dois pontos, cf. Deleuze (1994: 262-304; 1983: 147-194).

139 Montagens [N.T.].

140 Sobre esse ponto final, cf. Deleuze e Guattari (1987: 3-25).

mas argumenta que até o ponto em que ela é primária, o que é verdadeiramente espantoso é que as totalidades cheguem a se formar. Foucault e Derrida, por seu turno, parecem partir da premissa das totalidades para só então mover-se para delimitá-las (DELEUZE, 2006: 280).

Slavoj Žižek (1949-)

Žižek é um filósofo político esloveno, parte de um grupo de filósofos políticos dessa nacionalidade (como Renata Salecl e Joan Copjec) que ascendeu na esteira da dissolução da União Soviética e aplicou a psicanálise lacaniana aos eventos políticos. Ao contrário da maioria dos pensadores deste capítulo, ele não estudou com Hyppolite ou mesmo com Lacan: sua formação se deu na França, com Jacques-Alain Miller, *protégé* e genro do psicanalista francês.

Graças a essa formação diversa, vivência pessoal e idade, o olhar de Žižek sobre Hegel é marcadamente diferente dos demais pensadores que vimos até agora. Embora concorde com Derrida (suas leituras e releituras de Hegel jamais chegarão ao fim) sua apropriação é bem mais positiva. Além disso, e inspirado em Lacan, Žižek afirma que ao invés de nos deixar com uma totalidade da qual nada escapa, em verdade Hegel demonstra continuamente que o resultado da dialética é a impossibilidade de qualquer totalidade, cuja razão reside no foco que Žižek dá ao trabalho com o negativo em Hegel, o maquinário da dialética, interno a ela e, em princípio, insubstituível.

Com respeito ao negativo em Hegel, a posição de Žižek tem evoluído lentamente. Em seus primeiros trabalhos, como *Tarrying with the Negative*, o esqueleto teórico que introduz o negativo na subjetividade é originário de Kant (ŽIŽEK, 1993: 21), cujo *insight* crucial lhe permitiu defender sua posição – embora Marx e Hegel permaneçam interlocutores importantes. À medida que seu pensamento evoluiu, porém, Žižek começou a se fiar crescentemente em Hegel e Lacan: em *Alguém Disse Totalitarismo?*, por exemplo, ele repreendeu Marx seguidas vezes por não ser suficientemente hegeliano (ŽIŽEK, 2001: 239-256), e quando da publicação de *A monstruo-*

sidade de Cristo: paradoxo ou dialética?, foi de tal modo peremptório que mesmo Lacan não é suficientemente hegeliano (ŽIŽEK & MILBANK, 2009: 82-101).

Desse modo, muito embora Žižek seja inegavelmente um pós-estruturalista francês, a influência hegeliana sobre ele é por demais diferente. Ele não desconfia de Hegel. Ele se refestela na maneira como tudo já está explicado. E nesse sentido, acredita que Foucault estava certo: Hegel espera ao fim de toda busca, mas discorda da leitura de que o vê como absorvendo toda e qualquer diferença possível em um todo. Sob Žižek, Hegel não destrói a alteridade, e sim mostra com precisão o grau em que nossa experiência é predicada na relação com essa alteridade. Esta inelutável alteridade, contudo, é o mesmo negativo, o nada, o espaço vazio a que Lacan chamou de Grande Outro.

Alain Badiou (1937-)

Conquanto mais jovem do que Foucault, Derrida e Deleuze, Badiou teve uma formação semelhante: embora tenha estudado com Hyppolite, é perceptível o maior impacto em seu desenvolvimento exercido por Louis Althusser. Além disso, ele é bem mais militante em suas posições políticas, e busca continuamente as implicações políticas concretas de seu trabalho teórico, o que não quer dizer que outros filósofos pós-estruturalistas não tenham sido politicamente engajados, mas o maoísmo de Badiou o levou a interromper as aulas de outros professores na Universidade de Paris VIII-Vincennes (inclusive a de Deleuze) para verificar sua pureza ideológica.

A relação de Badiou com Hegel é menos engajada do que a de Foucault, de Derrida e, certamente, muito menos do que Žižek, mas é, ao mesmo tempo, mais engajada do que a de Deleuze. Ele não evita Hegel, mas tampouco o confere um lugar especial em sua filosofia: para Badiou, a filosofia hegeliana é apenas e tão somente uma oportunidade para mostrar como a sua própria filosofia é diferente.

No caso dos seus dois maiores trabalhos, *O ser e o evento* e *Lógicas dos mundos* (*O ser e o evento*, 2), sua posição em relação a Hegel permanece inalterada, embora formulada diferentemente em cada livro. Na leitura de Badiou, Hegel situa a existência do um no todo e, ao mesmo tempo, afirma que nada além do todo existe. A razão para essa afirmação é que, no momento crucial, ele exclui o infinito matemático da consideração filosófica, enquanto a contra-afirmação de Badiou, feita precisamente com base no infinito matemático, é que o um ou o todo não existem (cf. BADIOU, 2005: 161-170; 2009: 141-152).

Conquanto esteja além do escopo deste capítulo explorar as sutilezas da leitura de Hegel de Badiou, vale a pena notar que ele o lê como o pensador totalizante do todo, como fazem Foucault, Derrida e Deleuze. Contudo, sendo muito mais próximo deste último do que dos dois primeiros, está menos preocupado com a totalidade do que com a diferença. Como Deleuze, seu ponto de partida fundamental é o múltiplo que precede ao um e aos muitos, mas como Badiou concebe o múltiplo diferentemente, seu relato de como as totalidades se formam e são excedidas difere do de Deleuze (cf. BADIOU, 2000; WILLIAMS, 2009).

Conclusão

Como vimos, a influência de Hegel sobre os pós-estruturalistas franceses pressupõe, em cada caso, um tipo bem específico de Hegel. Em sua maioria, este Hegel é aquele recebido a partir de Hyppolite, e que tanto preocupou Foucault. Este Hegel recebido foi visto como o destruidor da diferença e da alteridade, tornado ainda mais insidioso pelo fato de ter destruído a diferença precisamente quando construiu para ela um espaço. O problema, na perspectiva dos pós-estruturalistas, é que se criou esse lugar para a diferença apenas puxando-a para a dialética e tornando-a parte da totalidade. É fácil, a partir daí, ver por que a resistência foi a reação inicial a Hegel, como um símbolo daquilo que era perigoso na filosofia. A exceção importante aqui é Žižek, que não lê como um pensador totalizante, e sim, em larga medida, como um lacaniano *avant la lettre*, e amiúde mais lacaniano do que o próprio Lacan.

Além disso, a leitura pós-estruturalista de Hegel forçou os intelectuais hegelianos a reavaliar suas próprias leituras: a tendência das últimas duas décadas tem sido ler Hegel como um pensador com o final em aberto e não totalizante. Claro, lê-lo como totalizante ou não totalizante é recuar até a recepção inicial de Hegel, durante seu próprio tempo de vida e imediatamente após a sua morte. Os hegelianos jovens (ou de esquerda) leem sua obra como culminando em uma antropologia com o final em aberto, enquanto os velhos (ou de direita) leem a sua obra como teologia. O frustrante a respeito de Hegel é existirem textos que dão base para ambas as leituras, e o irônico sobre o pós-estruturalismo francês é que, em sua maioria, eles leram Hegel de acordo com a antiga interpretação hegeliana, e depois dispenderam amplos esforços para criar um hegelianismo sem Hegel. Talvez os temores de Foucault sobre Hegel não tenham sido infundados.

Cronologia da vida de Hegel

1770 Georg Wilhelm Friedrich Hegel nasce em Stuttgart (27 de agosto).

1777 Ingressa no Gymnasium de Stuttgart.

1781 Kant publica *A crítica da razão pura.*

1783 Hegel perde a mãe (20 de setembro).

1785 Kant publica *A fundamentação da metafísica dos costumes.*

1788 Hegel deixa o Gymnasium de Stuttgart e ingressa no Tübinger Stift, onde estudará teologia e filosofia junto com Schelling e Hölderlin.
Kant publica a *Crítica da razão prática.*

1789 Com a Tomada da Bastilha (14 de julho), em Paris, tem início a Revolução Francesa.

1790 Hegel recebe seu grau de mestre (*magister*).
Kant publica a *Crítica do juízo.*

1792 Fichte publica a *Crítica a toda revelação.*

1793 Hegel termina seus estudos no Tübinger Stift e consegue a posição de tutor particular da família do Capitão Karl Friedrich von Steiger em Berna (Suíça).
Kant publica *A religião nos limites da simples razão.*

1794 Fichte publica *O fundamento da doutrina da ciência.*

1795 Hegel trabalha na escrita de *A vida de Jesus* e de *A positividade da religião cristã.*
Kant publica *A paz perpétua.*

1797 Hegel se muda para Frankfurt am Main para exercer o cargo de tutor que seu amigo Hölderlin lhe havia conseguido junto à família de Johann Noë Gogel, um comerciante de vinhos.

1799 Hegel perde o pai (14 de janeiro).
Hegel escreve *O espírito do cristianismo e o seu destino.*

1800 Schelling publica *Sistema do idealismo transcendental.*

1801 Hegel vai para a Universidade de Jena (onde Schelling já ensinava filosofia) para assumir o cargo de docente não remunerado (*Privatdozent*). Defendeu sua *Habilitationsschrift* (dissertação) sob o título *De orbitis planetarum* (*A órbita dos planetas*). Publica seu primeiro trabalho filosófico, um ensaio chamado *Diferença entre os sistemas filosóficos* de Fichte e de Schelling.

1802 Hegel e Schelling tornaram-se cofundadores e coeditores do *Kritisches Journal der Philosophie.* Esse jornal será publicado até o verão de 1803, quando Schelling deixou Jena. Dentre os ensaios que Hegel publicou estão *Fé e saber*, *A relação do ceticismo com a filosofia* e *Sobre as maneiras científicas de tratar a lei natural.*

1804 Morte de Kant (12 de fevereiro).
Napoleão torna-se imperador (2 de dezembro), colocando a coroa imperial sobre a própria cabeça, numa cerimônia que contou com a presença do Papa Pio VII.

1805 Hegel é indicado *Professor Extraordinário* (não remunerado) da Universidade de Jena.

1806 Hegel completa o manuscrito da *Fenomenologia do espírito* enquanto as tropas napoleônicas batem as prussianas na Batalha de Jena.

1807 Hegel publica a *Fenomenologia do espírito.*
Christiana Burkhardt (nascida Fischer), senhoria e empregada doméstica de Hegel em Jena, dá à luz (5 de fevereiro) ao seu filho ilegítimo, Ludwig Fischer. Em março, Hegel se muda para Bamberg e se torna editor de um jornal local, o *Bamberger Zeitung.*

1808 Hegel se muda para Nuremberg em novembro para se tornar reitor de um Gymnasium.

1811 Hegel se casa com Marie von Tucher (nascida em 1791) em 15 de setembro.

1812 Hegel publica o primeiro volume de sua *Ciência da Lógica* (*A Doutrina do Ser*). Sua filha, Susanna, nasce em 27 de junho, mas vem a falecer dois meses depois, em 8 de agosto.

1813 Hegel publica o segundo volume de sua *Ciência da Lógica* (*A Doutrina da Essência*). Seu filho, Karl, nasce em 7 de junho.

1814 Fichte morre (29 de janeiro).
Nasce Immanuel, filho de Hegel (24 de setembro).

1816 Hegel publica o terceiro volume de sua *Ciência da Lógica* (*A Doutrina do Conceito*). Ele se torna professor de Filosofia na Universidade de Heidelberg.

1817 Hegel publica a primeira edição de sua *Enciclopédia das Ciências Filosóficas*.

1818 Hegel se torna professor de Filosofia na Universidade de Berlim, onde permanecerá até a morte.

1820/1821 Hegel publica *Princípios da filosofia do direito* (o livro foi publicado em outubro de 1820, mas sua folha de rosto original veio com a data de publicação em 1821).

1821 Hegel pela primeira vez ministra curso sobre a Filosofia da Religião.
Morte de Napoleão (5 de maio).

1826 Hegel funda os *Anuários de Crítica Científica*.

1827 Hegel publica a segunda edição de sua *Enciclopédia das Ciências Filosóficas*.

1830 Hegel se torna reitor da Universidade de Berlim.

1831 Em meio a uma epidemia de cólera em Berlim, Hegel morre (inesperadamente) em 14 de novembro. Embora os médicos originalmente atribuíssem a *causa mortis* à cólera, muito provavelmente o óbito teve uma outra justificativa (ele não apresentou os sintomas normalmente associados à doença): uma crise no aparelho gastrointestinal superior.

Referências

ARISTÓTELES (1996). *Physics*. Oxford: Oxford University.

______ (1961). *De Anima*. Oxford: Clarendon.

AVINERI, S. (1962). "Hegel and Nationalism". In: *The Review of Politics* 24 (4), p. 461-484.

BADIOU, A. (2009). *Logics of Worlds*. Nova York: Continuum.

______ (2005). *Being and Event*. Nova York: Continuum.

______ (2000). *Deleuze*: The Clamor of Being. Mineápolis: University of Minnesota Press.

BARNETT, S. (1998). "Introduction: Hegel before Derrida". In: BARNETT, S. (org.). *Hegel After Derrida*. Nova York: Routledge, p. 1-37.

BILETZKI, A. & MATER, A. (orgs.) (2002). *The Story of Analytic Philosophy*: Plots and Heroes. Nova York: Routledge.

BRANDOM, R. (2002). *Tales of the Mighty Dead*: Historical Essays in the Metaphysics of Intentionality. Cambridge: Harvard University Press.

BROOKS, T. (2013). *Hegel's Political Philosophy*: A Systematic Reading of the Philosophy of Right. 2. ed. Edimburgo: Edinburgh University Press.

______ (2012a). "Natural Law Internalism". In: BROOKS, T. (org.). *Hegel's Philosophy of Right*. Oxford: Blackwell, p. 167-179.

______ (2012b). "Hegel and the Unified Theory of Punishment". In: BROOKS, T. (org.). *Hegel's Philosophy of Right*. Oxford: Blackwell, p. 103-123.

______ (2012c). *Punishment*. Londres: Routledge.

BROOKS, T. (2007). "No Rubber Stamp: Hegel's Constitutional Monarch". In: *History of Political Thought* 28 (1), p. 91-199.

______ (2004). "Is Hegel a Retributivist?" In: *Bulletin of the Hegel Society of Great Britain* 49 (50), p. 113-126.

______ (2001). "Corlett on Kant, Hegel and Retribution". In: *Philosophy* 76 (4), p. 561-580.

BURBIDGE, J.W. (2006). *The Logic of Hegel's Logic*. Peterborough: Broadview.

BUTLER, J. (2000). *Antigone's Claim*: Kinship between Life and Death. Nova York: Columbia University Press.

______ (1987). *Subjects of Desire*: Hegelian Reflections in Twentieth-Century France. Nova York: Columbia University Press.

CHALMERS, A. ([1976] 1999). *What is this Thing Called Science?* 3. ed. Milton Keynes: Open University Press.

CIAVATTA, D. (2008). "Hegel on Desire's Knowledge". In: *The Review of Metaphysics* 61 (3), p. 527-554.

CLAESGES, U. (1996). "Das Doppelgesicht des Skeptizismus in Hegels Phänomenologie des Geistes". In: FULDA, H.F. & HORSTMANN, R.-P. (orgs.). *Skeptizismus und Spekulativesdenken in der Philosophie Hegels*. Stuttgart: Kett-Cota, p. 117-134.

COMAY, R. (2011). *Mourning Sickness*: Hegel and the French Revolution. Stanford: Stanford University Press.

CRITES, S. (1982). "The Golgotha of Absolute Spirit". In: WESTPHAL, M. (org.). *Method and Speculation in Hegel's Phenomenology*. Atlantic Highlands: Humanities, p. 47-56.

CROUTER, R. (1980). "Hegel and Schleiermacher at Berlin". In: *Journal of the American Academy of Religion* 48 (1), p. 19-43.

DE NYS, M.J. (2009). *Hegel and Theology*. Londres: Continuum.

DELEUZE, G. (2006). *Two Regimes of Madness*. Nova York: Semiotext(e).

______ (2004). "Review of Logic and Existence". In: *Desert Islands and other Texts* – 1953-1974. Nova York: Semiotext(e), p. 15-18.

______ (1994). *Difference and Repetition*. Nova York: Columbia University Press.

______ (1983). *Nietzsche and Philosophy*. Nova York: Columbia University Press.

DELEUZE, G. & GUATTARI, F. (1987). *A Thousand Plateaus*. Mineápolis: University of Minnesota Press.

DERRIDA, J. (1982a). *Margins of Philosophy*. Chicago: University of Chicago Press.

______ (1982b). *Positions*. Chicago: University of Chicago Press.

______ (1982c). "Différance". In: DERRIDA, J. *Margins of Philosophy*. Chicago: University of Chicago Press, p. 3-27.

DESMOND, W. (2003). *Hegel's God*: A Counterfeit Double? Aldershot: Ashgate.

DI GIOVANNI, G. & HARRIS, H.S. (orgs.) (1985). *Between Kant and Hegel*: Texts in the Development of Post-Kantian Idealism. Albany: State University of New York Press.

DILTHEY, W. (1972). "The Rise of Hermeneutics". In: *New Literary History* 3 (2), p. 229-244.

______ (1966). *Leben Schleiermachers*. Vol. II: Schleiermachers System als Philosophie und Theologie – Aus dem Nachlass. Göttingen: Vandenhoeck & Ruprecht [Gesammelte Schriften, vol. 14].

DONOUGHO, M. (2006). "The Pragmatics of Tragedy". In: *Idealistic Studies* 36 (3), p. 153-168.

DUMMETT, M. (1993). *The Origins of Analytical Philosophy*. Cambridge: Harvard University Press.

DUQUETTE, D.A. (org.) (2002). *Hegel's History of Philosophy*: New Interpretations. Albany: State University of New York Press.

ESPINOSA, B. (1985). *The Collected Writings of Spinoza*. Vol. 1: Ethics. Princeton: Princeton University Press.

FICHTE, J.G. (2000). *Foundations of Natural Right, According to the Principles of the Wissenschaftslehre*. Cambridge: Cambridge University Press.

______ (1996). "On the Linguistic Capacity and the Origin of Language". In: SURBER, J.P. (org.). *Language and German Idealism*: Fichte's Linguistic Philosophy. Nova York: Humanity Books, p. 117-145.

______ (1988). *Early Philosophical Writings*. Ithaca: Cornell University Press.

______ (1982). *Science of Knowledge*. Cambridge: Cambridge University Press.

FLAY, J. (1984). *Hegel's Quest for Certainty*. Albany: State University of New York Press.

FORSTER, M. (2010). *After Herder*: Philosophy of Language in the German Tradition. Oxford: Oxford University Press.

______ (1989). *Hegel and Skepticism*. Cambridge: Harvard University Press.

FOUCAULT, M. (1977). *Discipline and Punish*: The Birth of the Prison. Nova York: Vintage.

______ (1972). *The Archaeology of Knowledge*. Nova York: Pantheon.

______ (1970). *The Order of Things*: An Archaeology of the Human Sciences. Nova York: Vintage.

FREUD, S. (1961). *Civilization and Its Discontents*. Nova York: W.W. Norton.

FUKUYAMA, F. (1992). *The End of History and the Last Man*. Nova York: Free Press.

GADAMER, H.-G. (1992). *Truth and Method*. 2. ed. Nova York: Crossroad.

GETHMANN-SIEFERT, A. (1998). *Vorlesungen Über Die Philosophie Der Kunst*: Berlin 1823. Hamburgo: Meiner.

GETHMANN-SIEFERT, A. & COLLENBERG-PLOTNIKOV, B. (orgs.) (2004). *Philosophie Der Kunst oder Ästhetik*: Nach Hegel, Im Sommer 1826 – Mitschrift Friedrich Carl Hermann Victor Von Kehler. Munique: Fink.

GEUSS, R. (1983). "Response to Paul De Man". In: *Critical Inquiry* 10 (2), p. 375-382.

GREEN, T.H. (1993). "Liberal Legislation and Freedom of Contract". In: MILLER, D. (org.). *Liberty*. Oxford: Oxford University Press, p. 21-32.

HABERMAS, J. (1998). *On the Pragmatics of Communication*. Cambridge: MIT Press.

______ (1974). "Labor and Interaction: Remarks on Hegel's Jena Philosophy of Mind". In: HABERMAS, J. *Theory and Practice*. Boston: Beacon, p. 142-169.

HALLIWELL, S. (2002). *The Aesthetics of Mimesis*: Ancient Texts and Modern Problems. Princeton: Princeton University Press.

HARRIS, H.S. (1983). *Hegel's Development*. Vol. 2: Night Thoughts (Jena 1801-1806). Oxford: Clarendon.

______ (1972). *Hegel's Development*. Vol. 1: Toward the Sunlight, 1770-1801. Oxford: Clarendon.

HAUGLAND, J. (1982). "Weak Supervenience". In: *American Philosophical Quarterly* 19, p. 93-103.

HECKMAN, J. (1974). "Introduction". In: HYPPOLITE, J. (org.). *Genesis and Structure in Hegel's Phenomenology of Spirit*. Evanston: Northwestern University Press, p. xv-xli.

HEGEL, G.W.F. (2010). *The Science of Logic*. Nova York: Cambridge University Press.

______ (2007). *Lectures on the Philosophy of Spirit – 1827-1828*. Oxford: Oxford University Press.

______ (2006). *Lectures on the History of Philosophy 1825-1826*. Vol. II: Greek Philosophy. Nova York: Oxford University Press.

______ (2002). *Miscellaneous Writings of* G.W.F. *Hegel*. Evanston: Northwestern University Press [ed. J. Stewart].

______ (1997). *On Art, Religion, and History of Philosophy*: Introductory Lectures. Indianapolis: Hackett.

______ (1994). *Vorlesungen über die Geschichte der Philosophie*. Hamburgo: Felix Meiner.

______ (1992). *Fenomenologia do espírito*. Petrópolis: Vozes.

______ (1991a). *Elements of the Philosophy of Right*. Cambridge: Cambridge University Press.

______ (1991b). *The Encyclopaedia Logic*: Part I of the Encyclopaedia of Philosophical Sciences with Zusätze. Indianapolis: Hackett.

______ (1991c). *The Philosophy of History*. Amherst: Prometheus.

______ (1988). *Introduction to the Philosophy of History*. Indianapolis: Hackett.

______ (1986). *Vorlesungen über die Philosophie der Geschichte*. Frankfurt am Main: Suhrkamp.

______ (1984a). *Hegel*: The Letters. Bloomington: Indiana University Press.

______ (1984b). *Three Essays, 1793-1795*: The Tübingen Essay, Berne Fragments, The Life of Jesus. South Bend: University of Notre Dame Press.

______ (1984-1987). *Lectures on the Philosophy of Religion*. 3 vols. Berkeley: University of California Press.

______ (1983). *Hegel's Lectures on the History of Philosophy*. 3 vols. Atlantic Highlands: Humanities.

______ (1979). *System of Ethical Life and First Philosophy of Spirit*. Albany: State University of New York Press.

______ (1978). *Hegel's Philosophy of Subjective Spirit*. Vol. 2: Anthropology. Dordrecht: D. Reidel.

______ (1977). *Phenomenology of Spirit*. Oxford: Oxford University Press.

______ (1975a). *Aesthetics: Lectures on Fine Art*. Oxford: Oxford University Press.

______ (1975b). *Lectures on the Philosophy of World History* – Introduction: Reason in History. Cambridge: Cambridge University Press.

______ (1975c). *Natural Law*: The Scientific Ways of Treating Natural Law, its Place in Moral Philosophy and its Relation to the Positive Sciences of Law. Philadelphia: University of Pennsylvania Press.

______ ([1830] 1971). *Hegel's Philosophy of Mind*: Being Part Three of the Encyclopaedia of the Philosophical Sciences. Oxford: Clarendon.

______ ([1830] 1970a). *Hegel's Philosophy of Nature*: Being Part Two of the Encyclopaedia of the Philosophical Sciences. Oxford: Clarendon.

______ (1970b). *On Christianity*: Early Theological Writings. Gloucester: Peter Smith.

______ (1970-1971). *Werke in zwanzig Bänden*. Frankfurt am Main: Suhrkamp [obras em 20 vols. com edição de E. Moldenhauer e K.M. Michel].

______ (1969). *Science of Logic*. Londres: Allen & Unwin.

______ (1956). *The Philosophy of History*. Nova York: Dover.

______ (1955). *Die Vernunft in der Geschichte*. Berlim: Akademie.

______ (1953). *Reason in History*: A General Introduction to the Philosophy of History. Nova York: The Liberal Arts.

HEIDEGGER, M. (1970). *Hegel's Concept of Experience*. Nova York: Harper & Row.

______ (1971). "The Origin of the Work of Art". In: HEIDEGGER, M. *Poetry, Language, Thought*. Nova York: HarperCollins.

______ (1962). *Being and Time*. Nova York: Harper & Row.

HENRICH, D. (1978). "Hegels Logik der Reflexion: Neue Fassung". In: HENRICH, D. (org.). *Die Wissenschaft der Logik und die Logik der Reflexion*. Bonn: Bouvier, p. 203-224 [Hegel-Studien, vol. 18].

HODGSON, P.C. (2005). *Hegel and Christian Theology*. Oxford: Oxford University Press.

HÖLDERLIN, F. (1988). "Judgment and Being". In: PFAU, T. (ed.). *Essays and Letters on Theory*. Albany: State University of New York Press.

HONNETH, A. (1995). *The Struggle for Recognition*: The Moral Grammar of Social Conflicts. Cambridge: MIT Press.

HOULGATE, S. (2007). "Hegel's Theory of Tragedy". In: HOULGATE, S. (org.). *Hegel and the Arts*. Evanston: Northwestern University Press, p. 146-178.

______ (2005a). *An Introduction to Hegel:* Freedom, Truth and History. 2. ed. Oxford: Blackwell.

______ (2005b). *The Opening of Hegel's Logic*: From Being to Infinity. West Lafayette: Purdue University Press.

HUME, D. ([1739] 1978). *A Treatise of Human Nature*. Oxford: Oxford University Press.

HUSSERL, E. (1989). *Ideas Pertaining to a Pure Phenomenology and to a Phenomenological Philosophy*. Vol. II. Dordrecht: Kluwer.

HYLTON, P. (1990). *Russell, Idealism, and the Emergence of Analytic Philosophy*. Nova York: Oxford University Press.

HYPPOLITE, J. (1997). *Logic and Existence*. Albany: State University of New York Press.

INWOOD, M. (1992). *A Hegel Dictionary*. Oxford: Blackwell.

______ (1983). *Hegel*. Londres: Routledge.

IRIGARAY, L. (1985). *Speculum of the Other Woman*. Ithaca: Cornell University Press.

JACOBI, F.H. (1994). *The Main Philosophical Writings and the Novel Allwill*. Montreal: McGill-Queen's University Press.

JAMES, W. (1995). "What Pragmatism Means". In: JAMES, W. *Selected Writings*. Londres: J.M. Dent, p. 3-19.

KANT, I. (1998). *Critique of Pure Reason*. Cambridge: Cambridge University Press.

______ (1997). *Critique of Practical Reason*. Cambridge: Cambridge University Press.

______ ([1790] 1987). *Critique of Judgment*. Indianapolis: Hackett.

KIERKEGAARD, S. (1985). *Fear and Trembling*. Londres: Penguin.

KNOWLES, D. (2002). *Hegel and the Philosophy of Right*. Londres: Routledge.

KRISTELLER, P.O. (1952). "The Modern System of the Arts: A Study in the History of Aesthetics Part II". In: *Journal of the History of Ideas* 13 (1), p. 17-46.

______ (1951). "The Modern System of the Arts: A Study in the History of Aesthetics Part I". In: *Journal of the History of Ideas* 12 (4), p. 496-527.

LANDRY, D. (2008). "Hegel's Account of Rule-Following". In: *Inquiry* 51 (2), p. 170-193.

LEWONTIN, R.C. (1993). *Biology as Ideology*: The Doctrine of DNA. São Francisco: Harper Perennial.

LYOTARD, J.-F. (1992). *Postmodern Explained*: Correspondence 1982-1985. Mineápolis: University of Minnesota Press.

______ (1984). *The Postmodern Condition*: A Report on Knowledge. Mineápolis: University of Minnesota Press.

MAGNUS, K.D. (2001). *Hegel and the Symbolic Mediation of Spirit*. Albany: State University of New York Press.

MARCUSE, H. (1989). *Hegel's Ontology and the Theory of Historicity*. Cambridge: MIT Press.

MARX, K. (1994). *Selected Writings*. Indianapolis: Hackett [ed. L.H. Simon].

______ (1972). *Critique of Hegel's "Philosophy of Right"*. Cambridge: Cambridge University Press.

MARX, K. & ENGELS, F. (1978). *The Marx-Engels Reader*. 2. ed. Nova York: W.W. Norton [ed. C. Tucker].

MCCARNEY, J. (2000). *Hegel on History*. Nova York: Routledge.

MCDOWELL, J. (1996). *Mind and World, with a New Introduction*. Cambridge: Harvard University Press.

MEAD, G.H. (1913). "The Social Self". In: *The Journal of Philosophy, Psychology and Scientific Methods* 10, p. 374-380.

______ (1912). "The Mechanism of Social Consciousness". In: *The Journal of Philosophy, Psychology and Scientific Methods* 9 (15), p. 401-406.

MEEHL, P.E. & SELLARS, W. (1956). "The Concept of Emergence". In: FEIGL, H. & SCRIVEN, M. (orgs.). *Minnesota Studies in the Philosophy of Science*. Vol. 1. Mineápolis: University of Minnesota Press, p. 239-252.

MERCHANT, D. (1980). *The Death of Nature*: Women, Ecology, and the Scientific Revolution. São Francisco: Harper & Row.

MERLEAU-PONTY, M. (2012). *Phenomenology of Perception*. Londres: Routledge.

______ (1964). "Hegel's Existentialism". In: *Sense and Non-Sense*. Evanston: Northwestern University Press.

MILL, J.S. (1874). *Nature, the Utility of Religion and Theism*. Londres: Longmans, Green, Reader & Dyer.

______ (1872). *A System of Logic*. 8. ed. Londres: Longmans, Green, Reader & Dyer.

MILLS, J. (2002). *The Unconscious Abyss*: Hegel's Anticipation of Psychoanalysis. Albany: State University of New York Press.

MOLAND, L.L. (2011). *Hegel on Political Identity*: Patriotism, Nationality, Cosmopolitanism. Evanston: Northwestern University Press.

NIETZSCHE, F. (2001). *The Gay Science*. Cambridge: Cambridge University Press.

NUZZO, A. (org.) (2010). *Hegel and the Analytic Tradition*. Nova York: Continuum.

PATTEN, A. (1999). *Hegel's Idea of Freedom*. Nova York: Oxford University Press.

PEIRCE, C.S. (1992). "Questions Concerning Certain Faculties Claimed for Man". In: HOUSER, N. & KLOESEL, C. (orgs.). *The Essential Peirce*. Vol. 1: Selected Philosophical Writings (1867-1893). Bloomington: Indiana University Press, p. 11-27.

PINKARD, T. (2000). *Hegel*: A Biography. Cambridge: Cambridge University Press.

______ (1996). *Hegel's Phenomenology*: The Sociality of Reason. Cambridge: Cambridge University Press.

PIPPIN, R.B. (1989). *Hegel's Idealism*: The Satisfaction of Self-Consciousness. Cambridge: Cambridge University Press.

PRIEST, G. (2006). *In Contradiction*: A Study of the Transconsistent. Nova York: Oxford University Press.

REDDING, P. (2007). *Analytic Philosophy and the Return of Hegelian Thought*. Nova York: Cambridge University Press.

ROCKMORE, T. (2005). *Hegel and Analytic Philosophy*. New Haven: Yale University Press.

RORTY, R. (1982). "Nineteenth-Century Idealism and Twentieth--Century Textualism". In: RORTY, R. *Consequences of Pragmatism* – Essays 1972-1980. Mineápolis: University of Minnesota Press, p. 139-159.

RORTY, R. (1997). "Introduction". In: SELLARS, W. *Empiricism and the Philosophy of Mind*. Cambridge: Harvard University Press, p. 1-12.

ROSENKRANZ, K. (1963). *Georg Wilhelm Friedrich Hegels Leben*. Darmstadt: Wissenschaftliche Buchgesellschaft.

RUSSELL, B. (1997). *The Problems of Philosophy*. Nova York: Oxford University Press.

______ (1996). *An Essay on the Foundations of Geometry*. Nova York: Routledge.

______ (1995). *My Philosophical Development*. Nova York: Routledge.

RUSSON, J. (2011). "Subjectivity and Objectivity in Hegel's Science of Logic". In: BAUR, M. & WOOD, R.E. (orgs.). *Person, Being, and History*: Essays in Honor of Kenneth L. Schmitz. Washington: Catholic University of America Press, p. 1.125-1.139.

______ (2008). "Temporality and the Future of Philosophy in Hegel's Phenomenology". In: *International Philosophical Quarterly* 48 (1), p. 59-68.

______ (1997). *The Self and Its Body in Hegel's Phenomenology of Spirit*. Toronto: University of Toronto Press.

______ (1993). "Hegel's Phenomenology of Reason and Dualism". In: *Southern Journal of Philosophy* 31 (1), p. 71-96.

RUTTER, B. (2010). *Hegel on the Modern Arts*. Cambridge: Cambridge University Press.

RYLE, G. (1949). *The Concept of Mind*. Chicago: University of Chicago Press.

SARTRE, J.-P. (1956). *Being and Nothingness*. Nova York: Washington Square.

SAUSSURE, F. (1959). *Course in General Linguistics*. Nova York: McGraw-Hill.

SCHELLING, F.W.J. (1978). *System of Transcendental Idealism*. Charlottesville: University of Virginia Press.

SCHLEIERMACHER, F. (1998). *Hermeneutics and Criticism and other Writings*. Cambridge: Cambridge University Press.

SCHRIFT, A. (2006). *Twentieth-Century French Philosophy*: Key Themes and Thinkers. Oxford: Blackwell.

SELLARS, W. (1997). *Empiricism and the Philosophy of Mind*. Cambridge: Harvard University Press.

______ (1992). *Science and Metaphysics*: Variations on Kantian Themes. Atascadero: Ridgeview.

______ (1963). "Empiricism and the Philosophy of Mind". In: *Science, Perception and Reality*. Londres: Routledge & Kegan Paul.

SHAPIRO, G. (1986). "An Ancient Quarrel in Hegel's Phenomenology". In: *The Owl of Minerva* 17 (2), p. 165-180.

SIEP, L. (1992). *Praktische Philosophie im Deutschen Idealismus*. Frankfurt am Main: Suhrkamp.

SLUGA, H.D. (1980). *Gottlob Frege*. Nova York: Routledge.

SPEIGHT, A. (2006). "Hegel on Conscience and the History of Moral Philosophy". In: DELIGIORGI, K. (org.). *Hegel*: New Directions. Oxford: Acumen, p. 17-32.

______ (2001). *Hegel, Literature, and the Problem of Agency*. Cambridge: Cambridge University Press.

STERN, R. (2009). *Hegelian Metaphysics*. Oxford: Oxford University Press.

STEWART, J. (2010). *Idealism and Existentialism*: Hegel and Nineteenth- and Twentieth-Century European Philosophy. Londres: Continuum.

STOLJAR, D. (2009). "Physicalism". In: ZOLTA, E.N. (org.). *The Stanford Encyclopaedia of Philosophy* [Disponível em http://plato.stanford.edu/archives/win2009/entries/physicalism – Acesso em mar./2014].

STONE, A. (2002). "Sexing the State: Familial and Political Form in Irigaray and Hegel". In: *Radical Philosophy* 113, p. 24-36.

STROLL, A. (2000). *Twentieth-Century Analytic Philosophy*. Nova York: Columbia University Press.

SURBER, J.O. (org.) (2006). *Hegel and Language*. Albany: State University of New York Press.

TAYLOR, C. (1985). "Self-InterpretingAnimals". In: TAYLOR, C. *Human Agency and Language*: Philosophical Papers. Vol. 1. Cambridge: Cambridge University Press, p. 45-76.

THOMPSON, E. (2007). *Mind in Life*: Biology, Phenomenology, and the Sciences of Mind. Cambridge: Belknap.

WALSH, W.H. (1969). *Hegelian Ethics*. Londres: Macmillan.

WESTPHAL, K.R. (2003). *Hegel's Epistemology*: A Philosophical Introduction to the Phenomenology of Spirit. Indianapolis: Hackett.

______ (1993). "The Basic Context and Structure of Hegel's Philosophy of Right". In: BEISER, F. (org.). *The Cambridge Companion to Hegel*. Cambridge: Cambridge University Press, p. 234-269.

______. (1989). *Hegel's Epistemological Realism*: A Study of the Aim and Method of Hegel's Phenomenology of Spirit. Dordrecht: Kluwer.

______ (1988). "Hegel's Solution to the Problem of the Criterion". In: *History of Philosophy Quarterly* 5 (2), p. 173-188.

WESTPHAL, M. (1979). *History and Truth in Hegel's Phenomenology*. Atlantic Highlands: Humanities.

WILKINS, B.T. (1974). *Hegel's Philosophy of History*. Ithaca: Cornell University Press.

WILLIAMS, J. (2009). "If Not Here, Then Where? On the Location and Individuation of Events in Badiou and Deleuze". In: *Deleuze Studies* 3 (1), p. 97-123.

WILLIAMS, R. (1992). *Recognition*: Fichte and Hegel on the Other. Albany: State University of New York Press.

WITTGENSTEIN, L. (1953). *Philosophical Investigations*. Nova York: Macmillan.

WOOD, A.W. (2012). "Thom Brooks and the 'Systematic' Reading of Hegel". In: *Bulletin of the Hegel Society of Great Britain* 33 (2), p. 16-22.

______ (1990). *Hegel's Ethical Thought*. Cambridge: Cambridge University Press.

ŽIŽEK, S. (2001). *Did Somebody Say Totalitarianism?* – Five Interventions in the (Mis) Use of a Notion. Londres: Verso.

______ (1993). *Tarrying with the Negative: Kant, Hegel, and the Critique of Ideology*. Durham, NC: Duke University Press.

ŽIŽEK, S. & MILBANK, J. (2009). *The Monstrosity of Christ*: Paradox or Dialectic? Cambridge: MIT Press.

ZUCKERT, R. (2010). "The Aesthetics of Schelling and Hegel". In: MOYAR, D. (org.). *The Routledge Companion to Nineteenth-Century Philosophy*. Nova York: Routledge, p. 165-193.

Edições utilizadas nesta tradução

HEGEL, G.W.F. (1992). *Fenomenologia do espírito*. Petrópolis: Vozes.

______ (1980). *Introdução à história da filosofia*. São Paulo: Abril Cultural [Os Pensadores].

KANT, I. (2001). *Crítica da razão pura*. Lisboa: Fundação Calouste Gulbenkian.

SARTRE, J.-P. (1997). *O ser e o nada* – Ensaio de ontologia fenomenológica. Petrópolis: Vozes.

Índice remissivo

LEIA TAMBÉM:

Hiperculturalidade

Cultura e globalização

Byung-Chul Han

Uma vez, o etnólogo inglês Nigel Barley levantou a suspeita de que a "verdadeira chave do futuro" reside em que "conceitos fundamentais como cultura deixariam de existir". Seríamos, segundo Barley, "todos nós mais ou menos como turistas de camisa havaiana". É "turista" o nome para ser humano após o fim da cultura? Ou vivemos ainda em uma cultura que nos dá a liberdade de nos lançarmos como enxame na vastidão do mundo na condição de alegres turistas? Como, afinal, descrever essa nova cultura?

A globalização é um processo complexo. Não faz desaparecer simplesmente a diversidade de signos, representações, figuras, temperos e cheiros. A produção da unidade ou da monotonia do igual não é algo característico nem da natureza nem da cultura. À economia da evolução, que opera, vale dizer, também na cultura, pertence, ao contrário, a geração da diferença. A globalização segue um caminho dialetal, fazendo surgir dialetos. É problemática a ideia de uma diversidade cultural orientada pela proteção de espécies que só poderia ser alcançada por cercados artificiais. Seria infrutífera a pluralidade museológica ou etnográfica. À vivacidade de um processo de troca cultural pertence a proliferação, mas também o desaparecimento de determinadas formas de vida.

Byung-Chul Han nasceu na Coreia, mas fixou-se na Alemanha, onde estudou Filosofia na Universidade de Friburgo e Literatura Alemã e Teologia na Universidade de Munique. Em 1994, doutorou-se em Friburgo com uma tese sobre Martin Heidegger. É professor de Filosofia e Estudos Culturais na Universidade de Berlim e autor de instigantes ensaios filosóficos sobre a sociedade atual publicados no Brasil pela Editora Vozes.

LEIA TAMBÉM:

O que é poder?

Byung-Chul Han

Ainda existe em relação ao conceito de poder um caos teórico. Opõe-se à evidência do seu fenômeno uma obscuridade completa de seu conceito. Para alguns, significa opressão. Para outros, um elemento construtivo da comunicação. As representações jurídicas, políticas e sociológicas do poder se contrapõem umas às outras de maneira irreconciliável. O poder é ora associado à liberdade, ora à coerção. Para uns, baseia-se na ação conjunta. Para outros, tem relação com a luta. Os primeiros marcam uma diferença forte entre poder e violência. Para outros, a violência não é outra coisa senão uma forma intensiva de poder. Ele ora é associado com o direito, ora com o arbítrio.

Tendo em vista essa confusão teórica, é preciso encontrar um conceito móvel que possa unificar as representações divergentes. A ser formulada fica também uma forma fundamental de poder que, pelo deslocamento de elementos estruturais internos, gere diferentes formas de aparência. Este livro se orienta por essa diretriz teórica. Desse modo, poderá ser chamado poder qualquer poder que se baseie no fato de não sabermos muito bem do que se trata.

Byung-Chul Han nasceu na Coreia, mas fixou-se na Alemanha, onde estudou Filosofia na Universidade de Friburgo e Literatura Alemã e Teologia na Universidade de Munique. Em 1994, doutorou-se em Friburgo com uma tese sobre Martin Heidegger. É professor de Filosofia e Estudos Culturais na Universidade de Berlim e autor de inúmeros livros sobre a sociedade atual, dentre os quais *Sociedade do cansaço*, *Sociedade da transparência*, *Topologia da violência*, *Agonia do Eros* e *No enxame*, publicados pela Editora Vozes.